Mass Media Panorama in China

传媒实践研究系列

中国传媒风云

2015～2016

范以锦 辜晓进 主编

深圳报业集团出版社

出 品 人：胡洪侠
责任编辑：孔令军　岳鸿雁
技术编辑：杨　杰
装帧设计：任　敏

图书在版编目（CIP）数据

中国传媒风云. 2015-2016 / 范以锦，辜晓进主编. -- 深圳：深圳报业集团出版社，2017.6

ISBN 978-7-80709-799-0

Ⅰ. ①中… Ⅱ. ①范… ②辜… Ⅲ. ①传播媒介—产业发展—中国— 2015-2016 Ⅳ. ①G219.2

中国版本图书馆CIP数据核字（2017）第142840号

深圳市文化创意产业发展专项基金资助项目

中国传媒风云 2015 ~ 2016

Zhongguo Chuanmei Fengyun 2015 ~ 2016

范以锦 辜晓进　主编

深圳报业集团出版社出版发行
（518034　深圳市福田区商报路2号）
深圳市国际彩印有限公司印制　新华书店经销
2017年6月第1版　2017年6月第1次印刷
开本：787mm×1092mm　1/16
字数：330千字　印张：17.5
ISBN 978-7-80709-799-0　　定价：58.00元

序 言

范以锦[1]

随着互联网的快速发展和传统媒体经营断崖式下滑困境的到来，传媒转型发展的调门越提越高，不仅传媒单位关注、传媒管理部门重视，而且国家高层也提出战略性的要求。在这一背景下，深圳报业集团出版社出版了《中国传媒风云2015～2016》一书，不仅对传媒当前发展现状进行了梳理，而且对传媒未来发展方向也进行了探讨，很有针对性，具有现实的意义。

经过几年的努力，伴随技术创新与媒体生态变化，媒体转型加速推进，前行至深水区。尤其是刚刚过去的2016年，媒体转型发展已成为新常态。未来，媒体路径怎样走——《中国传媒风云》一书涉及转型中的这类重大问题。全书包括两大部分：近年来传媒事件案例介绍，台前幕后的成因分析；学界和业界人士对传媒现象进行点评，呈现有关传媒前沿的重要观点。

从传媒案例来看，“传媒风云”下千姿百态的景观跃然纸上。出现最多的关键词毫无疑问就是“转型”二字，从中央媒体到地方媒体、从国有媒体

1 范以锦，暨南大学新闻与传播学院院长、教授、博士生导师。

到各类社会化的传播平台，都以各自不同的方式尝试转型发展之路。从本书罗列出来的案例中可看出媒体转型创新层出不穷，包括央媒纷纷创建“大厨房”、九成省级报业集团推出APP、新闻学界业界流行“大数据”、媒体争相踏足VR领域、无人机进入新闻生产第一线、机器人开始写新闻、内容创业渐成气候、视频热席卷纸媒网媒、“东方头条”和ZAKER布局全国市场。披露媒体继续下滑的案例：报纸出现停刊潮、传统媒体骨干转岗离职成风、最早华语电视台黯然关闭。其他类型的案例还有——网络巨头向传统媒体招手：“倒融合”渐成潮流；报纸创意广告成网红；一批报纸“逆流”创刊；门户网站颓势初现，总编辑纷纷出走；报纸不惜占用头版催款讨债等等。景观中，有良辰美景，也有无序乱象；有成功者的经验展示，也有挫折者的教训总结；有预示未来发展方向的令人奋发向上的新举措，也有面对困境惊慌失措的令人匪夷所思的不当举动。无论是顺境还是逆境，都值得回顾总结；无论是成功还是失败，都有启迪作用。

学界与业界人士经深思熟虑后提出的涉及传媒前沿问题的观点，在本书中进行了比较充分的展示。张志安、毛思璐的《专业媒体、平台媒体和自媒体协同互补的格局正在形成》一文，分析了新闻业生态的变化和媒体应采取的对策。面对传统媒体的衰落、网络媒体的兴起，专业化生产的规模在萎缩、社会化生产的实践在扩大，机构媒体的影响力和公信力在降低、自媒体和平台媒体的生命力在增强等现实情况，张志安、毛思璐强调纸媒转型的根本目标在于重新争取受众。互联网思维下的一些文化传播公司或自媒体平台能快速发展，形成社会价值与商业价值齐头并进的良好局面，正是因为他们有强烈的用户观念，重视以新的语境去连接用户。因此，张志安、毛思璐的“重新争取受众”的观点，很中肯地提出了纸媒转型中应破解的难题。郭全中的《复盘浙报集团的转型之路》，提出传统媒体在转型中要创新商业模式和盈利模式。他认为，当前传统媒体的互联网转型很难找到商业模式和盈利模式，而浙报集团的互联网转型则找到了符合互联网规律的商业模式和盈利模式。通过成功与不成功的比照，郭全中认为传统媒体深陷困境的根源是用户连接失效。这与张志安、毛思璐的“重新争取受众”的观点如出一辙。浙报集团的转型领先于全国传统媒体，郭全中在对浙报集团进行深入调研、分析的基础上，提出要实现自身的真正转型，必须重建用户连接，要建立起“新闻+服务”的商业模式。此外，他还以浙报集团为例，提出了拓展多元的盈利模式。朱春阳、张亮宇《2016上海媒介融合年度报告》，以发展的视角，从导向、要点、效度三方面回顾2016年的上海媒介融合之路。这一报告比较完整地介绍了上海媒体转型的状况，既有宏观方面的概括，也有具体的操作展示。上海媒体的生存和发展状况，是中国媒体的一个缩影，透过对上海媒体的呈现和分析，对中国媒体的现状就可以有一个基本的判断。无论是政府行政力量的引导与支持，还是媒体自身的结构性调整等的改革力度，上海都处于全国媒体的前列。因此，《2016上海媒介融合年度报告》所展示的一些经验对全国也有示范意义。朱春阳、张亮宇作为学界人士，更多的是从学者的视角出发，而作为上海媒体业界领军人物之一的裘新，则以其丰富的新闻实践经验对未来媒体的发展前景进行了一番描绘，其《道正声远，永远的山丘》一文在谈到什么是新型主流媒体集团时说到，未来的媒体都是以互联网为主渠道的新媒体。对照“新型主流媒体集团”的要求和目前实际存在的短板，裘新认为应在“五个深化”上下功夫：从重点项目的“自贸区”试点，到对各家媒体复制推广的深化；从侧重媒体产品转型，到围绕资源配置、人力配备、预算配比等顶层设计的深化；从媒体内一个部门承载转型的局部试点，到整建制、系统化向新媒体转型的深化；从打造有影响力的互联网新闻媒体，向聚焦新技术、新商业模式和新传播方式的互联网产品升级的深化；从财政资金扶持，向产业基金孵化、上市公司并购等市场化运作拓展的深化。裘新对未来新型主流媒体的描述，具有一定的前瞻性。陈寅的《媒体深度融合的有效路径》一文，提出今天之所以要推进媒体融合，正是因为看到传统媒体的希望在线上、在移动终端。传统媒体与新兴媒体已经在许多方面实现了融合，如建立新闻网站、手机客户端、微博、微信公众号等。陈寅认为，这些还算不上深度融合。如果说互联网媒体的未来在线下，一定不是指互联网公司需要到线下办更多的报纸等，而是指用互联网的方式，一方面开发线下媒体市场，重建阵地，重塑传统媒体与读者、用户的关系；另一方面整合线下资源，发掘传统媒体中的人力、品牌、关系等资源的价值，提升内容生产力。传统媒体向线上走，新兴媒体向线下走，相互渗透，由浅入深，由物理反应到化学反应，最终产生新型媒体，既超越了传统媒体，也超越了新兴媒体。陈寅判断，这大概就是媒体融合发展的基本路径。作为深圳报业集团社长的陈寅，其有多年的传媒实践经验，又经历了纸媒转型的阵痛，自然对媒体转型的发展路径有比较深刻的感悟。

《中国传媒风云2015～2016》一书呈现的有些观点，属于一家之言，并无定论。即便本书的编者，也许对作者的有些观点未必苟同。书中的看法，也有可能与实际流行的看法并非一致。比如对“内容为王”的看法，这几年一直有很大的争论，其中有两种完全相反的意见：“‘内容为王’就是一句鬼话”；“任何时候都是‘内容为王’”。郭全中在这本书中呈现的都不属于这两种观点，他的看法：“‘内容为王’在这个时代根本是一个胡扯的东西，因为内容在任何时代都非常重要，但是在一个技术快速变革的时代，技术才是最起决定作用的。所以现在我们讲，媒体核心是技术，就是说它是一个技术媒体，它不是靠内容的。”但郭全中同时也谈道：“也许可能到某一天，整个技术前进的浪潮完全平息之后，内容的重要性会出来，我想也会有那么一天。”郭全中还谈道：“当然可能到那一天内容也不是最重要的，可能应该叫信息服务为王。信息服务为王就是各个环节，你的内容、渠道、管理、运营，它是整体的。”“现在我们又提出用户体验为王，就是核心是要考虑用户的需求，所有的产品设计是从用户出发的。”尽管当今对什么为王有各种各样的看法，但在互联网时代到来之前的传统媒体时代肯定是“内容为王”时代，这一看法几乎没有什么争议。进入互联网时代形成各种不同的看法，这也很正常。郭全中强调的是立足现实情况的变化去分析以什么为王，而不是认定什么时候都是“内容为王”。这种看法有一定道理，但也肯定还有不同意见。其实，不单对这一问题的看法，诸如媒体融合转型中的一些概念、新媒体时代到来之后的内容价值、媒体困境中如何寻求商业模式等话题，无论学界还是业界都有不同的看法和争论。

《中国传媒风云2015～2016》涉及有争议的话题并不影响本书的价值，相反的，不同声音、不同角度的呈现，更有利于引发人们对当今媒体现象的思考。通过争论，进一步厘清理论上和实践中的一些问题，明晰发展思路，可以少走弯路。果如此，出版此书的目的也就达到了。

综述：朝转型求出路　于寒冬向光明

——2015～2016中国新闻传媒发展回眸

辜晓进[1]

2015～2016这两年，中国传媒界既风云变幻、硝烟四起，又迁延跌宕、飞短流长，故很难用狄更斯“这是最好的时代，也是最坏的时代”这类非黑即白的断语去描述。

报业广告断崖下滑，电视拐点得以确认，《东方早报》整体转型，马云收购《南华早报》，天上飞着无人机，地面煮着大厨房，报纸成批死，报纸逆势生，VR 成新宠，深晚变网红，邱兵弃纸，晨光跳槽，客户端，机器人……

蓦然回眸，纷繁更迭，竟都是这两年的事。

一、报业进入寒冬　广告跌幅超英美

2016年12月6日，《洛阳晚报》在头版下方刊登通栏“催款通知”，标题是《“加州1885.MOCO1885”请还款》，题中两处用红色标出的数字，代表着一个房地产公司旗下的两处楼盘。通知云：

河南新恒顺地产有限公司开发建设的加州1885.MOCO1885项目于2014和2015年在《洛阳晚报》刊发广告，应付广告款至今未付清。本报此前已多次委派专人与贵公司进行诚意沟通，但未解决，特刊发此催款通知，敦请贵公司在

1　辜晓进，深圳大学传播学院特聘教授，原《深圳日报》（英文）总编辑。

本通知见报后7日内结清欠款。若贵公司届时仍未支付，本报将持续在相关媒体刊登该通知，并通过法律途径维护我方的正当权利。

无独有偶。就在洛晚登报之前不到20天，浙江的《宁波晚报》于2016年11月21日在头版刊登催款广告，且标题字号更大、更醒目，直呼《“学苑名府”请还钱》。无偶有三。2015年10月9日，《重庆时报》也在头版下方刊登通栏催款广告《重庆时报喊你付款！》，文中并排列出两家欠债不还的房地产公司，红底白字，抢尽当日头版新闻的所有风光。无三有多……

每阅此类新闻，总不由悲从中来。报纸何以沦落至此？堂堂主流日报，就像过去那些资质不强的小装修公司，为获项目，不惜带资承接工程，即相当于允许广告客户先登广告后付款。接着便成了被人忽略的讨债者，乃至屡讨不得，要选登报讨债之下策。说其下策，是因为如此一来，报纸的地位就飞流直下三千尺，由强者变为弱者，以致只能利用自己最后的本钱（报纸版面）来公开吆喝（乞怜）了。何况成本不菲，头版五分之一版通栏面积，这用来登广告要值多少钱啊？而且还要“继续刊登”下去，直至对方还钱，这个代价早超过要催还的款项了吧？不过，反正广告也不饱满，版面闲着也是闲着。

这当然是报纸衰落的一个写照。中国的报业从2012年进入下行拐点，广告增幅首次由正变负，继而滑坡加速，2014年跌幅扩大到两位数，2015年以来则出现令人惊愕的大跳水：2015年报纸广告降幅达35.4%，2016年上半年同比继续扩大至41.37%（含期刊）[1]；关于报纸的发行，迄无权威统计，但用纸是有统计的，2015年报纸总印张数首次出现两位数跌幅，负增长19.11%[2]；2015年报纸的营业收入则降低了10.3%（这还是很多报社以房屋租售等多种经营冲抵广告亏空的结果），利润总额降低53.2%[3]。

上述数据确实触目惊心。曾几何时，在全球报业版图上，中国的报纸还一直处于上升态势。虽然升幅有所放缓，但2005年先知先觉的吴海民发出“报业寒冬”警报时，中国报纸的日子其实还是不错的。即便金融海啸导致全球报业遭受重创，中国报纸所受影响仍是全球大国中最小的之一（仅次于印度）。

---

1 综合自《2015年传统媒体广告全线下降》（《中国新闻出版广电报》2016年2月5日）和《2016年上半年传统媒体广告下降6.2%，新媒体广告增长加速》（传媒+2016年8月16日）转引的央视市场研究（CTR）中国广告协会报刊分会的数据.

2 国家新闻出版广电总局. 2015年新闻出版产业分析报告，2016年8月.

3 国家新闻出版广电总局. 2015年新闻出版产业分析报告，2016年8月.

甚至到2011年10月12日世界报业协会在维也纳召开第63届世界报业年会时，协会首席执行官克里斯托弗·里斯（Christoph Riess）还发出如下感慨："当前报纸的发行量就像早晨的太阳，在东方继续上升，却在西方降落。"[1] 他没料到中国报业的衰落很快就到了。吴海民更没想到，自己创办的一度风光无限的《京华时报》，会过不了这个"寒冬"，会在多种力量作用下骤然亡故。

美国的同行也没想到中国报纸广告的单年跌幅会超过美国。2016年春笔者在美国报界调研时谈起中国情况，听者都流露出惊讶的表情，他们脑子里可能还残存着世界报业协会CEO描述的东方好日子吧？众所周知，美国作为全球报业强国，也是报纸衰退的最早和最大的牺牲者。美国报业广告总收入于2000年达到486.7亿美元的顶峰后，随即进入衰退期，至2014年只有199亿美元，不到鼎盛时期的一半，且2015年继续以7.8%的跌幅作收，总跌幅在世界主要发达国家中居首位。然而，即便像美国报业这样的大衰退，其单年跌幅也从未达到过30%。最大的跌幅出现在金融危机后的2009年：-26.6%。其次是金融危机期间的2008年：-14.9%。其余年份的跌幅都在个位数[2] 。欧洲最大的报业强国英国的情况比美国还稍好些：其报业广告的最大跌幅也出现在2009年：-22.1%。2015年全国报纸的广告下跌11%，总收入为12亿英镑，较10年前的19亿英镑，也跌去了近一半[3] 。相比之下，像中国这样在国际国内并无重大事件的情况下连续两年超过30%的大幅下跌，其前景真的令人不寒而栗。

好在中国的报业是国有体制，稳定压倒一切，迄今还没出现欧美报业那样的大面积裁员。但也有不幸者，一批报纸的停刊毕竟夺走了一些同仁的饭碗。2015年以来，停刊或休刊的报纸数量明显增多，而且有形成潮流的趋势，其中不乏曾经是市场弄潮儿的知名报纸。除了前述的《京华时报》，还有《东方早报》《杂文报》《生活新报》《今日早报》《长株潭报》等。还有一批军队报纸因军队裁员而停刊。粗略统计，中国这两年停刊休刊的报纸已超过20家。

1 辜晓进. 当代中外新闻传媒. 中国人民大学出版社，2012.

2 综合自Pew Research Center 历年数据.

3 Mark Sweney. *UK ad market booms but newspapers lose £155m in print advertising,* Theguardian.com，April 26，2016.

二、广电出现拐点 下降通道求突破

多年来，相对平面媒体而言，广播电视的情况一直较为稳定。全球都如此，包括美国。为何近年美国大型报业集团纷纷拆分甚至剥离纸媒而扩大广电份额？主要原因就是广电在传统媒体中是经济状况最稳定的平台。例如在过去的10多年里，美国电视产业的广告收入一直保持着平稳而略有上升的水平。其年广告总额从2004年的472亿美元，发展到2013年的478.8亿美元。中间除金融危机之后的2009和2010年出现明显下降外（分别为404.4亿和411.1亿），其余年份均在459亿（2005年）和497亿（2012年）间波动，这是所有传统媒体类别中最稳定的产业了。以上还只是指无线电视，美国有线电视的收入历来另外计算。据皮尤研究中心（PRC）引述的数据，美国有线新闻网络2013年总体上继续保持微弱增长，三大有线新闻网中，CNN增长2%，Fox News Channel增长5%，MSNBC下降2%[1]。电台的情况更好，美国广播电台目前仍是最受欢迎的传媒平台之一。最新的统计是：2015年90%的美国人每周收听广播，68%的12岁以上的美国人每天收听广播，全国有牌照的广播电台多达13,000多个[2]。2008～2015，美国广播电台的广告收入一直稳定在10%左右的增长，甚至包括金融危机那两年[3]。

如果我们看前些年的图表，中国广播电视广告收入会显得更加靓丽：从2005年的468.79亿元一直增长至2014年的1464.49亿元，增幅则一直保持两位数，直到2013年才缩减至个位数：2013年为9.19%，2014年为5.59%[4]。笔者也一直认为，中国广播电视在节目制作、平台传播等方面的创新效果明显好于平面媒体，电视人的创新意识也强于报人。当然，这也缘于卫视节目在全国市场的激烈比拼（地方化的报业竞争与之不可同日而语）和广电与数字媒体的近亲关系。

然而，2014年广电广告增幅的明显收窄，也预示着广电的好日子快要结

---

1 辜晓进. 美国报业集团缘何热衷拆分纸媒. 传媒评论，2014(9).

2 *Radio Facts and Figures*. Newsgeneration.com，Sep. 25，2015.

3 *Radio advertising expenditure share in the United States from 2008 to 2015*，https://www.statista.com/statistics/388291/radio-advertising-expenditures-share-usa/.

4 2005～2014我国广播电视广告收入统计. 前瞻网，2015-12-01.

束了，情景颇似2011年时的报业。实际上，2014年电视广告的增幅已接近零，是靠广播广告才维持正增长的。果然，2015年中国广播电视的广告收入首次出现负增长，其中电视广告降幅高达4.6%，广播广告微降0.4%[1]。如果把2013至2015这三年广电广告的增幅画一条曲线，也有了跳水的感觉：9.19%，5.59%，-4.6%。这条曲线的延伸线，显示2016年的数据必然难以乐观。最新数据表明，2016年上半年中国电视广告刊例收入同比下降3.8%，广告时长减少3.3%；电台广告刊例收入同比增加2.9%，广告时长减少9.9%（电台的数据有点奇怪）[2]。根据上述数据，中国广播电视广告的总体下跌趋势已经可以确认，且以2015年为起点，进入负增长通道。

关于广电广告下滑的主要原因，四川大学传媒研究中心做的《2015年国内广播电视媒体发展现状及2016年发展趋势报告》认为源自“四个流失”：一是受众流失。据 CSM 媒介研究的数据显示，2015年传统广告电视媒体的观众（听众）总量持续下滑，且由于互联网视频及网络电台的冲击，很多广播电视受众转而使用互联网。二是广告流失。2015年上半年，全国广播广告收入74.87亿元，同比减少0.39%，电视广告收入535.59亿元，同比减少2.06%，与互联网广告近40%、移动互联网广告近100%的增长速度相形见绌，互联网已取代电视媒体成为我国最大的广告平台。三是人才流失。2015年不少广播电视媒体优秀人才甚至核心团队跳出体制，转战互联网，或者做资本运营。人才的流失导致原本捉襟见肘的广播电视人才队伍更加缺乏内在人才驱动力。四是话语权流失。特别是在新闻资讯方面，广播电视的话语权流失尤为明显，更多的用户会选择门户网站、微博、微信或者新闻资讯类APP等获取信息。有调查显示：“在国内重大事件发生时，上海有30.6%的受访者首选几大知名商业门户网站（来获取新闻信息），是首选13家上海主流媒体占比之和13.72%的2.23倍”[3]。

不难发现，导致上述“四大流失”的核心力量，还是新媒体的强大牵引力，这和报纸等传统媒体的境况非常一致。广电的应对办法纵有多种，但根本

---

1 吴东. 2015年电视广告投放与竞争格局. CSM Media Research（《收视中国》），2016(4).

2 CTR 媒介智讯数据. 中国广告网，2016-08-02.

3 四川大学传媒研究中心. 2015年国内广播电视媒体发展现状及2016年发展趋势报告. 百度文库，2016-12-6.

的出路也是转型。长期以来，我国广播电视依仗电子媒体的天然优势（广播则是因为汽车数量激增而导致听众大增和以交通台为主导的新收听市场的形成），在数字转型方面是相当滞后的。笔者前些年曾持续关注湖南、江苏、浙江三大卫视的官方网站，对其内容和网页设计颇感失望。与香港的凤凰卫视网站相比，这几家顶级卫视差了几个数量级。但近几年，国内广电的转型意识似已觉醒，以央视和一些省台为代表的广电机构在朝向新媒体的数字化转型上颇多建树。他们的做法主要是依托自身的原创内容优势，以当前最受青睐的视频生产为核心，在卫视频道的基础上，向各类新媒体平台分发扩张，向吸引海量受众的方向努力，进而获取数字平台的广告增量。

据湖南广电集团董事长吕焕斌2015年底在第三届中国网络视听大会上的介绍，湖南广电已在“芒果+@”的概念下建成“为我所用为我所有的互联网媒体平台”。其芒果TV“通过自制、定制、购买等方式不断实现内容规模化、多元化、精品化，已成为娱乐视频第一媒体，被看成是电视台对网络媒体的成功逆袭……去年（2014年）4月份开始到现在已一年半接近两年时间，包括PC 端、移动端，芒果 TV 已实现全平台日活跃用户超过3500万，日点击量峰值突破1.37亿，移动端以每月10%，月均新增30.3万人的增速累计下载突破了2亿次。它的成长速度比较快，比如积累1亿用户的时间比微信少了103天”[1]。这个转型效果显然是令人鼓舞的。

再看央视。就在同一个大会上，央视副台长袁正明在《台网融合创新一体发展》的主题发言中也透露，“央视新闻”的新媒体总用户数量已超过1.83亿，“下一步，我们将加大力度，把‘央视新闻’打造成媒体融合的‘特区’”。其做法也包含了“以视频为核心，探索‘电视+’与‘互联网+’契合点……通过内容与渠道有机结合，实现用户在哪里，央视的覆盖就在哪里，央视的服务就在哪里”[2]。“央视新闻”目前在网络上的话语权，是有目共睹的。此外我们还可从“2014～2016全国广电媒体融合创新案例20佳”中看到很多地方广电机构的身影，如北京电视台的视频数字平台“北京时间”、成都市广播电视台的客户端“看度”等。

1 吕焕斌. 芒果台的“互联网+”行动，估值超过120亿. 360doc个人图书馆，2015-12-04，http://www.360doc.com/content/15/1204/23/28504191_517995276.shtml.

2 袁正明. 融合创新一体发展是当前最大的课题. 央视，2015-12-04，http://1118.cctv.com/2015/12/04/ARTI1449223438022281.shtml .

三、转型转向深处　总有一路通罗马

这两年，传统媒体发力最多的方向，就是数字化转型，其中尤以饱受煎熬的报业动手最早，使劲最足，变化最大。报业当前转型的最大特点，是紧跟移动上网的全球大趋势，将“两微一端”作为重要抓手，以流程再造提供内生动力，力争博取内容传播的最广化和抵达受众的最大化，尽管这两个最大化所可能形成的营利模式仍在探索中。

中国报纸建立网站的历史可追溯到1995年，并在随后的10年里普及了网络版报纸，“报网互动”在相当长一段时间里成为报业拥抱互联网的关键词。2006年浙江日报报业集团与北大方正集团联合推出中国第一份数字报纸——《浙江日报》数字版，促进了网络报纸的数字化改造。这些都走在了广播电视的前面。但直到此刻，中国报纸的官方网站和网络版，都还只是报纸原有内容的网上翻版，充其量只是对纸媒主业锦上添花似的小小补充，与我们现在所说的转型概念相差甚远。中国报纸的转型动力来自纸媒的衰退，因此各种转型探索是自金融危机以来的最近七八年才真正开始的。在始于《中国妇女报》的手机报、始于《解放日报》的电子报、始于《南方都市报》的“南都派”（一种专属移动电子报）都未获成功的情况下（手机报一度受到青睐，但也很快衰落），在社交媒体平台驻留和自我开发移动客户端，甚至干脆与互联网大鳄合作，成为这两年报业转型的主调。

最热闹的当属移动新闻客户端（APP）。自2009年《南方周末》推出基于iOS系统的中国内地第一个报纸APP以来，客户端就如雨后春笋般出现在全国各地，至2011年已有170家报纸推出客户端（不完全统计）[1]。但真正引起大众关注甚至形成舆论热点的，还是这两年集中推出的集报业集团之力开发的聚合型APP。2015年在新闻界流行的“东澎湃，西上游，南并读，北无界，中九派”，说的都是较有影响的媒体APP，其中多为大型报业集团上线。这一年，吉林日报报业集团的“吉林在线”、南方报业传媒集团的“并读新闻”和“南方+”、长江日报报业集团的“九派新闻”、四川日报报业集团的“封面传媒”、新华日报报业集团的“交汇点”、重庆日报报业集团的“上

1　冷梅，王琪，刘扬. 移动新闻APP：中国报纸的数字转型机遇. 人民网，2013-06-08.

游新闻”、广州日报报业集团的“广州参考”、甘肃日报报业集团的“神舟”和贵州日报报业集团的“今贵州”等省级或副省级报业集团的 APP 纷纷高调进场，加上2014年上线的“上海观察”“澎湃新闻”“人民日报”“浙江新闻”“掌上龙江”（黑龙江日报报业集团）、“掌中陕西”“山东24小时”“中安新闻”（安徽日报报业集团）、“界面”等，至2015年12月中旬，省级（含副省级和省会）报业集团的客户端已达55个，内地31个省、市、自治区级的报业集团已有近半数推出聚合型 APP [1] 。2016年，这一势头有增无减，集团化的 APP 似乎已经成为各大报业集团的标配，正在不断地填补各地的空白。据笔者的研究生李婷菊手工调查统计（可能还不完全），2016年新增的省级报业集团 APP 较2015年之前（含）的总数增长了29%，80%以上的省、直辖市、自治区报业集团开发了APP。

笔者在2015年底应《新闻战线》约写的“年终专稿”中，曾对这些报业集团的 APP 进行梳理分析，发现它们有五大特点：

1. 名称别致，多与原品牌脱钩。这些集团化 APP与过去单份报纸 APP多沿用报纸品牌不同，大都放弃了报业集团名称，有的只与地名挂钩，如“上海观察”“掌上青岛”“浙江新闻”“山东24小时”“新湖南”等；有的则个性化十足，如“澎湃”“界面”“并读”“封面”“交汇点”“上游”“神舟”等。

2. 举集团之力，体现聚合优势。相对于单份报纸的 APP，集团化的APP具有明显的资源共享、集约整合的优势，并体现出单份报纸所不具备的聚合特点，这就向门户网站的 APP 靠近了一小步。

3. 跑马圈地，做成当地门户。中国的报业集团都以行政区划为界，具有信息的地方割据色彩。集团化的 APP 有利于在移动端强化区域意识，垄断区内信息，做通做透垂直内容。

4. 勇于创新，扩大技术赋权。APP 本身是技术创新的产物。当传统媒体借用这一互联网技术时面临的最大问题，就是如何将自身的原创优势与新的技术平台更好地对接，这就要求媒体进行二度乃至 N 度的创新。大多数单份报纸的 APP，主要是借用现成模板格式，将自产内容向移动端平移，创新度普遍较低。而集团化的 APP则明显强化了创新意识，增加了技术含量，从而建立了

1 辜晓进，李婷菊，叶愉. 集团APP的兴起与报业转型自救. 新闻战线，2016(1)（上）.

一种完全不同于单份报纸 APP 的移动生态。

5. 寻求合作，突破转型瓶颈。传统媒体弱在技术。作为报业转型最新型武器的APP，除内容仍然为王以外，核心在于获得技术的武装。正因此，这两年大型报业集团在开发 APP 的过程中，已越来越多地走合作之路。上海报业集团2014年9月推出的“界面”，就是多方合作的产物，其不仅涉及技术方的小米科技、奇虎360，还联手金融方的国泰君安、海通证券、联想弘毅，可谓一举解决了技术和资金两大难题。四川日报报业集团“封面传媒”的合作方则是互联网巨头阿里巴巴。其他很多 APP 也各有技术合作方，如“并读新闻”——广东南华智闻科技公司，“九派新闻”——中润普达（集团）公司等[1]。

报业转型的另一个重要动向，是与 BAT 等互联网公司合作。延续前些年各地省级报业集团与腾讯网合作建立“大秦网”“大闽网”“大豫网”“大粤网”“大申网”等地方网站的态势，这两年报业在移动端也如法炮制。2015年以来，已先后有《深圳晚报》《南昌日报》《南宁日报》等报社与 ZAKER 公司合作，建成地方门户型聚合移动客户端，如深圳 ZAKER、南昌 ZAKER、ZAKER南宁等。ZAKER 是国内一家互动分享和个性化定制的阅读平台，截至2016年10月，ZAKER用户已达1.9亿，日活跃量达1600万到1800万[2]。

传统媒体的数字化转型还在探索过程中，且随着速度加快和进程深入，愈发需要创意和勇气。人民日报社、新华社的“中央大厨房”建设，《南方都市报》《潇湘晨报》等的视频尝试，特别是《东方早报》的整体转型，都是此类探索中的可贵实践。现在，信息传播的变革浪潮正在把所有人都赶向数字端，年轻的一代已经不看纸媒，报人自身也渐渐将关注重点从纸媒的发行量转向数字端的受众量。因此，传统媒体向数字端转型的方向是没错的、确定的，关键在于路径的选择。虽说在转型的过程中不可能“条条大路通罗马”，但总有正确的道路等待我们踏足。

---

1 辜晓进，李婷菊，叶愉. 集团APP的兴起与报业转型自救. 新闻战线，2016(1)（上）.

2 搜狐公众平台. ZAKER突围 迅猛收割模式创新手机应用大奖. http://mt.sohu.com/20161103/n472163551.shtml，2016-11-03.

四、融合融出新意　数字公司逆兼并

2016年10月22日，美国电信运营商 AT&T（电话电报公司）宣布将斥资854亿美元收购时代华纳公司，加上债务总额超过1000亿美元，创年度最大并购交易。对此，国内外一些分析人士都将此作为渠道向内容靠拢的一个重要象征。

近年来，作为渠道供应商的电信企业的发展似乎进入瓶颈，包括 AT&T、英国电信、澳大利亚电信在内的多个老牌运营商进入低于3%的低速发展期，法国电信、西班牙电信、日本 NTT DoCoMo等国际运营商的收入都出现了负增长。“一个融合大内容、大网络的电信运营商或许将是未来电信运营商的主要形态[1]。”AT&T目前在美国拥有3.15亿用户（加上外国就更多），其急于转型为有内容的媒体公司而独缺内容。2015年，该公司以490亿美元收购卫星电视公司DirectTV，也是为了获得内容资产。时代华纳内容丰盛，旗下包括家庭影院（HBO）、华纳兄弟影业、有线电视新闻网（CNN）等在国际上赫赫有名的内容生产商。有分析家由此认为这应当成为中国三大电信运营商的榜样，殊不知，中国移动早在10年前就已经拥有了香港凤凰卫视20%的股份。

人们称电信商、互联网公司逆向兼并以内容生产为优势的传统大众媒体为“倒融合”。这两年，“倒融合”在中国也是一道亮丽风景。2016年4月，阿里巴巴以20亿港元的代价完成了对香港百年老报《南华早报》的兼并。这一动作在香港引起的震动，不亚于2013年亚马逊老板贝索斯收购《华盛顿邮报》。1903年创刊的《南华早报》作为中国现存历史最悠久的英文大报，被认为是亚洲最优秀的英文主流报纸之一，长期以来奉行独立精神，在香港工商界和政府高层及文化精英中有很大影响力，如今突然被内地企业收购，甚至还引发一些担心。而马云觊觎传统媒体也不是一天两天，此前的2015年6月4日，阿里巴巴宣布以12亿元入股上海第一财经，获得其30%的股份。这对当时只有12年历史的第一财经来说，是个不菲的价格了，可见马云进入传统媒体的决心之大。与之相比，同年7月乐视网通过其全资子公司以9600万港元收购北青传媒35%股权，简直就是捡了便宜货。要知道，北青传媒不仅是上市公

1　曹煦. AT&T 拟854亿美元收购时代华纳 国内三大运营商坐不住. 中国经济周刊, 2016-11-8.

司，旗下还有《北京青年报》《法治晚报》等媒体的全部营收及北青户外广告公司、北青社区文化传媒等子公司。前面提到的腾讯在多个省市与当地报业集团合作建立“大×网”，也属于这种倒融合思路。

互联网巨头为何看重本已弱势的传统媒体？笔者分析至少有以下三大原因：首先，互联网巨头现在财大气粗，处于媒体食物链的上游，掌握了整合媒体资源的主动权，对过去可能仰望的主流媒体拥有能满足自身需求的裁量权。其次，占尽渠道、平台优势的数字企业或渠道供应商，对内容的需求愈发强烈，就像前述AT&T公司那样。马云的阿里巴巴在BAT中是最不具备媒体属性的互联网公司，因此，它除了电商交易，并不具有信息流量的优势。2016年爆出的支付宝“圈子”事件，也可看作是马云眼馋微支付的社交功能而采取的竞争措施，只可惜开发者可能过于性急，“圈子”一开始就倒在了道德的门槛下。第三，主打全国市场的BAT们，对地方或区域市场的细分产生了兴趣，而由本地信息形成的地方市场向来为地方传统媒体所把持。可怜见，传统媒体剩下的一点优势就是本地信息和垂直信息了。腾讯大刀阔斧地与地方媒体合作，就是想切分地方这块蛋糕。前些年，笔者曾和当时负责大粤网的苟骅先生私聊。我开玩笑说，你们这招够狠的，大粤网一下子把腾讯本来够不着的本地信息和广告资源也吞进去了，还让不让本地报纸活呀？他也直截了当，说腾讯本来就是想进入地方市场的，与其被它吃掉，不如和它一起吃别人。他透露，当年《南方都市报》在大粤网净得4000多万。“这要揽多少广告才能挣得到啊？”曾任南都总经理的他感叹道。

关于阿里入股第一财经的动机，曾任《第一财经日报》总编辑的秦朔比我有发言权。跳槽出来从事内容创业的他于2015年12月在接受《羊城晚报》记者访谈时说，“内容产业正处在一个蓬勃的上升期，因为符合人们的物质需求。什么样的资源配置可以生产出更优质的内容呢，我想肯定不是依靠传统的介质，而更多的是需要依靠一些资源，很重要的是内容生产者，就是有专业素质的内容生产者。这些专业素质的内容生产者目前在传统媒体的比较多，我想类似BAT这样的巨头投资传统的媒体肯定不是看中这张纸，更看重的是这张纸背后的资源或者要素配置的体系。我相信他们的目标是希望把这个资源有效地嫁接到未来内容生产的方向上，这个可能是他们的初衷。”他进一步表示：“至于说阿里本身为什么要投这么多的媒体？我自己觉得可能是因为在阿里看来，腾讯就是中国最大的媒体，因为腾讯光微信上面就有1000万的公号，而且腾讯蛮大的IP，未来由文化展示生活方式的时候，谁能够去控制对于一个生活方式营造的这样一种制高点这样的权利，谁就会有更大的影响力。我个人觉得可能在阿里的体系里面腾讯慢慢会占据话语权的制高点，而它通过这个话语权的制高点，它那么多的IP，可能会营造出很多很多的生活场景，而这些生活场景都服务于腾讯本身的社交、金融、电商，当然很多是跟别人合作的O2O，这个在阿里看来可能是未来腾讯竞争的一个优势，所以现在阿里要拼命地补上媒体的这一块[1]。”

倒融合很好，曾在报纸干过25年以上的笔者乐见这一趋势。《华盛顿邮报》在贝索斯治下已经发生了非常好的转变，其转型成果直逼《纽约时报》，某些方面已经超越。而在贝索斯收购前，《华盛顿邮报》在转型上是相当滞后的。

五、纸媒逆势而生　却疑春色在邻家？

唐代王驾诗云：“蜂蝶纷纷过墙去，却疑春色在邻家。”以此描写当前中国报纸的某些场景，倒也贴切。本文前面已经说过，经济不景气，已导致一批报纸停刊或休刊，而且这一停刊趋势可能愈演愈烈，近年难以止步。然而，在纸媒如烫手山芋不敢碰的这两年，也有人在逆势创刊报纸，而且不是一家两家。

至笔者写稿前最新创刊的报纸是综合性日报《海丝商报》，主办者是福建日报报业集团和福建南安市委市政府，创刊日期为2016年11月1日。从该报自己的创刊消息看，这是在原先每日只出4版的县级报纸《安南商报》的基础上扩版创刊的，旨在配合“一带一路”（海上丝绸之路）的倡议和突出侨乡特色。该报还与菲律宾《世界日报》合作，同步推出每周两个版的《海丝商报·菲律宾版》，随《世界日报》发行。显然，这份报纸是有政策扶持的，未必会完全按市场化运作。

根据笔者的研究生张馨瑶做的调查统计，其他仅2016年创刊的报纸，还有《贵安新区报》《近报》《中国美术报》《人民陆军》等9种报纸。2015年

1　秦朔. 阿里买纸媒是为了打造话语权的制高点. 网易财经频道，2015-12-13，http://money.163.com/15/1213/21/BAOBVTSE002556Q4.html .

创刊的则有《中国书法报》《南都晨报》《地铁时报》《北京文摘》等9种报纸。2014年还有《中国城市报》《临空都市报》等3种报纸。仅这些不完全统计，2014年以来就新创刊了22种报纸，几乎与停休刊报纸数量扯平，这确实是一个较为奇怪的场景。粗粗分析，这些报纸大致可归属为以下几大类：

1. 政策属性报纸。此类报纸除了上述《海丝商报》，还有《胞波（缅文）》《人民陆军》等。《胞波（缅文）》是云南德宏景颇族自治州所属报纸，也是中国第一份有独立刊号并公开发行的缅文报纸。此时出版此报，显然与近期缅甸局势和中缅边境关系有关。创刊于2016年6月1日的《人民陆军》，则是在军队大整编基础上，各大军区报纸纷纷裁撤的情况下，由新成立的陆军党委主办的机关报。这实际是填补了空缺，因为此前成立而未被裁撤的军队报纸，主要就是各大军兵种的机关报，如《人民海军》《空军报》《人民武警报》以及1991年在原二炮旗下的《火箭兵报》，后者正好契合新成立的火箭军部队。由于是政策属性的报纸，它们基本不会走（至少不全走）市场化路线，财政补贴在所难免。

2. 专业类报纸，这是新创刊报纸的最大类别。除了《中国美术报》《中国书法报》《中国城市报》等国字头的报纸，还有《幸福老人报》《云南旅游文化时报》《近报》《北京文摘》和《大湘菜报》等。《大湘菜报》作为公开发行的美食类报纸，颇罕见。据报道，2016年8月9日创刊的该报，是“由湖南日报报业集团主管，华声在线股份有限公司主办，湖南湘菜文化发展有限公司出版，面向全国公开发行的美食专业周报”[1]。新湖南客户端湘菜频道、大湘菜微信公号也同步上线。笔者隐隐感到，该报的创刊可能打破了中国报纸的体制传统。该报的主办方和出版方都是股份制企业，而在中国长期以来的传统中，不但民间不能办报，企业也是不可以办报的（大庆石油管理局之类有行政区域管辖权的大型国企另当别论），这里暂不赘述。

3. 社区和免费类报纸，这也是新创刊报纸中的重要类别。《贵安新区报》《大观·园报》《滇中新区报》《临空都市报》《大石化社区报》《万宁时讯》等都是面向特定新区或街道创办的报纸。上述报纸中也有免费发行的，最典型的还是地铁类报纸，如大连报业集团创办的《地铁时报》和青岛地铁文化传媒有限公司创办的《青岛地铁晨报》及计划由合肥报业集团于

1 湖南《大湘菜报》创刊，欲打造行业专属舆论场.澎湃新闻，2016-8-9.

2016年12月26日创刊的《合肥地铁报》。

4. 变更报名和办报方向的报纸。《南都晨报》《华夏文明导报》以及前面提到的《滇中新区报》《近报》《海丝商报》等都是利用原有刊号变更名称、方向甚至主办和出版单位而来，但多数都在原有规模的基础上有所扩大，如《海丝商报》的出版规模扩大了一倍。

这两年纸媒逆势上扬的场景还有《深圳晚报》轰轰烈烈的头版广告现象，其有趣的实践背后，是创意和与新媒体联动对纸媒的重要意义。

回望这两年中国内地新闻传媒的发展走势，虽不免为传统媒体的加速衰落而伤感，却更为数字时代媒体形态各异的多元存在、令人目不暇接的创意创新、充满勇气的大胆开拓，以及对新闻专业主义的虔诚坚守（虽然只是极少数媒体）感到兴奋。正如这两年我给深大新闻传播专业本科新生开讲座时所云：未来是传播的世界，未来是编辑的天下。传播的世界，是指作为“构造社会的操作系统”（喻国明语）的互联网，已经把包括实体经济、实体商业在内的一切社会单元都“+”进来而构成无所不在的信息流，而信息只有得到传播才具有意义。“编辑的天下”中的“编辑”当然是广义的，是指一切参与信息处理的人。而信息一旦流动就需要专业的处理。特别是在信息过剩、垃圾泛滥的当下，具有专业能力而能为公众从泡沫中筛选、分拣、提炼、处理、推送有价值信息的“编辑”，永远是社会的刚需。

2016年12月12日

完稿于深圳爽籁居

目 录

序 / 范以锦 3
综述：朝转型求出路 于寒冬向光明 / 辜晓进 7
——2015～2016中国新闻传媒发展回眸

上篇：传媒视点

媒体深度融合的有效路径 / 陈 寅 003
道正声远，永远的山丘 / 裘 新 009
2016上海媒介融合年度报告 / 朱春阳 张亮宇 027
复盘浙报集团的转型之路 / 郭全中 042
传统媒体路在何方 / 郭全中 吴子茹 057
专业媒体、平台媒体和自媒体协同互补的格局
正在形成/ 张志安 毛思璐 068

下篇：传媒风云大事件

省级报业集团纷纷推出APP 079
报纸现停刊潮 094
传统媒体骨干转岗离职成风 102
央媒纷建“大厨房” 114
机器人开始写新闻 123

无人机进入新闻生产第一线 138
最早华语电视台黯然关闭 148
“视频热”席卷纸媒网媒 156
媒体争相踏足VR领域 170
内容创业渐成气候 178
自媒体进入转型期 185
传统媒体融合创新　花样百出 192
网络巨头向传统媒体招手：“倒融合”渐成潮流 200
报纸创意广告成“网红” 206
一批报纸“逆流”创刊 215
“东方头条”、ZAKER布局全国市场 226
门户网站颓势初现　总编辑纷纷出走 233
新闻学界业界流行“大数据” 240
报纸不惜占用头版催款讨债 248

后 记 255

上篇：传媒视点

媒体深度融合的有效路径
——以深圳报业集团为例

陈 寅[1]

2015年8月10日，阿里巴巴283亿元入股苏宁，苏宁140亿入股阿里巴巴。马云说："互联网公司的机会未来30年一定在线下，而传统企业或者线下企业的希望一定是在线上。" 这一判断囊括所有互联网公司，互联网媒体公司也不例外。2015年6月，马云就用行动表明了这一点，阿里巴巴以12亿元参股上海文广集团旗下第一财经。

有人可能疑惑：传统媒体属于线下吗？互联网媒体的未来在报纸吗？互联网媒体到底看重传统媒体什么？回答这些问题，我们不能脱离当前媒体融合的特定语境，更要厘清传统媒体、新兴媒体，线上、线下等概念的实质内涵与关系。

去年8月18日， 中央审议通过《关于推动传统媒体和新兴媒体融合发展的指导意见》， 习总书记就推动媒体融合发展发表了重要讲话。深入贯彻落实习总书记重要讲话精神，从巩固壮大宣传思想文化阵地、维护意识形态安全、深化文化体制改革的战略高度，加快推动媒体融合发展，是新闻宣传战线当前和今后一个时期的重大政治任务和历史使命。

媒体不管形态如何演变、功能如何扩展，其实质依旧是新闻传播的工具

---

1 陈寅，深圳报业集团党组书记、社长。历任深圳报业集团党组成员、社委会委员、编辑委员会副总编辑，晶报总编辑，深圳特区报总编辑。本文原载于《新闻战线》2015年第9期。

和介质，这是媒体融合的出发点和落脚点。

今天之所以要推进媒体融合，正是因为看到传统媒体的希望在线上、在移动终端。传统媒体与新兴媒体已经在许多方面实现了融合，如建立新闻网站、手机客户端、微博、微信等，但这些还算不上深度融合。尽管传统媒体采用了多种新媒体技术和应用，但背后的内容生成、渠道铺设、平台运营、经营管理等，仍主要是传统的那一套。

如果说互联网媒体的未来在线下，一定不是指互联网公司需要到线下办更多的报纸等，而是指用互联网的方式，一方面开发线下媒体市场，重建阵地，重塑传统媒体与读者、用户的关系；另一方面整合线下资源，发掘传统媒体中的人力、品牌、关系等资源的价值，提升内容生产力。

传统媒体向线上走，新兴媒体向线下走，相互渗透，由浅入深，由物理反应到化学反应， 最终产生新型媒体，既超越了传统媒体，也超越了新兴媒体。这大概就是媒体融合发展的基本路径。

基于上述认识，并结合深圳报业集团的实践，我认为，以下五点，是推动媒体融合的关键，由此，才可能探寻出媒体深度融合的有效路径。

改进思维：变线性的、机械的融合为非线性的、有机的融合

在融合过程中，应该是“互联网+传统媒体”还是“传统媒体+互联网”，存在争议。有的人认为，“互联网+传统媒体”体现了互联网思维，是以互联网为全新的社会“操作系统”，把传统媒体嵌入互联网中去，这是媒体融合发展的真正逻辑；有的人认为，“传统媒体+互联网”是融合的必由之路，互联网是传统媒体的一种传播工具、延伸工具，融合就是把传统媒体的影响力向互联网空间延伸。

在我看来，这两种观点都有不足。互联网公司的新闻门户网站，从一开始走的就是“互联网+传统媒体”的路子，以转发传统媒体的内容为主，至今没有根本改变，今天这些网站遭到了冷落甚至抛弃。“传统媒体+互联网”也未能给传统媒体带来真正的辉煌。比如长期以来，报社所办的新媒体，报纸痕迹明显，内容是报纸的翻版，即便是网站自采内容，也大多按照报纸的方式来

表达。

两种路子均在实践中不成功，根本原因在于都是线性的、机械的融合。这种思维是：把互联网与传统媒体割裂开来、对立起来，相互视为身外之物，再加以嫁接。我们所应关注的不在于谁在“+”的前面还是后面，不在于谁融合了谁、谁主导了谁，而在于“+”，在于能否1+1>2。真正的融合，应该是你中有我，我中有你，双向互补，一体发展，即非线性的、有机的融合。前面讲到的阿里巴巴与苏宁的融合， 不是单方入股， 而是相互参股， 不只我的线上有你的店、我的店里有你的网这种外在融合， 而且在人员、管理、平台、物流等多方面相互交融。

厘清方向：以赢得用户为首要任务，以提升用户体验为核心手段

媒体融合的根本目的是什么？中央指出，推动媒体融合发展是着眼巩固宣传思想文化阵地、壮大主流思想舆论的重大战略部署。也就是说，融合首先是为了阵地建设和舆论引导。

用户即阵地，即舆论场。衡量融合成效，要看是否赢得阵地和舆论；衡量是否赢得阵地和舆论，要看是否赢得了用户。赢得了用户，效益机会自然就来了。新兴媒体的发展规律之一，是优先发展用户和网络，突破规模临界点，才能引发正反馈，实现指数级增长。急于实现收支平衡乃至盈利，而忽视用户规模培育、用户体验提升，既不符合新兴媒体的发展规律，也背离了媒体融合的根本目的，必然难以成功。

要赢得用户，须在媒体融合产品中始终坚持“以用户体验为核心”。过去提“以用户为核心”，笔者现在认为应该是“以用户体验为核心”更为准确。融媒体产品最重要的方面就是交互性和用户体验，如参与互动、评论、讨论等，还包括各种视频、音频、图像等多种展示方式，均应在融媒体产品中有所体现。尤其要高度重视移动互联网媒体的开发与应用，任何融媒体产品，都要首先考虑在手机等移动终端上的用户体验，充分利用移动终端的情景感知、贴身感应、随时互动等特性，让融媒体产品在移动中实现更有效的情景传播、精准传播和立体传播。

截至目前，深圳报业集团的新媒体用户超过 1000万， 但尚未形成较强的规模效应。 旗下的深圳新闻网是主要亮点之一， 在“中国地方城市新闻网站传播力排行榜”中， 今年6月、7 月深圳新闻网均居榜首。它的“非常新闻” APP 项目， 上线两个多月用户超过 30 万， 计划明年达到 1000 万。

抓住根本： 重构媒体与用户关系，融合社会化的内容生产力与传播力

内容是媒体永恒的根本。归根结底，媒体融合是内容融合，一切融合手段都是为内容融合服务的。

媒体融合所面临的内容格局正在迅速演变。在规模上，昔日传统媒体是内容的垄断者，如今随着社交媒体、自媒体的崛起，新媒体自产内容已远超引进内容；在价值上，新媒体自产内容已成为舆论热点的主要引领者。

内容融合包括三个层面的问题：

解放媒体自身。主要是优化内容生产与传播流程。国内有的报社建立了“中央大厨房”，以实现“一次采集，多次生成，多元发布”的全媒体生产。深圳报业集团的几家报社也正在建设类似的全媒体采编指挥中心。

激发个体用户。主要是新兴媒体所建立的社交媒体、自媒体平台，激活了潜藏在用户当中闲置的、碎片化的内容生产与传播资源，实现了用户既是内容接收者，又是内容生产者与传播者，即用户多重身份的融合。

严格地讲，上述两方面都不属于真正的内容融合。解放媒体自身，是传统媒体对新兴媒体技术的引进，是为融合打基础；激发个体用户，基本上是新兴媒体的事，传统媒体与其他个体一样，也是为社交媒体、自媒体平台服务的一个节点、一类个体。

融合传统模式。内容融合最难、最重要的，是将传统媒体精英式的内容生产与传播，和个体用户集群式的内容生产与传播融合起来。精英模式的优势是专业、权威、可信，个体集群式的优势是灵敏、海量、多样，二者优势互补，融为一体，可大大提升全社会的内容生产力与传播力。正如有研究者所言，把用户貌似失控性的、蜂群式的自下而上的内容创造与传播，和编辑记者专业性的、自上向下的把关、设计、萃取融合在一起，是令人兴奋的互联网前

沿领域。

赫芬顿邮报、今日头条等知名网络媒体，采取了“大数据+好算法=好头条”的方法，对我们深化内容融合提供了重要借鉴。这进一步凸显了技术，尤其是大数据分析、云计算对媒体融合的重要意义。深圳报业集团正在加快推进集团全媒体智能化信息服务平台建设，以实现为用户提供智能化、精准化、定制化的融媒体产品。目前，内容数据库和用户数据库建设正在日夜兼程。

突破关键：凡有利于激发创造力和解放生产力的新体制机制都可以大胆地尝试

媒体融合，是世界性难题。发达国家的主流名流媒体苦苦摸索十多年，仍未找到出路，连曾被视为媒体融合标杆的金融时报也不得不出售，足见融合难度之大。

一提到这些，有人就说，看，他们都搞不好，证明跟体制机制无关。这样说逻辑不通。体制机制没障碍，融合不一定成功；但体制机制有障碍，融合一定成功不了。搞活体制机制是融合的必要非充分条件，对于国内媒体，尤其是融合的关键。譬如，党报集团所办新媒体往往产权不清、权责不明，与报纸之间的利益难以平衡等。

与新兴网络媒体相比，传统媒体在体制机制上处于劣势。包括深圳报业集团在内，传统媒体在早期互联网领域的探索，远超当年互联网的民营创新者。深圳特区报的网站是办在20世纪 90 年代中期，那个时候新闻机构都在办网站。但是最终突围出来的是大的商业网站，胜出的没有传统媒体，很大程度上缘于体制机制弊端。

深圳报业集团提出，只要有利于激发创造力和解放生产力的体制机制，都可以大胆地试。集团已制定出台更加系统的奖励办法和激励机制，开启一套全新的媒体融合考核和激励办法，所有融媒体要完全告别纸媒的传统做法。我们已经在孵化和培育一批融媒体创业项目，在收益分配原则上，也在做积极有效的探索，以激发员工的创造力。

集团内部融媒体的创业激情，这两年来得到了充分的释放，尤其是今年以来，几大主报陆续推出 100 多个公众号，发展势头良好。深圳晚报与国内著名的互动分享和定制阅读平台 ZAKER 合作，正在建设“深圳版 ZAKER” 等项目。

提升效率：整合资源，积聚力量，由“多而散”走向“少而精”

传统媒体的媒体融合已持续多年，但看不到一个能够覆盖上亿用户、跻身第一梯队的拳头产品，拥有的基本是“小而美”的东西。摊子大而实力弱，项目多而资源散，是通病。

集中投入、专注钻研是创新突破的最短路径。马云说，创业就是要“抓准一个点，然后像一个钉子一下钻下去，做深做透”。如果不是专注于网络传播，纯数字化的《赫芬顿邮报》怎么可能用 6 年打败 100 年的《纽约时报》？

深圳报业集团提出，报纸传统的阵地不能丢，但是要用更多的精力和更多的投入去做好以新媒体为代表、以互联网为大平台的媒体融合发展项目。纸媒的底线是力保存量、改进存量，所有的增量应该体现在融媒体上。为最大限度地扩大《深圳特区报》的影响力，在市委市政府的大力支持下，我们集合《深圳特区报》乃至报业集团的新闻、技术、人才资源，正在紧锣密鼓地推进深圳特区报融媒体拳头项目。

媒体融合何时能成功，未来会融合出怎样的新型媒体、怎样的新闻图景，谁也无法预测。但是，有两点可以肯定，首先，我们必须去创造，不断去尝试，以用户为一切尝试的“试金石”；其次，不要自我设限，不排除任何可能，相信不断创造着奇迹的互联网时代，必将创造出崭新的新闻组织和流程，现在不可想象的事，一定会加速朝我们涌来。

道正声远，永远的山丘
——上海报业集团

裘 新[1]

一、什么是衡量报业集团发展的唯一标准

上报集团的发展，必须始终瞄准自己的奋斗目标；而衡量集团发展的唯一标准，也就是我们作为企业精神的终极追求：道正声远。

遵循习近平总书记的重要讲话精神，我们对“道正声远”有了更加明确的认识和更加坚定的信念。

（一）“道正”，就是要牢固树立四个意识，始终坚持正确导向

总书记强调，做好党的新闻舆论工作，事关旗帜和道路。

集团各家媒体，必须深刻领会这一精神，在旗帜和道路的问题上，我们的立场要如磐石一般始终坚定。

上报集团汇集了历史上曾经最为悠久、最有影响、最有特色的几张大

---

1 裘新，上海报业集团党委书记、社长。浙江绍兴人，研究生学历，文学硕士，高级记者。其新闻作品屡获中国新闻奖和上海新闻奖。本人获全国百佳新闻工作者、上海新长征突击手、上海文化新人、上海市领军人才、全国新闻出版行业领军人才、全国“四个一批”人才等荣誉称号，享受国务院授予的政府专家特殊津贴。

报。《解放日报》曾经是党中央机关报的名称，《文汇报》创刊已有78年，《新民晚报》创刊更是距今已经87年。在我们这代新闻工作者的职业生涯中，一定能够从中迎接一张中国内地百年大报的诞生。

上报集团也孕育了中国当今最有活力的新兴媒体。集团成立后，以上海观察、澎湃、界面等项目为标志，我们以三种不同模式，探索传统媒体转型发展的新路径。在一两年的时间里，取得了传统纸媒一二十年累积的影响力。

无论是百年大报，还是新生群英，都必须牢固树立四个意识：政治意识、大局意识、核心意识、看齐意识。具体而言，就是要把坚持正确舆论导向放在集团所有工作的第一位，做到四个不移：阵地绝不挪移，目标绝不偏移，中心绝不游移，行动绝不漂移。

（二）“声远”，就是要切实提升四个力，始终围绕传播效果

总书记指出，要尊重新闻传播规律，创新方法手段，切实提高党的新闻舆论传播力、引导力、影响力、公信力。

当前，舆论形势已经发生深刻变化，主流媒体能否加快提升“四力”，将成为我们在互联网主战场的决胜关键。一言以蔽之，对媒体工作成效的评价，主要看传播效果。

主流媒体一旦沦为自言自语，就会边缘化，就会被受众抛弃，被时代淘汰。传播方式不改进，不符合互联网时代受众的需求，无异于自己扼住自己的咽喉，我们的声音能够发到多大、传到多远，是可想而知的。

二、我们的哪些板最短

要实现“道正声远”的目标，上报集团确立了“三步走”战略：成为中国最具影响力和竞争力的报业集团；率先实现向新型主流媒体转型，打造新型主流媒体集团；成为互联网时代的文化传媒产业集团。

2016年，集团工作主要是走好“三步走”的第二步，率先实现向新型主流媒体转型，建设具有国际影响力的新型主流媒体集团。

对标新型、主流、集团三个核心词，我们都有短板。

（一）什么是新型

新型，讲的是传播力。媒体的“互联网+”就是新型。是不是“新型”，关键看传播渠道和传播手段。

当前，传统媒体产能分布与受众需求之间的错配十分突出。在传统渠道上，受众规模已然急剧萎缩，但报业产能依旧过剩；而在海量受众的互联网上，主流媒体掌控的有效传播渠道显著不足。这就要求我们必须进一步推进报业结构调整，淘汰无效、低效产能，加快向互联网主战场、最前沿阵地转移，加速构建舆论引导新格局。

读者在哪里，受众在哪里，宣传报道的触角就要伸向哪里。

对照“新型”的要求，我们的短板在于“四个缺乏”：

1. 缺乏在影响力、体量上能够真正与商业性新闻客户端相抗衡的平台级项目。

2. 缺乏以大数据、云计算、机器学习、个性化推荐等互联网技术为驱动的项目。

3. 缺乏以用户需求为导向，将内容传播与社交、服务相融合的互联网社群项目。

4. 缺乏能够摆脱以广告为唯一收入来源的，具备新的成熟商业模式，能够通过嫁接媒体资源做到行业领先的细分领域产品。

（二）什么是主流

主流，讲的是话语权。如果说一般企业竞争力的最高体现是定价权、定标权，媒体竞争力的最高体现就是话语权。

今天，我们越是身处“人人都有麦克风，人人都是自媒体”的传播格局，就越是需要掌控话语权，提高说话的“质量”和“分量”，提升我们的议题设置能力和对社会舆论的引导能力。

够不够“主流”，关键看我们的内容是否符合核心价值观，我们的声音是否成为舆论场上最主要的声音，我们的影响力是否到达最广泛的受众群。对“主流”的评价权，在社会、在受众、在舆论场。

对照“主流”的要求，我们的短板在于“两个转化”不够：

1. 向互联网话语体系的转化不够。我们不仅要抢先发声，还要善于发声；不仅要言之有理，还应言之有物。要创新表达方式、善用网言网语，不断推出受众迫切需要、乐于接受的，具有较强吸引力、感染力和思想性的内容产品。

2. 向世界通行语言文字的转化不够。加强国际传播能力建设，也必须用世界的语言讲好中国故事，把中国的价值观传播出去。作为中国最大的报业集团之一，对于打造基于网络传播的英文新媒体，增强国际话语权，上报集团要有作为。

（三）什么是新型主流媒体集团？

整体转型，既是对媒体，也是对报业集团的要求。未来的媒体都是以互联网为主渠道的新媒体，未来的媒体集团都是以互联网为主渠道的新型媒体集团。

对照“新型主流媒体集团”的要求，我们在“五个深化”上存在短板：

1. 从重点项目的“自贸区”试点，到对各家媒体复制推广的深化；

2. 从侧重媒体产品转型，到围绕资源配置、人力配备、预算配比等顶层设计的深化；

3. 从媒体内一个部门承载转型的局部试点，到整建制、系统化向新媒体转型的深化；

4. 从打造有影响力的互联网新闻媒体，向聚焦新技术、新商业模式和新传播方式的互联网产品升级的深化；

5. 从财政资金扶持，向产业基金孵化、上市公司并购等市场化运作拓展的深化。

三、深度融合、整体转型是当务之急

2016年春节刚过，市委主要领导在解放日报召开新媒体座谈会时指出，要通过深度融合、整体转型，实现传统媒体脱胎换骨，新媒体腾飞发展。

深度融合、整体转型，是建设新型主流媒体集团的必由之路。

（一）深度融合、整体转型的标志

深度融合、整体转型，从上报集团的实际出发，主要是看四个方面有否新突破：

1. 在传统媒体构建互联网新型媒体机构上有新突破；

2. 在打造平台级项目上有新突破；

3. 探索以技术和运营为主驱动的面向新生代的社交新媒体，在技术应用上有新突破；

4. 探索不局限于传统广告收入的新一代互联网内容服务公司，在商业模式上有新突破。

（二）上报集团媒体融合发展“二三四”路线图

1.“二”

澎湃、界面两大现象级项目继续向平台级项目的目标进发，以影响力、用户规模等为核心指标，成为互联网上新的主流媒体或新型社区。

澎湃将继续强化原创优势，加强在社交功能、大数据挖掘及可视化新闻等方面的探索，实现原创图文新闻与可视化新闻并重、新闻与社区并重的全平台格局。同时，增强市场观念，建立互联网营销平台，争取全年运营收入达到亿元规模。

界面要进一步聚焦商业报道领域的内容优势，加大运营推广力度，吸引更多中高端用户，实现整合营销、金融资讯服务、精品电商以及商业社交服务等模式创新，全年运营收入争取过亿，并加速与证券市场对接。

2.“三”

三大报分别打造符合各自定位、传承历史文脉、承载其整体转型的新媒体平台，使传统主流媒体继续成为互联网上的主流媒体。

《解放日报》以“上海观察”为主平台，实现互联网时代市委机关报的整体转型。

《文汇报》专注人文定位，以文化界、知识界以及具有文化情怀的海内外人士为目标受众，从细分领域切入，围绕“人”与“文”这两个主攻方向，打造特色鲜明的“文汇”客户端。“文汇”将与全国主要学术、高教、出版、社科、文艺院团等机构建立战略合作，通过权威首发、独家推送等方式，凸显聚合精英知识分子、汇聚名家大家的内容价值。

《新民晚报》年内推出集资讯、社交和服务功能于一体的社区新媒体产品“邻声”。“邻声”将延续晚报文脉，定位在“民”，实现两个“聚焦”——聚焦上海、聚焦移动端，以12,800个住宅小区和800万家庭为目标，侧重解决百姓日益精准的需求与公共服务精准供给能力之间的矛盾，致力于成为《新民晚报》二次“飞入寻常百姓家”的全新载体。

其中，《解放日报》整体转型先行一步，目标是成为以互联网传播为主要渠道，以报纸传播为重要依托的新型媒体机构。

就在今天，“上海观察”和《解放日报》同时推出了新版。“上海观察”冲在最前，到互联网空间去争夺话语权；《解放日报》纸质版继续坚守，履行线下舆论引导的职责，成为一张必读性强的精品党报。

《解放日报》率先整体转型意义重大。党委机关报是主流中的主流，只有实现整体转型，才能成为网络空间舆论引导的主力军。同时，《解放日报》的整体转型，将发挥风向标作用，推动集团其他媒体尽快转型。

3.“四”：

集团今年将围绕新语言空间、新商业模式、新技术、新渠道四个维度，布局四个新的项目：

1. 新语言空间

一个由澎湃新闻团队打造的英文新媒体项目即将上线，内容定位于“日常中国”，基于西方用户习惯讲述中国故事，探索建立自己的话语体系，目标是成为英文世界了解中国社会变迁的第一入口。

2. 新商业模式

摩尔金融是由界面团队孵化的连接投资者与投研服务人士的社区，名称来自摩尔定律，代表爆发式增长，目标是打造互联网金融时代高效的私募管理人挖掘与产品服务购买的入口。目前，摩尔金融已经成功完成孵化，开始独立运作。

3. 新技术应用

集团最近将会同一家中央媒体，推出以90后新生代为目标群体的“头条”类新媒体产品——唔哩。这个名字是90后用户自己推举出来的，是他们在表达自己喜欢、属于自己的东西时常用的网络词汇，暗含了“我的APP”的意思。唔哩强调海量内容聚合、专业编辑精选以及基于大数据分析用户画像而进行的个性化推荐，是专属于年轻人的个性化APP。

4. 新渠道拓展

新闻晨报团队将立足本地和实用，推出“周到”客户端。一方面做深、做透上海资讯，打造上海市民的生活、办事指南；同时，基于地理位置，做强“家门口”的资讯与服务，以专业的内容生产带动街道政府、民生机构以及社区居民共同发布社区资讯，以周到的身边服务激活社区资源，助推社区治理。

（三）把握好整体转型的四对关系

1. 整体转型不是“弃报转场”

整体转型，不是吹响集结号，立刻转场，放弃报纸。

以三大报为代表的主流媒体与互联网新媒体共存发展的格局，将在相当长时期内继续存在。

一方面，要继续坚守主流报纸阵地，延长品牌影响，稳住基本读者，打造精品报纸。

报纸不应再单纯比拼发行量和版面数，而要比拼符合读者定位的精品内容。要对未来一两年报纸价格和发行量之间的关系提前考量布局，在适当的时间窗口继续调整，体现出精品内容的合理价值。

另一方面，工作重点要很清楚，就在网络，要融到网络去，转到网络去。资源增量必须向互联网主战场聚集，向新媒体最前沿聚焦，实现工作重心的一次大转移。

在布置今年预算工作时，我们要求各报社做好纸质版和新媒体两本账，对报纸正常生产的成本要保持，对发展新媒体需要的投入要增持。在上级部门大力扶持的基础上，集团将继续通过统筹经营和资产运营，保障主流媒体办好报纸和发展新媒体所必要的预算支持。

2. 整体转型宜“分门别类”

融合发展关键在于融为一体、合二为一，实现信息内容、技术应用、平台终端、人才队伍的共享融通、一体发展。融为一体的最终成果，是媒体产品和传媒人才的丰富多彩。

融合过程中，要两个注重：

对产品，要注重分众化、差异化传播。一次采集、多渠道发布并不意味内容生产可以同质化。三大报要成为互联网上的新型主流媒体，就必须立足姓“党”、姓“文”和姓“民”的特色定位，把特点做“特”，才有可能与大而全的综合性新闻客户端形成竞争。

对人才，要注重整体配置、取长补短。我们鼓励更多懂内容、懂技术的全媒型新生代人才脱颖而出，也鼓励目前的采编中坚力量发挥经验优势，补上新媒体素养，成为专家型人才。通过把不同年龄段的特点、优势融合起来，这样的队伍在互联网上焕发的力量是完全可以匹敌任何对手的。

3. 整体转型未必“全体转型”

转型的目的是抢占新的舆论场，不简单是为报纸生存而实施的“转场工程”或“再就业工程”。转型，就要拿产品说话，让市场选择，切忌简单地“要政策、切预算、铺摊子”。

转型过程中，要两个必须：

必须量“入”为“出”。财政的扶持、集团的资源总是有限的，项目能不能上，有没有机会“转”，关键看提升内容在互联网上“有效供给”的能力够不够，看资金资源投入换来的舆论影响力或市场潜力大不大。

必须做好进一步关停并转的思想准备。尽管集团成立以来一直在进行报业结构调整，但传统报业产能过剩的矛盾依然突出。要抓住时间窗口，在人越来越少的房间继续熄灯，把有限的资源有效地调配到集聚人最多的房间去。

4. 整体转型不必“齐步走”

整体转型千帆竞发，但仍然要讲究队列，不是没有重点、没有先后的横向平推。转型过程中阶段有递进，每个阶段的重点有先后，“转”的路径、目标有不同，“转”的领域也可能出现重叠，甚至竞争。这些都是转型过程中要弹好的“钢琴”。

在集团中，有的团队已经在整建制、系统化转型的路上先行先试，有的是先组建一支先锋队作试点，小步快跑；

有的报社转型从依靠财政扶持起步，有的在市场化的发展道路上扎扎实实地迈出了第一步、第二步；

有的团队专注线上“两微一端”，有的项目看好向线下实体经济、体验经济走……

转型没有成熟的套路。对报业集团而言，必须明确不同种类媒体转型的节奏，突出重点，先行先试，交替前进。

四、改革创新没有完成时

回顾上报集团走过的两年多历程，深刻感到唯改革者进，唯创新者强。

建设新型主流媒体集团，改革创新是不二法门。

集团将继续在新闻单位人事管理、媒体内部架构流程、投资体制和激励机制等三方面深化改革、推进创新。

（一）深化采编专业职务序列改革

当前，要深化新闻单位人事管理制度改革，增强大家的事业心、归属感、忠诚度。

2014年，文汇报开始试行采编专业职务序列改革；2015年，该项改革在解放日报、新民晚报全面展开。今年春节前我们委托第三方机构开展了专项调研，共发放问卷660份。调研主要从改革对采编业务的影响、对人才激励的效果、对改革方案的设计等方面，请受访者给出评价，并提出意见和建议。

从调研结果看，采编专业职务序列改革对增强采编人员的事业心、归属感和忠诚度，起到了正向激励效应。

其中，半数以上受访者对“改革提升了三报的传播效能和舆论影响力”表示认可。55%的受访者认为“改革较好体现了新媒体的定位，促进了新媒体发展，扩大了新媒体的受众”。58.1%的受访者对“改革使其更愿意留在业务一线”持正面态度。超六成受访者认同“改革为采编人员拓宽了晋升通道”。

从对改革的建议反馈来看，主要集中在“首席制度”“绩效评估制度”“薪酬计算体系”等改革方案的具体设计方面。有的首席人员提出，首席岗位对报社的贡献应该完全体现稿件“说话”，要避免增量改革产生新的利益固化，削弱改革创新的动力。一些新媒体从业人员希望在改革中也能发挥作用、得到激励等等。

2016年，集团将从三方面深化采编专业职务序列改革：

1. 专题化、项目化、具体化推进改革。所有资源配置、职责赋予都要有利于首席人员发挥“球星”作用，让首席多写好稿，让员工你追我赶。还是那句话，制度好坏，关键看“进球”。

2. 进一步细化考核等相关配套制度。既保证基础性收入，让人静下来、沉下去，安心做事；又要通过绩效激励，让人动起来、冒出来，焕发活力。

3. 坚持分类指导的原则。对首席、普通采编人员、中层干部、新媒体从业人员等不同岗位，要针对各自特点，分类研究制定政策，使各类人群都能在改革中发挥作用，从改革中有获得感。

（二）深化媒体内部体制机制改革

新形势下党的新闻舆论工作要在理念、内容、体裁、形式、方法、手段、业态、体制、机制等各个方面都做出创新。

市委把深度融合、整体转型先行先试的重要任务交给解放日报，这是传统媒体内部体制机制的一次根本性的变革。

1. 改采编组织架构

一个转型的融媒体，也就不应该再有一个“新媒体中心”的概念。解放日报原来的独立部门——“新媒体中心”化解，中心成员成为“革命的火种”，撒播到报社各处。

“小组”成为《解放日报》和“上海观察”的核心采编力量。原来的各采编部门被取消，根据“上海观察”定位和内容特色，成立若干个小型灵活的栏目小组，栏目由报社根据工作需要和记者申报情况确定。栏目实行主编负责制，主编享有策划权、组织采编权、发稿权、考核权、分配权。各栏目根据内容性质定位，归入各个频道。

2. 改采编组织流程

各栏目既负责向网络供稿，也负责向报纸供稿。保留专职为报纸服务的新闻编辑部、主题报道组和副刊中心，报纸内容主要来自新媒体和报纸共用的融媒体采编中心，形成中央厨房式的新闻生产方式。报纸编辑每天负责选稿、整合及改写工作，做深做精报纸内容。

3. 改薪酬激励机制

告别传统媒体“计件制”或“计时制”的考核方式，建立以“点击量”为主、多种评价机制为辅的加权考核办法。通过稿件传播效果跟踪测量系统，对每一篇稿件，都会有转载、评论、点赞的跟踪统计体系，从而完善考核机制。

报社每季度对所有栏目进行评估考核，考核不合格的予以淘汰，相关人员或加入其他团队，或重新申报新项目。对实际运营中有困难的栏目，及时予以调整。对表现出色的栏目则要加大投入。

对于技术、运营等传统媒体缺乏考核先例的团队，参照主流互联网公司和市场体系进行考核与激励。

（三）深化投资体制改革和激励机制创新

对于非时政新闻类的垂直领域、生活服务类产品，以技术为驱动的非内容原创产品领域以及一些市场产业类的项目，集团积极探索利用社会资源，激励创业团队，走市场道路。

比如，界面这个项目，从两个人、一份产品计划书到今天300多人的团队规模，10个月时间实现A轮融资，达到9亿元的市场估值。除了产品和商业模式本身获得认可，其核心价值还在于通过制度创新、先发优势，在市场上创造出一种稀缺性，即“国有控股+多元出资+创业团队激励”。能够把这三方面优势融合在一起，是界面能够成为现象级项目的重要因素。

创新没有统一模式。在“两个确保”的前提下——确保对舆论导向的绝对控制，确保对国有资产的保值增值，集团对不同项目采取不同的目标定位和发展模式。

比如，作为集团2015年创新创业扶持计划的首个成功案例，听健康项目采取的方式是集团对项目公司增资扩股，同时核心团队与集团原单位解除劳动关系，按照与集团增资同等价格真实出资持股。

五、构建新型产业运营体系

建设新型主流媒体集团是“一体两翼”，如果说其中“一翼”是实现媒体的深度融合、整体转型，另“一翼”则是构建新型文化传媒产业运营体系。

集团组建以来，梳理形成了金字塔形三大产业板块：

基础型产业板块——平面媒体业务，作为当前集团主业，是集团产业金字塔的顶层。

主导型产业板块——文化与新媒体业务，立足未来具有成长性的新媒体项目，以及与报业主业具有战略协同效应的文化产业项目，是集团产业金字塔的中坚层。

支持型产业板块——地产、金融股权与印刷业务等，通过提升造血能力，提供盈利能力，支撑报业主业和集团文化新媒体产业发展，是集团产业金字塔的底座。

为运营好这些产业板块，集团搭建了两大投资管理平台：

地产与金融股权投资管理平台由集团资产运营部、上报资产公司和瑞力基金等三大主体构成，负责集团存量资产业务的管理运营，拓展地产、金融股权增量业务，扩大经营与收益规模。

文化新媒体投资管理平台由文新投资公司、八二五新媒体基金和新华传媒上市公司等三大主体构成，统筹集团及下属单位在文化与新媒体领域的投资管理，统筹集团与上市公司的产业转型。

两个平台为什么要“三位一体”？主要是通过不同的主体，善用四方面的钱。

（一）用好自己的钱

自己的钱，有没有能力把它用好，一直是对媒体集团搞经营的疑问。

集团重新组建了上报资产和文新投资两大直投公司，就是希望通过内部发掘培养和市场化人才引进相结合，建立报业集团专业化的投融资能力和项目运作能力，善“买”善“卖”，自我造血，用好集团自己的钱。

1. 上报资产公司

经过半年多的资产、资源整合，公司2016年进入收益期，产生增量效益，构筑集团经济运行新的增长点和支柱。

（1）创新融资渠道

今年，上报资产将在社会资本市场上首次亮相，改变过去单一依赖银行贷款的状态，打通新的融资渠道。通过发行中票、公司债等方式，在低利率时期尽可能获得足够的中长期融资，以支撑平台长期稳定发展。目前，公司正在筹备财务评级，与银行、券商的沟通也在紧锣密鼓地进行中。

（2）依托战略合作方，专业化开展资产运营

2015年，公司通过与券商合作，利用金融股权开展转融通业务。今年，将根据集团在金融领域的布局优势，利用海通证券、东方证券和汇添富基金公司的专业特长，开展全方位合作，寻找风险可控的中短期投资项目以及市场前景看好的长期股权投资项目。

（3）创新集团空间布局

对集团办公楼宇科学布局、合理定位，实现集约效应，提升经济效益。

2016年，要重点推进国际新媒体产业基地工作进度。这个项目通过实现集团新媒体项目与地产资源的融合，有利于深度挖掘新媒体品牌价值与园区建设经济价值的联盟优势。

2. 文新投资公司

文新投资的各项重组工作目前已基本完成，公司新的定位是围绕集团战略布局，通过打造深度融合、整体转型的标杆性项目，培育集团新的产业平台。

（1）文新投资对直投项目实施“融、投、管、退”的全价值链管理。在2015年主导完成界面项目A轮融资的基础上，继续主导完成界面项目的B轮融资，以及从界面完成分拆的摩尔金融项目的A轮融资。目前已有多家机构进入深度洽谈和尽职调查阶段。

（2）从中长期看，文新投资将聚焦互联网和新媒体文化产业领域，重点

关注垂直领域的优质原创内容；通过技术支撑、渠道运营，打造高流量、高黏性入口的项目；从纯文本图片内容向音视频等多媒体跨界布局的项目；将内容与广告、O2O服务、媒体电商等盈利模式整合的项目等。

（二）撬动社会的钱

要做事，仅靠自己的钱，总是不够的。

集团主导发起或重组了八二五和瑞力两个股权投资基金，以国资撬动社会资本、社会资源共同投入，力图克服传统体制、机制、人才等方面的障碍和壁垒，扩大规模收益。

1. 八二五新媒体基金

八二五基金由集团联合国家级大型人民币母基金元禾母基金以及华映资本发起，规模近11亿元，集团和新华传媒作为基石投资人共同参加出资。

八二五基金的投资特点主要有三方面：

一是术业专攻，专注互联网和新媒体文化产业领域，与集团转型战略充分契合；

二是以流量入口和变现方式两大逻辑实现布局式投资，重点投向那些烧钱少、离钱近、易变现的项目；

三是通过与产业资本相结合，营造闭环式的商业生态体系，打造产业集群效应，因而在退出安排上相应有独立上市和产业整合两种设计。

截至2月底，基金累计投出项目58个，涵盖数字阅读、资讯服务、文化娱乐、消费升级、互联网金融、企业服务等多个领域，出现了类似“微盟”这样的一年估值涨幅20倍，有望成为出身上海的独角兽公司级别的明星项目。

目前，在基金所投项目中，准备在主板、新三板、战略新兴板上市的有10个，基本落实后续融资轮的项目合计17个。今年下半年到明年上半年开始陆续有项目退出，年化收益率预计不低于30%。

在一期投资布局初步完成的基础上，2016年基金将进入深度整合阶段，同时将发起基金2期，已经得到原有机构投资人的积极响应。

2. 瑞力投资

瑞力投资是以上报集团、上海实业集团及上海国际集团三大国资平台为基石，融合引入社会资本和经营层持股，积极探索实践混合所有制改革的市场主体和创新载体。截至目前，旗下发起设立及管理的基金和资产规模已超过85亿元。

瑞力投资从三个方面实现创新发展：

模式创新——通过私募、地产、互联网金融三大板块协同，用优质资产端资源不断吸引更多资金资源。

架构创新——以母基金为核心，形成专业化平行基金群，充分发挥国资对市场资源的撬动作用。

业务创新——以资产证券化构建对接多层次资本市场的产品体系，提升国有基石投资人的资金使用效率和投资收益水平。

截至目前，基金完成项目累计投资额近15亿元，投资项目10个，投资项目中已实现IPO预披露1家，新三板成功挂牌1家，另有3家已完成股改正积极准备新三板挂牌，预计项目平均投资回报率将超过20%。

瑞力投资将在2016年形成突破发展：拟新设立文化产业基金、药房云商基金等专业基金管理平台，新增投资项目不少于20个，新增投资项目的平均投资回报率有望进一步提升；实现资金及资产管理规模超过120亿元，成为行业内排名较前的专业基金管理机构。

3. 股权投资基金与集团的协同效应正在显现

瑞力投资明确了“双平台”定位——打造国有股东方主业升级战略的支持平台和上海新兴产业发展创新的投资平台，将基石投资人的战略转型需求与基金的资本运作优势相结合，助推报业集团在转型升级中抢占先机。

八二五基金的投资领域、关注热点与报业的转型方向比较契合，双方有很大的互补性。即将推出的唔哩项目，正是由集团和基金历时一年多共同酝酿的项目。

（三）对接资本市场的钱

事要做好，除了用好自己的钱、撬动社会的钱，还要善于对接资本市场，从而打通从资金投入到配置资源、形成资产，最终证券化成为资本的完整闭环。

1. 新华传媒

作为集团控股的上市公司，要密切关注资本市场整体环境的新情况、新变化，把握估值体系、投资节奏等因素，发挥融资主体和并购通道的功能，开展整合性项目的兼并、收购、重组。

2. 积极争取登陆、挂牌

多层次资本市场构建正在提速。集团内有机会的项目，从现在起就要从业务和技术层面与交易所、券商、律师等作对接，争取登陆，这对于打造新型主流媒体集团具有标杆性的意义。

集团目前正在推进欣欣向荣公司的改制，争取打造集团旗下第一家在新三板挂牌的文化企业，迈出对接资本市场的一小步、一大步。

（四）整合各行各业的钱

要做大事，还要探索跨界融合，用好全社会各行各业的钱。在“文化+”科技、金融、教育、地产等产业融合发展中造就自己，成就伙伴。

新华发行集团是上报集团旗下重要的产业集团，经过两年多的结构调整，在“文化+”方面为整个报业集团开辟了新的领域：

1. 文化与金融相结合。利用报业集团的品牌效应，与先锋金融等金融企业深入开展战略合作。目前，新华发行是先锋金融集团控股的香港上市公司中国信贷的第二大股东，增值空间巨大。

2. 文化与商业地产相结合。新华·红星国际广场致力于打造上海首个文创商业综合体项目，以“精致化、国际化、体验化”为特色，实现文化艺术、创意空间、生态商业、科技体验等与传统商业相融合。

3. 文化与科技相结合。打造以“新华文化科技产业园区”为品牌的高新科技产业集聚平台，园区管理公司与国际知名品牌雷格斯合作，牵线券商、基金公司为驻园科技企业提供高端服务。

4. 文化与教育相结合。通过收购职业大专院校，利用资本优势切入教育产业，在此基础上拓展国际教育业务，形成“职业大专、国际高中课程培训、国外大学专业合作”为核心的产业布局，打造新兴文化教育板块。

构筑新型产业运营体系，目的是利用市场机制，探索政府财政扶持、集团配套资金、社会融资介入、上市公司证券化等多种途径，最终实现“三步走”战略的第三步——成为互联网时代的文化传媒产业集团。

六、我们为什么如此急迫

当前，集团正处于转型发展的关键阶段，特别需要一种强烈的使命感和责任感去推进改革创新，不转不活，不急不行。

（一）不进则汰，慢进则退

2015年全国报纸广告大幅下降35.4%，与4年前相比，累计降幅已达55%。在这种态势中，几乎没有报纸得以幸免。从目前汇总的集团预算看，2016年的压力丝毫没有减轻。在这些数字面前，对于“不进则汰”，相信我们都有了痛彻的认知，无须多言。

另一方面，报业集团改革走到今天，确有同志有些小“满”即“足”，觉得这两年改革一项接着一项，可以喘口气、缓一缓了；有的同志是内心期盼改革，但对于下一步如何改、往哪儿走信心不足。

针对这两种思想动态，我们必须强调“慢进则退”的急迫感。改革最难的不是开头，也不是最后，而是在爬坡的当中，最容易劲头不足、攻坚不够。2016年，报业集团改革创新必须一鼓作气，趔趄于道意味着前功尽弃。

（二）伤筋动骨，脱胎换骨

改革创新，大方向上大家都拥护。但到了具体问题上，一动利益的蛋糕，就很难深入推进。

经过两年多的发展，更得益于前人“栽树”，集团目前具备了一定的物质基础，有了较有效的运作机制，初步达到各种利益的均衡点。但囿步于这种均衡，深度融合、整体转型是难以实现的。

我们必须强调全局观和大局意识。一切的改革创新，都要放在大背景下，从整体利益出发，去想事情、做决策。必须舍得打破坛坛罐罐，坚决拆除篱笆围栏。在一些局部、个体利益上的让步，如果能换得整体的脱胎换骨，这样的“伤筋动骨”就是值得的。

（三）雷厉风行，事在人为

雷厉风行的冲劲和事在人为的韧劲是硬币的两面，是指导我们做好集团改革创新工作重要的方法论。

雷厉风行，讲的是个“决”字。改革的艺术在于对窗口期的把握。没窗口时，不硬干；有窗口时，必须顺势而为、果断决策、全力推进。一旦错失时机，回过头来再要做这些事，就会要付出更大的精力和代价，已经形成的先发优势也会失去。

试想，如果没有两大集团的整合，没有三大新媒体项目的试水，不果断关停部分报刊，不去直面解决吴中路项目等历史遗留问题等等，上报集团绝不可能有今天这样的局面。我们能够取得一些阶段性成果，正是因为抓住了改革的窗口期，体现了集团党委和各级干部员工的执行力。

事在人为，讲的是个“韧”字。改革只有进行时，没有完成时，报业集团已经启动的各项改革必须稳中求进，新的创新举措必须及时出台。改革创新，不会只有掌声，不会只有赞成票。当前更要保持定力，以事在人为的积极心态投身今年的改革创新大潮。

不知疲倦地翻越，每一个山丘。

越过山丘，虽然已白了头。

责任落在我们的肩上，挑战会一场接着一场。但这正是我们选择这份事业的缘由。

道正声远，永远的山丘。

2016上海媒介融合年度报告

朱春阳[1]　张亮宇

一、引子

无论是政府的引导与支持，还是媒体阵地的改革力度，上海都起步于全国媒介融合进程的前列。2014年8月，中央全面深化改革领导小组第四次会议审议通过《关于推动传统媒体和新兴媒体融合发展的指导意见》，而上海报业集团、上海文广集团的改革分别在2013年10月、2014年3月完成。进入2016年，上海媒介融合又有哪些新变化？

2016年3月，“大、小文广”（原上海广播电影电视发展有限公司、上海东方传媒集团有限公司）合并两周年，就在前一年，改革的主将黎瑞刚、秦朔相继离去。三季度，江湖盛传SMG除东方卫视外的频道全面亏损，盈利水平甚至不及早已经历过凄风苦雨的上海广播电台。2016年5月，邱兵团队离开一手创办的澎湃新闻；8月底，盛传《东方早报》将于2017年1月1日停刊，员工整体转入澎湃新闻。10月29日，上海报业集团成立三周年，“责任明晰、产权清晰、分工明确、整合有力”[2]的追求言犹在耳，却不见三年前的高调身姿。

1 朱春阳，媒介管理学博士，现为复旦大学新闻学院教授、博导，复旦大学媒介管理研究所所长。

2 更好适应形势和发展需要，更好发挥上海报业影响力引导力：上海报业集团正式成立.解放日报，2013-10-29，http://newspaper.jfdaily.com/jfrb/html/2013-10/29/content_1106021.htm.

总体看，2016年的上海媒介融合已进入深水期。互联网产业仍在高歌猛进，传统媒体的融合改革却已进入更深层面，最初的美好梦想真正照进残酷现实，矛盾开始全面凸显。鉴于传媒改革是一个上下联系、难以割裂而论的进程，本文将以发展的视角，从导向、要点、效度三部分，回顾2016年的上海媒介融合之路。

二、融合的导向：强调国际传播能力

2016年，上海媒介融合的导向，仍是通过提升主流媒体传播力、影响力，提升在舆论空间内的引导力与话语权。相比之前的导向，着重强调了对国际影响力的追求。

2月15日，上海市委书记韩正到上海报业集团视察，在解放日报社主持召开的新媒体发展座谈会上，韩正指出互联网带来的冲击和挑战前所未有，且只会增强不会减弱。他强调“必须坚定不移推进上海主流媒体的深度融合、整体转型，在新形势下不断提高上海主流媒体的传播力和影响力，特别是国际影响力，为提高我国国际话语权、加强国际传播能力建设，做出上海的更大贡献，这是中央的要求，也是上海的责任”[1]。

8月24日，韩正书记到上海广播电视台调研时强调：“改革创新是传媒发展的动力源泉，深度融合、整体转型是互联网时代传媒发展的根本出路。我们所有的改革创新，根本目的是为了不断提高党的新闻舆论传播力、引导力、影响力、公信力，为加强国际传播能力建设、增强国际话语权，做出上海的更大贡献”[2]。两年之前的2014年3月31日，韩正书记曾强调“上海媒体有基础有条件进一步做强，增强传播力和话语权，从而提升影响力、决定引导力、壮大主流思想文化。要着力提升文化事业影响力和文化产业竞争力，更好地服务国家战略和上海发展，更好地满足人民群众的精神文化需求”[3]。

---

1 韩正：加快推进上海主流媒体深度融合、整体转型. 东方网. 2016-02-15. http://shzw.eastday.com/shzw/G/20160215/u1ai9219918. html.

2 韩正调研上海广播电视台：改革创新是传媒发展的动力源泉. 澎湃新闻. 2016-08-24. http://www.thepaper.cn/newsDetail_forward_1518975

3 打造文化传媒新高地：“新文广”今正式挂牌. 新闻晨报. 2014-03-31. http://newspaper.jfdaily.com/xwcb/html/2014-03/31/content_1154888.htm.

相比2014年的导向，不变的是以增强媒体传播力为手段，以实现引导力为根本。但同时，价值追求已由“服务国家战略和上海发展，更好地满足人民群众的精神文化需求”提升为“为提高我国国际话语权、加强国际传播能力建设，做出上海的更大贡献”。这是一个新的补充。根据新闻检索，2016年之前上海市委只有韩正书记在2014年初提到过“文化产业的竞争力，是上海现代化国际大都市软实力的充分体现”。根据2016年的指导意见，上海媒介融合的重点已不仅是国内市场，而是要在国际舆论引导力方面发挥关键作用。

相比长期以电视为主业的上海文广传媒集团，通过多个厅局级报业集团数次合并而成的上海报业集团，在融合举措上的组织刚性特质要明显得多。2015年11月16日，上海报业集团正式将“道正声远”作为集团的企业精神。根据党委书记、社长裘新的说法，“道”包含新闻之道、融合之道，更是事业的本源和初心，即提升影响力、传播正能量。“声”既是主流媒体的影响力，也是媒体工作者的声誉。“我们要更加主动地创新表达方式，努力讲好中国故事、有效传播中国声音”[1]。上海报业集团坚持了成立以来的一贯风格，非常守规矩、守节拍地提前明确了“传播中国声音”的价值追求。

三、布局与举措

（一）上海报业集团

1. 增量项目主导创新

在今年春节后的上海报业集团2016年度工作会议上，裘新社长对标新型、主流、集团这三个核心关键词，指出了上海报业集团三方面的短板[2]：

一是“新型”方面，“缺乏在影响力、体量上能够真正与商业性客户端相抗衡的平台级项目；缺乏以大数据、云计算、机器学习、个性化引荐等互联

1 上海报业集团确定企业精神为“道正声远”，表彰改革创新案例. 澎湃新闻，2015-11-16. http://www.thepaper.cn/newsDetail_forward_1397459

2 上报集团掌门人裘新年度工作会议讲话：道正声远，永远的山丘. 新媒体观察，2016-03-03.

网技术为驱动的项目；缺乏以用户需求为导向，将内容传播与社交、服务相融合的互联网社群项目；缺乏能摆脱以广告收入为单一来源的，具备成熟商业模式、经过嫁接媒体资源做到行业领先的细分领域产品”。

二是“主流”方面，“向互联网话语体系的转化不够；向世界通行言语文字的转化不够”。前者对应的是在国内舆论场的影响力问题，后者对应的是国际传播能力问题。

三是“集团”方面，上海报业集团在“五个深化”上存在短板：“从重点项目的‘自贸区’试点，到对各家媒体复制推行的深化；从侧重媒体产品转型，到围绕资源配置、人力配备、预算配比等顶层设计的深化；从媒体内一个部门承载转型的局部试点，到整建制向新媒体转型的深化；从打造有影响力的互联网旧事媒体，向聚焦新技术、新商业模式和新传播方式的互联网产品晋级的深化；从财政资金扶持，向产业基金孵化、上市公司并购等市场化运作拓展的深化”。

针对上海报业集团各媒体2016年的融合发展路径，裘新提出了“二三四”的路线图：

“二”指的是澎湃、界面两个新媒体创业项目要向“平台级项目”进发，以影响力、用户规模等为核心目标，成为互联网上新的主流媒体或新型社区。其中，澎湃新闻将继续强化原创优势，加强在社交功能、大数据发掘及可视化叙事方面的探索；界面要进一步聚焦商业报道领域的内容优势，完成整合营销、金融资讯服务、精品电商以及商业社交服务等模式创新。

“三”指的是解放、文汇、新民三大报系的定位要各有侧重。其中，“解放日报”体系的目标是成为“以互联网传播为主要渠道，以报纸传播为重要依托”的新型媒体机构。其中，解放日报的新媒体产品“上海观察”负责到互联网空间抢夺话语权；《解放日报》纸质版则继续坚守，履行线下言论引导的职责，成为一张必读性强的精品党报。

“四”指的是上海报业集团要在新言语空间、新商业模式、新技术运用、新渠道拓展四个维度上规划四个新的项目：分别是由澎湃团队打造的英文新媒体项目“第六声”（Sixth Tone，新言语空间）、由界面团队孵化的连接投资者与投研服务人士的摩尔金融（新商业模式）、与一家地方性媒体共同打造的基于大数据分析用户画像进行个性化引荐的项目“唔哩”（新技术运用）、晨报团队基于地理地位来做强“家门口”资讯与服务的“周到”客户端（新渠道拓展）。

在众多增量项目中，澎湃新闻的变动较大。一是邱兵团队的出走，二是《东方早报》于2017年正式停刊。据《东方早报》总裁、澎湃新闻总编辑刘永钢介绍，今年8月起《东方早报》与澎湃新闻的编辑人员开始在身份上合二为一，从机构上也已合二为一为“东方早报/澎湃新闻”。在内容方面，澎湃强调两个层面，一是做“刚需产品”，二是做“高端产品”。“刚需产品”是全民都会关心的，因为会涉及每个民众的知情权、监督权，这些信息是公共产品；“高端产品”指的是要把很大精力放在做深度调查报道、舆论监督报道上面，形成自己的显著特点[1]。可以发现，在邱兵团队离开后，澎湃新闻的改革姿态变得低调许多。

2. 解放报系深度转型

或是考虑到解放、文汇、新民三大报系的事业编制员工较多，保守的转型方式有助于员工尽快适应新岗位，上海报业集团对存量项目的改革力度仍相对温柔。其中，《文汇报》《新民晚报》的新媒体产品明显融合了报业自身特色，《文汇报》开发了聚焦“人”与“文”，汇集国内文化学术界的名家、学者的“文汇APP”；《新民晚报》推出的则是突出上海本地民生资讯、以接地气为特色的全媒体公共服务平台“邻声”。这些并未列入集团重点规划的项目，纵使报人倾注再多热情，仍像是为端着“铁饭碗”的员工们在新媒体空间里提供的容身之所。

解放报系的情况有所不同。党报的身份和资源，裘新在解放报系任职近十年的深厚根基，都是解放报系在报业与新媒体两端承担“主守”责任的理由。从时间上看，“上海观察”上线于2014年1月1日，不仅领先于澎湃（2014年7月23日）和界面（2014年9月22日），甚至比人民日报APP（2014年6月12日）还要早。从定位上看，尽管“上海观察”最初的目标人群是上海公务员群体，但在2016年里已更多地使用“上观”这个更简洁响亮的名字，并提供大量民生类文章。不过，党报和时政新闻的意识形态外壳，以及“上海市委在互联

1 人民日报，解放日报，东方早报/澎湃们是怎么推进媒体融合的?. 纸上谈兵. 2016-10-10.

网的发声平台”（上海观察）、“上海市委的机关报”《解放日报》的正统定位，使解放报系的改革不容有失，也使“上海观察”在企业化运作面前止步不前。在市场化改革方面，澎湃和界面明显走在解放报系的前面——由于《东方早报》的市场化身份，澎湃新闻从一开始就完全施行企业化运作，转型相对比较彻底；而界面的第二次融资据称已达15亿。

能够承担“主守”责任的前提，是实现深度融合与整体转型。今年3月1日，“上海观察”正式担负起解放日报整体转型的重任，目前已由原先十几人规模的小团队，发展到150多人的规模。从3月1日至5月31日，“上海观察”共发稿8926篇，日均达97篇；“韩正一周”“康平路”“伴公汀”“直通200号”等特色栏目纷纷亮相，传递市委、市政府声音；“7×24×365”的全天候采编流程机制，确保24小时采编链不断线，滚动报道传播效应日益凸显[1]。

根据集团层面的规划，“上海观察”要力求做到“更快、更广、更深”。制度上正式提出“一支团队，两个产品”（原来主要团队还是为报纸服务，现在要求“先网后报”），由此涉及架构流程、人事聘任、薪酬考核的变革：（1）架构流程方面，改革前由部主任发挥主要功能，改革后则要按照互联网机制实现扁平化，发稿的核心转变为栏目主编。这一改革的力度在于，部主任受到了较大冲击，“栏目主编—频道总监—报社副总编”的流程里多了一个栏目主编层面，而频道总编的核心权限被分割了，栏目主编的话语权最大。目前，“上海观察”150多人的采编团队已通过竞聘确定了79个主编，也存在一个人兼任三个栏目主编的情况。（2）人事聘任方面，2016年已在全集团范围内展开改革：“目前有38名采编人员获聘首席岗位，聘任时平均年龄41岁，最小28岁。这是根据上海市委全面深化改革领导小组第七次会议审议通过的相关方案，全面推开的‘采编专业职务序列改革’。首席的遴选评审注重业绩，没有资历门槛和条件限制，让优秀人才脱颖而出、服务一线”[2]。（3）薪酬考核方面，宗旨是按照互联网的规律，把传播力和影响力

1 上海观察：媒体融合风口 如何乘势起飞？新华网，2016-07-18. http://news.xinhuanet.com/zgjx/2016-07/18/c_135520657.htm.

2 上海报业改革：深度融合，整体转型. 新华每日电讯，2016-07-13. http://news.xinhuanet.com/mrdx/2016-07/13/c_135508965.htm.

进行量化并加入考评体系中[1]。

（二）上海文广集团

1. 互联网产品“1+3”计划

上海文广集团的媒介融合较早，从几年前就开始布局手机电视、互联网电视、数字电视和IPTV，近几年通过收购风行网、艾德思奇，与微软、索尼合作进军游戏领域，以及东方购物的电商化，成为国内数一数二的全牌照、全业态、新媒体上市企业。但是，在2014年大小文广合并后，SMG的融合之路并未出现明显转机，领军人物黎瑞刚甚至再次离去。

2016年9月，上海广播电视台台长、上海文广集团总裁王建军发文指出，SMG的困境包括：（1）新媒体阵列多而不强。市面上有的新媒体形态和新媒体产品SMG都不缺，但是缺乏“爆款”新媒体产品，更没有微信、微博这样的“现象级”产品。（2）传统频道阵列仅东方卫视风景独好。2016年上半年，SMG传统媒体广告整体仍实现增长，但细分来看，主要靠东方卫视这一个频道实现大幅增长，地面频道、广播及平面广告均出现同比下滑。据称，三季度除东方卫视外的频道甚至出现亏损，需要用上海广播电台的盈利来做交叉补贴。可以发现，尽管电视媒体曾比纸媒多过了几年安稳日子，眼下的融合、转型任务却同样紧迫。

在2016年上半年的SMG工作会议上，集团提出了“唯转型才有出路，唯创新才有价值”的口号，强调以价值为导向，全力打造互联网拳头产品。具体做法是重点打造“一个平台、三个产品”（“1+3”计划），着眼互联网产品的差异化布局：

“一个平台”即BesTV（百视通）互联网视频平台，是此番战略转型的重中之重。目前已有覆盖全渠道的8000多万用户，看看新闻Knews、阿基米德、第一财经等各种视频直播和APP，都可以作为BesTV的垂直产品。“三个产品”指的分别是：（1）“看看新闻Knews”互联网视频新闻品牌，已建立涵盖东方卫视、BesTV（IPTV、手机电视、互联网电视）及“看看新闻Knews”手机客户端

1 人民日报，解放日报，东方早报/澎湃们是怎么推进媒体融合的？. 纸上谈兵，2016-10-10.

等多种渠道的视频聚合和分发机制，建成了一条面向海内外的24小时持续更新的互联网视频新闻流，弥补了互联网视频直播新闻缺失的空白。上线两个多月来，Knews主动策划制作的直播已达200多场，“看看新闻APP”日均活跃用户增长了427%。（2）“阿基米德”互联网音频社区，已吸引50多家省市电台正式入驻，用户覆盖全国所有省市及全球97个国家和地区，依托传统广播内容与运营优势，努力“让天下没有难做的广播”，致力于成为中国传统广播互联网转型的依托平台，为传统广播打开一个新的发展空间。（3）“第一财经”互联网财经应用，以“资讯+、数据+、视频+”发展战略，努力成为具有全球影响力的新型数字化财经媒体与信息服务集团。2016年上半年，第一财经来自客户端、网端、公众号的下载量、浏览量和粉丝群都在全国财经媒体中居于领先地位[1]。

2. 互联网+内容：视频新闻、广播社区、财经全媒体

可以发现，SMG的“1+3”布局结构相当清晰。BesTV（百视通）互联网视频平台就是分发终端，扮演着战略转型的基石角色。三个产品的本质是“互联网+内容”，在经验上可谓“中、青、老”结合，在定位上则分别瞄准视频新闻、广播社区、财经全媒体三个方向。其中：（1）“看看新闻Knews”的前身“看看新闻网”诞生于2010年，长期作为电视媒体在互联网平台的出口。今年6月7日，上海广播电视台、上海文广集团对外宣布：举全台之力组建的融媒体中心正式成立，同时由该中心生产的融媒体新闻产品“看看新闻Knews”正式上线。此次转型后，“看看新闻Knews”将覆盖传统媒体和新媒体三种渠道：一是传统的东方卫视频道；二是SMG所属东方明珠新媒体公司的IPTV、手机电视和BesTV互联网电视平台；三是手机客户端。（2）“阿基米德”成立于2015年8月，其名称喻指广播可以通过一个个音频节目社区形成的支点，将6.8亿听众向用户转化，2800家广播电台一起携手撬动声音的世界。（3）“第一财经”成立于2003年，属于老牌全媒体产品，尽管秦朔2015年便已离职，但SMG仍将“第一财经”作为“新媒体旗舰”的打造对象。在2016年下半年的计划中，集团将以打造Yicai Global（一财全球）、Yicai Live（一财视频直播）等产品作为契机，

1 上海台台长王建军：融合转型，我们的危机感是最强烈的.“广电独家”微信订阅号，2016-09-08.

“全力打造新媒体旗舰产品，建立起财经资讯和数据的专业化服务平台”。

上述平台、产品的良好运转离不开强大的软硬件系统。硬件方面，SMG自主研发了“广播@Radio、电视新闻Xnews、全互动云iHub”三大融媒体软件系统：

（1）@Radio系列产品已全面覆盖上海广播五大资讯类频率生产流程，以方便快捷的操作流程、强大的数据支持、极简风格的全触屏界面等，使记者无论身处何地，素材一键上云，更让“采访用手机，播出直接点屏幕”成为广播电台的工作常态。

（2）Xnews全媒体融合生产平台通过“智能汇聚”“新闻指挥岛”实现了融媒体新闻采集的统一指挥与调度，使生产和管理同步实现“随时随地”；同时打破时空局限，实现丰富的新闻线索“一键式”向融媒体多终端推送。（3）iHub全互动云提供了一站式用户集聚、安全控制和数据管理的互动云平台，实现了面向微信生态圈（公众号、摇电视等）的内容创制、发布传播、受众互动、数据集聚等功能，目前已服务30余家媒体的众多电视栏目[1]。软件方面，上海文广集团从人才、内容、机制、经营四个方面着手：（1）制定了《SMG“十三五”人才发展规划》，为整体转型提供智力和人才准备。（2）以“SMG智造”体系为抓手，大力推进内容创新的全媒化、国际化。（3）重组业务板块，探索项目公司化、股权激励等措施。（4）完善产业布局和挖掘用户价值并举，通过资本并购、股权投资等方式，补足内部缺失，加快构建用户和会员统一管理体系，力争实现多维变现[2]。

---

1 围观SMG（上海广播电视台）媒体间融合的最新套路. 科讯广电网，2016-08-27. http://bc.tech-ex.com/technology/bccenter/2016/79691.html.

2 上海台台长王建军：融合转型，我们的危机感是最强烈的. “广电独家”微信订阅号，2016-09-08.

四、困境与对策

（一）困境：人才、资金矛盾触及制度边界

2015年11月16日在上海报业集团改革创新案例表彰暨企业精神发布大会上，上海市委宣传部副部长朱芝松曾总结上海报业集团在六个方面的成效：职责分工更加明确、特色定位更加清晰、报纸影响明显提升、融合发展扎实有效、资源配置更加合理、人才队伍更加稳定[1]。进入2016年，最后一条“人才队伍更加稳定”已不再成立：2016年3月，澎湃新闻总编辑、《东方早报》副总编李鑫辞职。5月，曾写出《我心澎湃如昨》等“邱三篇”的澎湃新闻CEO邱兵离职，据称投身短视频、VR和数据可视化等内容创业项目，并已获得亿元级的创业资金支持。

邱兵团队的出走，使上海报业集团2016年的改革规划骤然生变。郭全中曾指出，澎湃新闻初创时按照互联网公司的发展要求设计了员工持股制度和引进战略投资者计划，但后来外部环境导致这些计划难以实现，其中不允许员工持股这条制度必然会导致优秀人才离职[2]。

上海文广集团的人才流失在2015年就已大范围出现，除黎瑞刚外，SMG副总裁张大钟、上影集团副总裁杨文红、SMG艺术总监陈梁、百视通常务副总裁陶鸣成、东方卫视经营中心副总监袁春杰等先后离职，去向主要是自主创业和体制外新媒体。目前的说法是，体制外互联网企业给到心仪媒体人才的待遇是中层薪酬×300%，高层则直接给股权。正如郭全中所说，当传统媒体转型进入互联网产业时会遭遇体制尴尬——互联网媒体有其自身发展规律：一般骨干员工和管理层持有较高的股权，而创业者则绝对控股。转型中的上海主流媒体，无论薪酬水平还是激励机制，都难以与市场化新媒体企业相比。进入2016年，人才流失现象背后的制度边界约束愈加明显，如何走出这一困境？从

---

1 上海报业集团确定企业精神为“道正声远”，表彰改革创新案例. 澎湃新闻，2015-11-16. http://www.thepaper.cn/newsDetail_forward_1397459.

2 邱兵走了，刘爽又要和员工合伙开公司，这样行吗？. 观媒，2016-08-24. http://www.guanmedia.com/news/detail_3325.html.

2016年的举措看，上海报业集团选择通过产业资本“开源”，上海文广集团则以“边缘突破”的方式开展股权激励。

（二）对策：产业资本投资与员工持股尝试

1. 上海报业集团：继续发起新媒体产业基金

5月16日，由上海报业集团、国创元禾母基金、歌斐资产和华映资本联合发起的“八二五新媒体产业基金”二期正式设立，该基金将主要围绕“互联网+”、新媒体及信息技术等领域开展投资。除基石投资人外，“八二五基金”二期的其他意向出资人包括大型国有集团母基金、国家级引导基金、上市公司和保险集团等。此次二期基金的规模预计超过20亿元。由此，整个八二五新媒体产业基金的资产管理总规模有望超过30亿元。

据裘新社长介绍，在八二五基金一期（设立于2014年8月，总规模为12亿元）中，上报集团及其上市公司新华传媒合计出资3亿元，撬动社会资本约9亿元，而八二五基金二期对于社会资金的撬动作用相较一期成倍放大。到2016年3月，一期累计投资总额超过10亿元，投出项目59个（包括微盟、恒顿传媒、界面以及唔哩等一批明星项目）。这些项目中，有超过三分之一在同年即获得后续轮融资，而准备在主板、新三板上市或挂牌的项目有14个。基金一期的年化收益率预计将不低于30%。代表性投资项目是“微盟”，其已成为国内最大的微信开发服务商，在八二五基金投资后的一年内，微盟的估值涨幅达到近20倍[1]。

根据2016年5月裘新在“八二五新媒体产业基金”二期启动仪式上的说法，上海报业集团继续坚持发起新媒体产业基金，意图包括两个层面：一是投资回报，解决国有传媒集团发展新媒体过程中遇到的投入问题，即“与财政扶持、纯国资投入等传统方式形成互补……通过较少的投入撬动社会资本、扩大项目规模，实现相对较好的投资回报”。二是战略协同，通过对优秀项目起到投资、孵化作用，成为集团众多增量创新项目的外部补充，即“发掘与上海报业集团主业有战略协同效应、且具有成长性的新媒体项目……在符合条件后还

1 上报集团设立八二五基金二期 20亿元继续投向新媒体. 人民网，2016-05-16. http://finance.people.com.cn/n1/2016/0516/c1004-28354801.html.

有可能注入上海报业集团的上市公司，发挥证券的放大和倍数效应”。

从结果来看，截至去年底，八二五基金一期所投企业公允价值的增值倍数约为1.47倍（普华永道会计师事务所审计），尽管属于账面收益，但基本实现了第一层面的追求。不过，对外投资的顺风顺水尽管有助于降低集团对财政扶持、国资投入方面的依赖，也可能使上海报业集团有力量增加采编人员的薪酬，却无助于解决股权激励机制的实现。

2. 上海文广集团：东方明珠推出股权激励计划

在2014年东方明珠与百视通合并后，上海两家主流媒体集团各拥有一家上市企业：上海报业集团的新华传媒（600825）与上海文广集团的东方明珠（600637）。目前，新华传媒的披露事项主要是对外投资，而东方明珠却披露了股权激励计划。

2016年9月19日，东方明珠新媒体发布了574人股权激励计划，被认为对于文化国企体制改革具有标杆性意义。资料显示，上海东方明珠新媒体有限公司隶属于上海文化广播影视集团有限公司（SMG），1993年3月16日在上海证券交易所上市，是中国广电行业传媒第一股。2014年，百视通以增发换股形式与东方明珠合并成立东方明珠新媒体有限公司，该公司集合了SMG的经营性资产，是上海广播电视台转型的重要资本平台和内容分发平台。

根据公告，东方明珠拟向激励对象授予的限制性股票总数不超过1812万股，即公司股本总额26亿股的0.69%。其中首批授予总数为1631万股，占激励总量的90%，计划首批激励对象总数为574人，占员工总数的9.3%，对象包括公司高管、核心管理人员、核心业务骨干和核心技术骨干。计划首批授予限制性股票的价格为12.79元，即公告前1个交易日公司股票交易均价25.58元的50%。东方明珠表示，公告时股权激励成本估计为2.09亿元。东方明珠在授予总数中设有预留股份，预留股票数量为激励总量的10%，用于吸引、激励优秀人才，预计激励对象为43人，主要为计划新增的核心管理人员、核心技术骨干等，该部分预留股份将在授予日后的1年内授出。

东方明珠为拟向激励对象授予的限制性股票设置了3年锁定期（不得转卖交易，发生变故按授权价回收）、3年解锁期（每年可以售卖33%的股份）以及3年解锁期内的三个指标条款，每个解锁期条款都分为经济效益指标与社会效益指标两部分：经济效益指标方面强调“保增长”，三个解锁期即2018、2019、2020年度，相较2015年度营业收入复合增长率要分别不低于10%、11%、12%，归属母公司的扣非每股收益要分别不低于0.91元、1.01元、1.12元。社会效益指标则强调“保稳定”，其中政治导向指标要求每一年度公司未发生造成严重影响的政治性差错、重大技术性差错和严重泄密事故，同时坚持公益媒体发布和公益性节目建设不断加强；受众反应指标要求每一年度相较2015年度的公司智能终端用户年复合增长率均不低于10%；社会影响指标要求每一年度保持全国文化企业30强的称号[1]。

（三）疑问：制度边界是否存在多重标准

2016年8月24日，上海市委书记韩正到上海广播电视台调研时曾指出，改革的前提是“想明白改革的最终目标是什么、实现目标的路径是什么，想明白改革的进程中，什么是不能变的、什么是要顺应时代发展不断创新改变的……甩掉不必要的坛坛罐罐，真正从传统传媒集团转变为紧紧拥抱互联网时代的现代传媒集团”[2]。那么，制度的边界在哪里，哪些是可以打破的坛坛罐罐呢？郭全中结合《关于国有控股混合所有制企业开展员工持股试点的意见》（133号文），认为东方明珠的股权激励方案体现了以下八个要点：

（1）要保证国有资本处于绝对控股地位（东方明珠授予的限制性股票只占0.69%）；

（2）党中央、国务院和地方党委、政府及其部门、机构任命的国有企业领导人员不得持股（激励对象中的公司高管主要是上市公司管理层成员）；

（3）在授予的限制性股票中，管理层持股比例为11.70%，人均持股比例相差不大；

（4）国有控股上市公司员工入股价格按证券监管有关规定确定，又要有足够的激励性（首批授予限制性股票价格为12.79元，即公告前1个交易日股票均价25.58元的50%）；

---

1 上海东方明珠新媒体股份有限公司A股限制性股票激励计划（草案）. 巨潮资讯网，2016-09-19.

2 深度融合整体转型是根本出路. 文汇报，2016-08-25. http://wenhui.news365.com.cn/html/2016-08/25/content_459831.html.

（5）员工入股应主要以货币出资，并按约定及时足额缴纳（不得无偿赠予）；

（6）实施员工持股，应设定不少于36个月的锁定期（详见上一节所述）；

（7）持股方式，可以个人名义直接持股，也可通过公司制企业、合伙制企业、资产管理计划等持股平台持有股权（本次计划采取的是以个人名义直接持股）；

（8）上报相关部门批准。东方明珠的股权激励方案须经上海市文化体制改革和发展工作领导小组、中央文化体制改革和发展工作领导小组及上海市国资委审核同意，并经东方明珠股东大会审议通过后才可以实施[1]。

那么，邱兵团队的员工持股计划为何难产？据称，尽管得到上海报业集团甚至上海市委的认可，但是澎湃新闻本身仍难以突破时政类媒体的体制约束。相较东方明珠，澎湃的员工持股方案至少存在两方面的区别：一是东方明珠本身就是作为经营性资产上市的企业，产权结构更加清晰、可控，而澎湃的核心价值是其采编团队与内容资产；二是东方明珠已通过二级市场实现溢价，因此即使只授予总股本的0.69%仍能实现足够的激励性，澎湃作为创业项目，管理团队要求的股权份额可能突破了133号文给出的制度边界。

另外，一般认为报业集团的意识形态属性要明显强于电视媒体，即使上海报业集团能拿出符合133号文的股权激励方案，宣传系统也未必允许在时政类媒体中开此先河。裘新在2016年8月的《新闻战线》上撰文指出，在财政扶持、国资投入、产业基金投资模式外，还存在国资控股+多元出资+团队激励的投资方式。这种方式“在一些垂直的内容领域，探索向金融资本、产业资本、社会资本开放，向创始团队开放。由于是国资控股，必须严格对标国资管理相关要求，与互联网新媒体市场化的理念、规则对接难度较大，对投资风险的容忍度较低”[2]。裘新可能委婉地导出了邱兵团队持股的困难所在。综上，我们推测未来上海报业集团的股权激励突破可能还要通过新华传媒这个上市平

1 郭全中.学习东方明珠新媒体，教您如何做好股权激励.“全中看传媒”微信订阅号，2016-09-20.

2 裘新.产业基金：国有传媒集团新媒体发展的多元途径.新闻战线，2016(15).

台来实现。

五、结语

当我们回首2016年的上海媒介融合，最深刻的记忆可能不是两大集团的新媒体战略及其KPI，而是从《大河奔流》到《我心澎湃如昨》一路走来又转身离去的媒体人，用无数次碰壁所探知的制度边界。理性的成就终将被未来超越，感性的认识却可能长久停留。

复盘浙报集团的转型之路

郭全中[1]

近些年来，在传统媒体一片萧条的时代大背景下，浙报集团逆势增长成为萧条中的一抹亮色，取得了转型的阶段性成功。浙报集团是如何进行转型的？转型的关键点是什么？复盘其转型过程才能够真正找出可以成功借鉴的经验。

一、市场化、资本化：为上市做好准备

我国媒体长期以来采取的是“事业单位企业化管理”的运作模式，本质依然是事业单位体制，一方面导致市场化能力严重不足，另一方面采取自我积累的发展模式而不善于利用资本市场，而浙报集团很早就进行了市场化和资本化的探索。

（一）不断培育市场化能力

首先，建立起较为完善的集团化管理体制。1996年1月15日广州日报报业集团成立，成为我国第一家报业集团，此后全国各地有40余家报业集团成立。报业集团成立之后，集团公司采取什么样的管理体制就成为一个重要问题。主

---

1 郭全中，现为国家行政学院社会和文化教研部高级经济师。中国人民大学管理学博士，北京大学光华管理学院与南方报业传媒集团联合培养博士后，中国艺术研究院兼职研究员，山西财经大学兼职教授。曾任南方报业传媒集团战略运营部副主任。主要研究领域为：文化产业政策、传媒经济、传媒管理、工业经济与企业管理、基于互联网的产业融合与转型。

要采取三种模式：一是中央级报业集团换了名称但是管理体制并没有进行根本性的变革；二是不少省级报业集团为了避免集团公司内部过度竞争，采取组建集团公司整合旗下媒体的所有经营性业务的模式，这种模式表面上看是节约了资源，但是由于缺乏有效竞争而导致市场化能力很弱；三是建立起集团化母子公司管理体制。这种模式虽然存在一定的资源浪费，但通过内部竞争有效提升了市场化竞争能力。

2000年6月25日，浙江日报报业集团成立，其采取的是母子公司管理体制，具体表现为“一媒体一公司，两分开一本账”。“一媒体一公司”是把浙报集团旗下从事经营的部门和单位全部改制成公司，以更好地发挥其市场主体的积极性、主动性和创造性。当时浙报集团旗下有17报3刊1网站共21家媒体，在实现采编与经营两分离的基础上，经营部门组建为媒体公司。在组织制度上，媒体公司董事长由媒体总编辑兼任。也就是说，媒体一把手要对宣传业务与经营业务部门的干部人事、资产财务、考核监督等负总责。“一媒体一公司”的管理体制使得浙报集团旗下不同媒体都成为真正的市场主体，给予了各媒体比较充分的创新空间，调动了媒体的生产经营人员的工作积极性，有效地提升了劳动生产率。“两分开一本账”的具体含义是指，单个媒体与对应的媒体公司实行“一本账”，两个单位的工资总额以及两家单位领导层的奖金计划都与“一本账”的最后利润结果紧密相关。在“一本账”体制下，不仅媒体公司追求经营业绩，而且编辑记者们也积极提升办报质量，考虑读者需求，实现报纸产品的优化和节约生产成本，维护报纸的品牌形象，这种管理方式为采编与经营的良性互动提供了更全面、深入的保障。

“一媒体一公司，两分开一本账”严格按照国家相关政策的要求实现采编业务与经营业务的两分开，但是在实际运作中为了更好地按照现代企业制度的规律运作，采取一本账的方式进行运作，这种管理体制既保证了报业集团的正确舆论导向，又遵循了报业的产业特性。

其次，集团公司的董事会真正运作。虽然很多报业集团成立了集团公司也成立了集团公司董事会、监事会等，但是绝大多数董事会和监事会都流于形式，并不能发挥实质性作用。例如，不少报业集团的董事会、监事会不仅人员组成不够合理，而且基本没有召开过，更谈不上实际运作。

而浙报集团的集团公司不仅形式上健全而且实际上有效运作，例如在投资决策权方面，很多报业集团的集团公司基本上没有投资决策权，而浙报集团公司有2000万元的投资决策权，2000万元以下的投资集团公司就可以决定而不需要报报业集团决定，虽然后来集团公司的投资决策权上收，但在浙报传媒上市后，上市公司有了更大的投资决策权。

第三，积极拓展房地产等多元产业。20世纪以来，我国的房产价格飙涨与房地产市场极其繁荣，报业集团由于拥有政府资源的优势就采取各种方式进入房地产领域，房地产利润成为一些报业集团的重要来源，有些甚至占比50%以上。浙报集团很早就认识到房地产市场的巨大机遇，早在2005年8月，浙江日报报业集团和绿城集团共同组建了浙江报业绿城投资有限公司，各自持股50%。公司借助浙报集团和绿城集团的资源、资金、品牌和团队优势，积极进军二、三线城市的房地产市场，不仅在浙江省内，而且在山东省、福建省等地都开发了不少大项目，收益甚丰，来自于房地产的净利润一度超过报业的净利润。尤其需要指出的是，浙报集团与绿城集团的房地产项目合作，回报很高且风险锁定。虽然房地产项目净利润可观，但是由于房地产项目需要较大的资金量且受到宏观调控的影响，风险很大，浙报集团逐步收缩运营模式较重的房地产产业，现在基本退出了房地产业。

（二）资本化运作能力大幅度增强

首先，理念上高度重视资本运作。金融业是所有产业皇冠上的明珠，资本也是传统媒体转型的有效杠杆和利器，但是由于传统媒体长期以来采取的是“事业单位企业化管理”的运作方式，通常采取的是自我积累的发展方式，最多也就是在子公司层面引入战略投资者而已，而集团化资本运作的理念很淡薄。浙报集团在资本运作方面是醒悟得很早的，早在1999年，现任贵州省委书记、时任浙江日报报业集团社长的陈敏尔就提出了“传媒控制资本，资本壮大传媒”的发展思路，开始把资本运作提到议事日程上来。

其次，组建基金进入投资业务。2001年，浙报集团成立了浙江新干线传媒投资有限公司，是集团全资的资本经营管理平台，成功投资了十余个项目，其中大立科技、亚厦股份等已成功上市。此外，新干线投资公司还管理着两只基金，资金规模超过10亿元。2008年，成立了东方星空创业投资有限公司，该基金由浙江日报报业集团牵头，联合中国烟草总公司浙江省公司和浙江省财务开发公司共同组建，基金规模为5亿元。该基金也开创了国内文化传媒业以媒体集团牵头组建文化产业投资基金的先河。截至2015年3月31日，浙报传媒及东方星空已累计实现投资9.76亿元，尚未出售股权和项目市值超过32亿元，同时还发起、参与新媒体基金、新线影视基金、艺术品基金、游戏产业基金及游戏专项基金，其中已经完成了3.79亿元的基金募集和管理。新干线和东方星空成功投资了华数传媒、宋城演艺、随视传媒、唐人影视、铁血科技、缔安科技等数十个项目。其中缔安科技、铁血科技、唐人影视三个项目已经成功挂牌新三板，爱阅读、东方嘉禾、海誉动想等一批项目也在积极筹备挂牌新三板。2015年2月，东方星空减持新三板挂牌公司随视传媒股份，10月份减持华数传媒公司股份，2015年全年实现净利润38204万元，同比增长400%。

第三，培养了一支水平高的投资团队。国内报业集团在开展投资业务时，基本采取两种模式，一种是委托给专业团队进行管理，另外一种是自己组建投资队伍，浙报集团采取的是后一种模式。浙报集团以新干线、东方星空、传媒梦工场以及浙报传媒集团股份公司为投资平台，逐渐成为国内第一阵营的文化产业战略投资者，投资团队紧跟市场前沿，对新机会有很强的敏锐感，除了投资收益甚丰之外，还帮助浙报集团更好找准转型道路。根据浙报集团相关资料显示，2011年浙报集团所属投资板块（不含上市公司浙报传媒），资产总规模为10,374万元，自有总资产为6000万元，投资团队有14名成员。2015年投资板块总资产为37,552万元，自有资产为11,000万元，投资团队有19名成员。东方星空2011年资产总规模为57,554万元，净资产55,784万元；2015年资产总规模为149,549万元，净资产146,471万元。

第四，兼并收购县市报。浙报集团在2003年底兼并省内9家县（市）报的基础上，依照“一媒体一公司”的思路，与当地党委、政府协商，组建了浙报集团公司控股、地方政府参股成立县（市）报公司。从2004年6月起，浙报集团先后和上虞等9家县市合作组建县市报公司，通过51%控股资本链接浙报集团和县市媒体的品牌优势。2007年，9家县（市）报总资产达2.9亿元，较2004

年1999万元增长45%；净资产1.46亿元，较2004年增长43%，年均增长12.5%。其中乐清日报、永康日报、东阳日报三家的总资产已分别达到5250万元、4300万元、3920万元。

浙报集团通过提升市场化能力和强化资本运作能力，为上市打下了坚实基础。

二、成功上市：为转型打下坚实基础

传统媒体转型是一个大投入、长期的艰巨过程，绝不是一蹴而就的事情，而这就需要大量的资金做支持，而通过上市打通直接融资渠道无疑是最佳选择。在浙报传媒上市之前，我国的报业类上市公司有北青传媒（在香港上市）、粤传媒、新华传媒、博瑞传播等。由于传媒业具有很强的意识形态属性，拿到相关主管部门的批文是上市的前提，曾经有一些报业集团没有拿到相关主管部门的批文就发布借壳重组的信息，结果闹了一个很大的乌龙。2010年3月19日，中宣部会同9部门联合发布《关于金融支持文化产业振兴和发展繁荣的指导意见》，支持符合条件的文化传媒企业上市。

首先，浙报传媒牢牢把握上市机遇。浙报集团抓住国家支持符合条件的文化传媒企业上市的机遇，2010年10月浙报集团立即启动借壳计划。浙报集团的借壳上市工作做得很细，2011年5月获证监会重组委有条件通过，2011年9月成功登陆上海证券交易所挂牌上市，历时仅仅一年时间，创造了令业内和中介机构惊叹的资本市场的“浙报速度”。在浙报集团借壳ST白猫的上市过程中，浙报集团把下属全资子公司浙报控股拥有的报刊传媒类经营性资产（共计16家子公司的股权，评估价值为人民币24.6亿元）置入ST白猫，占上市公司总股本的64.62%而成为第一大股东，也成为全国第一家媒体经营性资产整体上市的报业集团，此后粤传媒成为第二家经营性资产整体上市的报业集团。

其次，上市倒逼浙报传媒提升自身治理水平。浙报传媒上市后，以上市倒逼内部体制机制的改革。按照上市公司治理要求，建立健全了从上到下、贯穿经营管理所有环节的内控机制，修订了20余项内部控制制度和10多个有关规范子公司运营、财务管理、人力资源的文件。通过全面预算管理、规范财务管理、健全内控制度、实行采编和经营分线运营等一系列改革新措施，集团公司治理水平大大提升。

第三，300余员工转换身份。浙报传媒改制上市，牵涉300多名事业身份员工的身份安置问题。身份问题始终是横亘在“企业化运行，事业化管理”报业及其他文化单位面前必须解决的问题，浙报集团通过专项资金的方式来解决事业编制员工问题。虽然具体的专项资金金额和安排内容不清楚，但该方案令事业编制员工收入待遇不低于原有标准，即便是退休之后相关收入也不会低于同期同等事业单位人员的标准，在根本上保证了原有职工的利益，使得改革能够顺利推进。

第四，借助上市浙报传媒实现逆势上扬。2011年以来，传统媒体开始遭遇寒冬，而浙报传媒各业务板块克服全行业大幅下滑的困难，营业收入和净利润均实现逆市上扬。2011年至2013年，重组置入资产净利润分别达到2.1亿元、2.4亿元和2.6亿元，三年承诺利润实现率分别达到109.04%、111.80%和107.83%，顺利完成利润承诺。浙报传媒打通直接融资通道之后，也为后面通过资本市场募集资金打下了良好基础。2013年4月27日，浙报传媒通过非公开发行A股股票和自筹资金共计31.9亿元，收购盛大网络旗下的杭州边锋、上海浩方100%的股权。2016年9月，公司非公开股票增发项目获国家主管部门批准，拟募集资金不超过19.5亿元，用于建设“互联网数据中心和大数据交易中心”项目。

在全国传统媒体正深陷困境不可自拔的情况下，浙报传媒整体运作良好。其营业收入从2010年的12.13亿元增长到2015年的34.58亿元，增长了185.08%；总资产从2010年的14.95亿元增长到2015年的80.19亿元，增长了436.39%；归属于上市公司的净资产从2010年的7.48亿元增长到2015年的42.26亿元，增长了464.97%；归属于上市公司的净利润从2010年的2.09亿元增长到2015年的6.10亿元，增长了191.87%，具体见表1。需要说明的是，2015年浙报传媒的净利润为8.82亿元，同比增长44.32%。

表1 2010～2016年上半年浙报传媒整体发展情况

单位：%，亿元

年份	营业收入		总资产		归属于上市公司的净资产		归属于上市公司股东的净利润	
	值	增速	值	增速	值	增速	值	增速
2010	12.13	—	14.95	—	7.48	—	2.09	—
2011	13.81	10.62	22.29	8.18	11.68	22.39	2.22	4.27
2012	15.42	6.95	27.58	19.89	10.56	-11.45	2.21	0.30
2013	24.11	59.67	66.16	145.35	35.50	86.07	4.11	241.75
2014	30.66	27.16	70.85	7.09	38.13	7.42	5.17	25.84
2015	34.58	12.77	80.19	13.19	42.26	10.82	6.10	17.98
2016上半年	14.82	-1.53	72.79	-9.24	43.40	2.71	3.05	7.79

资料来源：根据浙报传媒上市招股说明书和历年财报资料整理。

浙报传媒除了整体保持快速增长之外，业务结构也不断优化，报刊发行从2011年的3.74亿元下降到2015年的3.52亿元，出现略微下降，收入占比从2011年的27.08%下降到2016年上半年的11.47%，下降一半以上；广告及网络收入从2011年的7.72亿元下降到2015年的7.64亿元，基本持平，收入占比从2011年的55.90%下降到2016年上半年的22.54%，出现腰斩；在线游戏运营收入从2013年的4.27亿元快速增长到2015年的9.11亿元，增长了1倍以上，收入占比从2013年的17.71%增长到2016年上半年的23.95%；信息服务收入从2012年的0.46亿元增长到2015年的1.77亿元，增长了2倍以上，占比从2012年的2.98%上升到2016年上半年的8.84%，具体见表2、3。尤其需要指出的是，到2015年年底，浙报传媒的在线游戏运营获取的净利润已经占到浙报传媒净利润的45%。

表2 2011～2016年上半年浙报传媒各业务板块收入与增速

单位：%，亿元

年份	报刊发行		广告及网络推广		在线游戏运营		信息服务	
	值	增速	值	增速	值	增速	值	增速
2011	3.74	17.32	7.72	7.65	—	—	—	—

续表

年份	报刊发行		广告及网络推广		在线游戏运营		信息服务	
	值	增速	值	增速	值	增速	值	增速
2012	3.90	4.20	7.38	-4.36	—	—	0.46	54.70
2013	4.01	-3.62	10.03	30.98	4.27	—	0.50	8.64
2014	3.89	-7.88	8.97	-13.03	8.02	87.85	0.63	26.35
2015	3.52	-9.57	7.64	-14.83	9.11	13.60	1.77	31.49
2016上半年	1.70	-2.98	3.34	-7.34	3.55	-26.02	1.31	178.23

资料来源：根据浙报传媒上市招股说明书和历年财报资料整理。

表3 2011～2016年上半年浙报传媒各业务板块收入与占比

单位：%，亿元

年份	报刊发行		广告及网络推广		在线游戏运营		信息服务	
	值	占比	值	占比	值	占比	值	占比
2011	3.74	27.08	7.72	55.90	—	—	—	—
2012	3.90	25.29	7.38	47.86	—	—	0.46	2.98
2013	4.01	16.63	10.03	41.60	4.27	17.71	0.50	2.07
2014	3.89	12.69	8.97	29.26	8.02	26.16	0.63	2.05
2015	3.52	10.18	7.64	22.09	9.11	26.34	1.77	5.12
2016上半年	1.70	11.47	3.34	22.54	3.55	23.95	1.31	8.84

资料来源：根据浙报传媒上市招股说明书和历年财报资料整理。

浙报传媒借壳上市后，通过非公发行和转增，总股本从4.3亿股扩展到11.88亿股，公司市值从重大资产重组完成后恢复上市首日的52亿元，提升到2016年12月6日收市时的207亿元，在2013年9月25日，曾一度突破300亿元。

三、站在未来看现在：转型取得阶段性成功

传统媒体的转型不能站在现在看未来，更不能站在过去看未来，而应该站在未来看现在，即从未来的发展趋势来决定自身的转型。在国内传统媒体纷纷采取基于自身内容优势进行“内容+互联网”的转型思路时，浙报传媒深

刻认识到互联网和大数据才代表未来趋势，采取“互联网+”的转型思路，提前布局互联网和大数据产业。

首先，提前布局互联网产业。2012年3月，上市不到半年的浙报传媒，开始启动非公开发行收购杭州边锋和上海浩方两家游戏公司。2013年4月27日，收购顺利完成，通过收购边锋和浩方100%的股权，一举获得了一个拥有约3亿注册用户、2000多万活跃用户、1000万移动用户的成熟游戏平台，拥有了国内首个国有资本控制的大型的自主性网络用户平台，为浙报传媒的互联网转型打下了强有力的基础。通过此次收购，一是以边锋为核心，初步搭建起大传媒产业中“3+1”平台中的数字娱乐平台；二是整合各方资源，大力推动边锋网络平台的竞技化、社区化和移动化，用户快速增长，有力地保障了并购利润承诺的完成；三是加快布局影视、互联网视频和动漫产业，加快建设完整的娱乐产业链。边锋平台在保持快速增长的同时，也孵化了云更新、战旗TV等不少潜力巨大的项目。此外，通过收购两家游戏公司，浙报集团目前已经形成了近1100人的互联网专业技术研发团队，从事新媒体的员工也已经近2100人，占到了整个集团的1/3。

在收购边锋和浩方的基础上，2014年以来，浙报传媒打造了“三圈环流”的数字媒体产品矩阵，即核心圈、紧密圈和协同圈。核心圈着力打造三大新媒体产品，分别为浙江新闻移动客户端、浙江手机报、浙江在线新闻网站，这三大产品互为依托，有机联系，用户互相导流，力争覆盖全省2000万主流人群。截至2015年年底，浙江新闻的下载量已经超过1000万。紧密圈由边锋网新闻专区和新闻弹窗、云端悦读PAD客户端、边锋互联网电视盒子、钱报网、腾讯/大浙网新闻板块以及各县市区域门户构成，根据不同传播定位，覆盖各类用户5000万左右。协同圈以微博、微信等第三方网络应用和专业APP为主，以各运营媒体200多个微博、微信等第三方网络应用和专业APP为协同圈的主流价值传播平台，粉丝量超过1500万。浙报集团建立专业运营队伍，进入商业网站既有平台，既渗透发展又互相导流。此外，在移动终端上还主打新闻可视化，提升用户的阅读体验。此外，公司正围绕O2O新平台建设数据库，与浙江民政厅合作建设浙江省养老数据库，到2015年有5000万活跃用户，具体见图1。

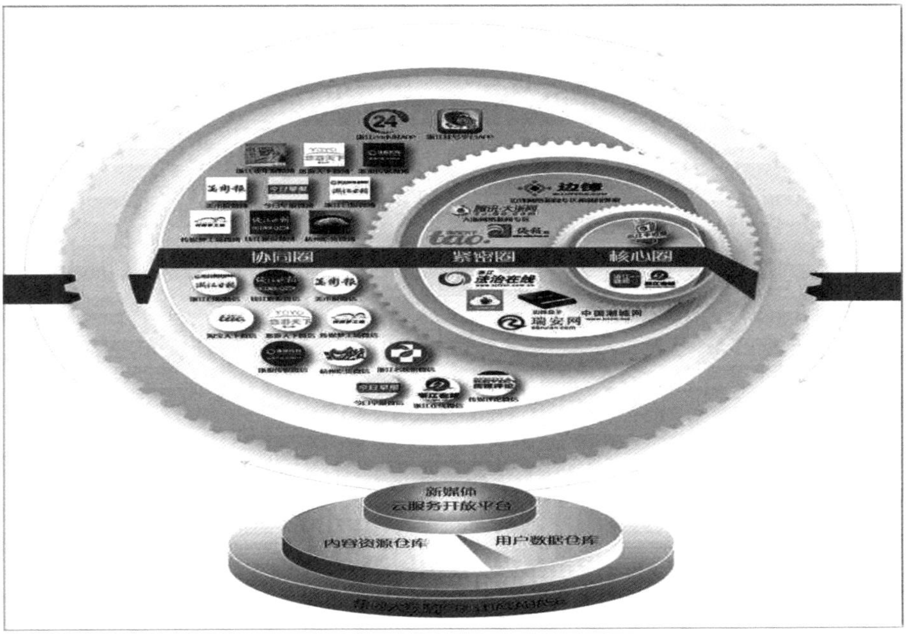

图1 浙报集团的三圈环流图

浙报传媒在搭建“三圈环流”的数字媒体产品矩阵的基础上，浙报集团又斥资2亿元自主研发了“媒立方”系统，包括智能传播平台和大数据资源平台，可满足媒体融合发展所必需的从信息发现、一站式生产、全媒体发布到智能化分析、精准化服务等多重需求，现在已经正式投入使用。

其次，提前卡位布局大数据产业。我们已经进入大数据时代，传统媒体转型不仅要实现互联网+，更要实现大数据+。浙报传媒充分利用自身的资源优势，积极布局大数据产业。一方面浙报集团确立以用户为中心的理念，在传统媒体公司中率先建立起数据库业务部，从阿里、盛大、华为等互联网公司引进50多名专业技术人才，近两年已经投入5000多万元建设用户数据库，把边锋、浩方的3亿注册用户，2000多万活跃用户，加上浙报集团传统媒体板块的600万用户，组建一个用户规模巨大的数据库。在此基础上，浙报集团又全面实施了大数据产业投资战略。2016年9月26日，由浙报传媒投资建设的浙江大数据交易中心在乌镇正式上线，成为省内唯一的大数据交易中心。未来，将和正在建设的“富春云”互联网数据中心项目、大数据创客中心以及大数据基金，共同组成浙报传媒大数据产业方阵。其中互联网数据中心项目，集聚数据，推动数据存储、加工、清洗、挖掘和交易，目标是形成覆盖大数据全产业链的开放型生态系统，向公众提供覆盖基础数据服务、数据挖掘与分析和数据交易的全产业链服务。由新媒体中心、数据库业务部、信息技术中心、边锋四大模块构成技术平台，并培养一个具备自主研发能力的技术团队，既能适应报业的技术发展，也能与互联网技术队伍接轨。

四、创新商业模式和盈利模式

当前传统媒体的互联网转型很难找到商业模式和盈利模式，而浙报传媒的互联网转型找到了符合互联网规律的商业模式和盈利模式。

首先，树立起“重建用户连接”的理念。传统媒体深陷困境的根源是用户连接失效，而要实现自身的真正转型，必须重建用户连接。浙江日报报业集团高海浩社长认为：我们走了十几年的互联网之路，其实并没有走出自我设置的误区，没有真正把媒体与用户的关系、内容与读者的关系搞明白。互联网时代，用户的内涵与我们过去的读者截然不同。我们必须把服务用户、吸引用户、集聚用户作为出发点、落脚点和着力点，作为内容创新的评价标准，作为办好媒体的终极目标和追求。

其次，建立起“新闻+服务”的商业模式。当前很多传统媒体还坚持“内容为王”理念，幻想新闻能够实现盈利，但是这完全不符合互联网“免费+收费”的商业模式。浙报集团按照互联网规律，提出了“新闻+服务”的商业模式，即新闻免费，服务收费。通过免费的新闻来吸引更多的用户，再通过增值服务来实现收费，并以服务聚集用户，在提升用户体验的基础上增强用户黏度。这样既能较好地完成媒体的信息传播功能，又能较好地解决盈利难题。

第三，拓展了多元的盈利模式。浙报集团秉承“传媒控制资本，资本壮大传媒”的理念，积极发挥主流媒体优势，大力拓展O2O商业服务，新确立了智慧服务产业拓展方向，并以产业链打通互动娱乐和影视两大产业，加快推进新闻资讯、数字娱乐、智慧服务和文化产业投资“3+1平台”布局。在此基础上，拓展了政务服务、O2O电商、网络医院、养老医院和区域门户集群等盈利服务。在政务服务方面，浙报开展与浙江省政务服务中心的合作，构建“政务服务+生活服务”的服务圈；在O2O电商方面，钱江晚报推出钱报有礼电商网站，2015年全年营收同比增长152%，并开设了6家线下门店；在网络医院方面，组建全球影像医疗云服务平台，其旗下的浙江省预约诊疗服务平台已经有600多万注册用户；在养老服务方面，浙报旗下老年报公司正致力于以社区服务为中心，提供全方位养老配套服务，其爱乐聚家服务中心在全省11个地区市和杭州市辖区的服务中心布点达到50家；在区域门户集群方面，浙报9家县市报引领的区域细分媒体板块，正在积极探索社区化和服务化，实现对社区居民服务的深度覆盖。

五、浙报经验的总结

浙报集团的转型无疑取得了较大的成就，领先于全国传统媒体。浙报集团转型的经验有哪些？又有哪些可以为其他传统媒体借鉴呢？

首先，关键有一个具有政治智慧和市场能力的一把手。无论对于政府部门还是对于企事业单位，无论对于国有企业还是对于民营企业，无论对于转型期还是对于平常期，一把手都起着至关重要的作用，但是对于转型期的国有传媒单位来讲，一把手就起着不可替代的决定性作用，正可谓一把手足够牛，则转型有望，否则转型基本没戏。而浙报集团的转型之所以能够取得阶段性胜利，是和他们的一把手高海浩社长密不可分的。一般来说，成功的转型需要提前5～10年布局，即在陷入困境之前的5～10年就要开始积极转型，2008年我国报业和传媒业的增速开始放缓，而2012年我国报业广告实收额开始出现15%左右的下跌，这就需要传媒集团从2008年左右开始真正转型。就在2008年的1月，高海浩就任浙江日报报业集团社长、党委书记，3月任浙报传媒控股集团有限公司董事长。高海浩社长从上任之后就积极采取各种措施进行转型，有效地抓住了转型的时间窗口期。之所以说一把手决定着转型的成败，核心在于转型期的一把手除了需要具备平常期一把手需要具备的能力之外，还需要具有如下三方面的突出能力：一是对趋势的敏锐洞察力。转型是基于未来的，而不是基于现在和过去的，这就需要具备“站在未来看现在”的能力，浙报集团近些年的转型较好地把握住了未来的发展趋势，先是把握住了传媒与资本融合的趋势而积极进入资本市场，然后认识到互联网代表未来而致力于打造互联网枢纽集团，再是洞察了大数据及产业的历史机遇而积极布局大数据产业。二是能够有效转变集团观念，统一思想。传统媒体转型首先是观念的转型，只有统一了转型的思路和目的才能众志成城，心往一处想、劲往一处使，否则就是各吹各的号、各唱各的调，转型必然失败而已。高海浩社长自己观念超前，并通过内部培训（高社长自己在集团内部讲过十几次课来转变观念）、内部创业等方式来转变观念，很好地统一了思想和认识。去浙报集团调研，你从高海浩社长、集团其他高层、中层和普通员工嘴里听到的思路基本是一致的，这在其他传统媒体基本是不可能出现的现象。三是愿意承受巨大的压力和风险。在国有单位，由于缺乏有效的激励约束机制，干多干少一个样，干与不干一个样，干好干坏一个样，干多错多，再加上传统媒体的核心任务是舆论引导而不是营利，绝大多数一把手为了自身的官位而不愿意去冒大风险去开展新兴业务，基本上是“雷声大雨点小”。毫无疑问，传统媒体转型的方向是互联网和大数据等新兴产业，而这些新兴产业虽然收益大但风险更大，向这些新兴产业转型就要承担巨大的风险和压力。当年浙报传媒斥31.9亿元巨资收购边锋和浩方两家游戏公司时，相关主管部门和很多传统媒体纷纷质疑浙报传媒不务正业，而根本没有意识到浙报传媒收购两家游戏公司既可以获得高成长性的游戏公司，又可以获得几千万的用户和先进的技术团队。当然，对于传统媒体来说，优秀的一把手是可遇不可求的，高海浩社长在浙报集团转型的关键时期来掌舵，是浙报集团和浙报集团人的福气，当然这条经验也不能为其他传统媒体所复制。

其次，善于运用资本。一是浙报传媒在短短的一年时间内成功登陆上海证券交易所挂牌上市。上市为浙报传媒打通了直接融资通道，也为后面通过资本市场募集资金布局未来产业打下了良好基础。二是2013年4月27日，浙报传媒通过非公开发行A股股票和自筹资金共计31.9亿元收购盛大网络旗下的杭州边锋、上海浩方公司100%股权，成功卡位互联网。 三是2015年启动非公开发行工作，拟募集资金19.5亿元，用于建设“互联网数据中心和大数据交易中心”项目。虽然现在传统媒体上市已经很难，也很难复制浙报传媒的上市路径，但是资本运营的逻辑是可以复制的。

第三，市场化体制和能力。浙报集团很早就开始市场化探索，并建立了更能适应市场竞争的集团化运营体制，有别于很多传统媒体采取的所有经营由一个公司负责的集中化运营，浙报集团很早就建立起了一媒体一公司的更为市场化的集团公司体制，虽然在一定程度上存在资源浪费但是能够更好地发挥市场竞争的作用，进而提升自身的核心竞争力。浙报集团的市场化能力能够帮助其灵敏地找到市场新机会，并成功地把握。对于其他传统媒体来说，浙报集团市场化的体制和能力是完全可以复制的，核心是确立市场化改革方向。

第四，提前布局互联网产业。互联网带来了第三次工业革命和第四次传播革命，也给传统媒体带来了致命性的挑战，主要体现在用户连接失效。要真正实现转型，就必须以互联网为转型主体和方向，来重建用户连接。浙报集团通过自身的实践，充分认识到要真正实现转型：一是要充分培育互联网基因，核心是理念和体制变革。二是拥有适应互联网浪潮的技术团队，关键是赢得制高点和话语权。互联网媒体是技术驱动的，没有实力强大的技术团队，就很难为传统媒体转型提供坚实的基础。三是要有强大的融资能力，构建自主的互联网用户平台。正是基于重建用户连接的思路，2013年浙报传媒通过收购盛大网络旗下的杭州边锋、上海浩方两家公司，获得了一个拥有3亿注册用户、超过2000万活跃用户、1000万移动用户的成熟网络平台。这些用户已经成为浙报集团信息传播、舆论影响的基础和目标，为自身的互联网转型提供了扎实的基础。基于互联网转型的前提条件是一把手的理念转型，所以这条经验既可以复制也不可以复制，核心是看一把手能不能真正了解互联网而想清楚、想透彻。

第五，布局大数据产业。2013年，我们进入大数据时代，大数据已经成为和土地、人力和资金一样的生产要素。从某种意义上说，大数据将是传统媒体实现转型的最后一次机会。浙报集团很早就认识到大数据对于自身的重要作用，他们最早通过吸引大数据人才和启动数据库建设来布局大数据。一是从知名互联网公司高薪挖来首席数据官，并组建了人数不低的工程师团队。继而在集团层面基本形成了由新媒体中心、数据库业务部、信息技术中心、边锋四大模块构成的技术平台，并培养一个具备自主研发能力的技术团队，既能适应报业的技术发展，也能与互联网技术队伍接轨。二是浙报集团争取浙江省委、省政府的支持，积极实施了大数据产业投资战略。政府数据是大数据中的最重要资源，而传统媒体具有先天的优势，因此，布局大数据产业是其他传统媒体可以复制的经验。

综上所述，每个集团都有自身的基础和优势。从这个意义上讲，浙报经验和模式不可能完全复制，但是转型逻辑却有共通性，完全可以复制和借鉴。

传统媒体路在何方

郭全中　吴子茹

关于传统媒体转型：互联网+还是内容+

你是比较早提出传统媒体也需要转型这个观点的，而且做了很系统的方法论的研究。现在看来你当时比较过激的预言也都对了，为我们回顾一下你观察到的传统媒体行业下滑的这个过程？

郭全中：对，其实在国内，很早就提出了拐点断崖这些论调，喻（国明）老师说过，但他所说的拐点，是说广告营业额增速的下滑。我们说真正的拐点是指（营业额）下滑，应该从2012年算起。在这之前，可能增速的话还能有百分之七到八，但是离之前的两位数已经很远了。中国的报纸，基本上2008年是一个高点，但是不同地方也不一样，有的地方2011年还在增长。

2012年之后是一个怎样的情况？

郭全中：到了2012年，基本上就是整体下滑，所以这一年是真正的拐点。我记得是15%到20%的下滑速度，很多人就急了。但是这个东西，一旦下滑就开始止不住了，之后这几年都下滑得很快，2013年就是20%到30%，2014年差不多也是30%左右，2015年也差不多30%。到了这时基本上很多就已经处于要崩盘的状态。现在就不只是报纸了，杂志、电视，整个（传统媒体）都处于很不好的境地。就广播还稍微好一点儿，因为广播本来体量就小，另外它主要是靠交通台，所以日子相对好一点儿。总的来说，基本上现在是一个正在崩盘的状态，很悲惨的一个景象。

我注意到你一直在说“崩盘”这个词，其实即使是现在，在业内对这种论调也有一些争议，对吧？

郭全中：对，但是确实基本上就是一个崩盘的情况，当然这个过程中也会有很多争议，大家各有各的说法，尤其是传统媒体，可能既有利益的关系，会觉得很不爽。

几年前你就很悲观了。

郭全中：对，几年前我就跟我的一个好朋友说，如果你是（这家媒体的）老大的话，可能你还可以去努力一下，你还有可能改变航向。但是如果你只是普通的一员，你改变不了它的航向，那么你就自己跳船走。很多人听了我的建议，要么跳槽，要么创业，后来我们都看到了，这也成了一个大趋势。

因为在那个环境里面，确实一个是降薪，当然最主要的还是你做不成事儿。（现在）大家都已经疲了，能走的走了，有一些人，可能是基于一种爱好，还有一种是跑不动的。我们以前就说，今后这种就是，留下的绝大部分是老弱病残的，很多是走不动的。能走动的大概都走了。可能很多人听起来不太舒服，但的确现实就是这样。

你也是很早就在说媒体转型的人。在你看来，媒体能否转型，最核心、最重要的到底是什么？

郭全中：这个问题是这样的，我们说整个的传媒转型，一般来讲你什么时候能转得动呢？就是当你还在增长的时候，在这个时候你至少要留出5年时间来转型。就是说需要5年转型期，你才有可能转得动。

用这5年的时间做什么？

郭全中：比如资金，可能还在增长（的时候），我就把我的资金投入新产业中去，或者投入互联网中去，这种情况下才可能有机会转型。如果说已经下滑了，而且媒体一旦下滑，它的广告额一旦出现下滑，那么基本上就意味着净利润没有了。因为传统媒体的一个特点就是，你的刚性成本很高，人员、整个采写过程，包括纸张、发行，是很刚性的，你很难去调节它。那么你在广告额出现下滑的情况下，你这样的收入，基本上净利润都被你吃没了。那么我们说，都没钱了，还谈转型，那就是不可能的。当然这种转型能不能成功也有很多原因，像领导层的观念转不转，领导层转了以后员工转不转，有的时候靠一个人是带不动的，就像有的时候总编辑想转，但是他的观念真的转了吗？也不一定，是吧。

我们看到前些年整个媒体也都在做一些变化，做网站，做APP，但很少有大起色，问题出在哪里？

郭全中：是这样的，我们来看互联网真正成功的产品，都是基于用户痛点做的，而我们做这些东西，还是基于我们的内容，都是基于我们传统媒体的既有优势来做的。大家现在都还在幻想着内容还能赚钱呢。我做一个客户端，我做APP，然后我就能赚钱，实际上这个东西是靠不住的，因为它不是基于用户痛点，这个实际上是跟互联网差距很大的。

就很多还是“+互联网”，作为已经习惯的路径依赖，这是没办法。互联网上点开是看标题的，但是点开之后跳出率，你文章越长，跳出率越高，一般来讲2000字的文章是最好的，所以你的文章大家是看不了。你拿着手机去看长文章，多累啊。除非特别爱好的，包括你的话语体系，你杂志上的和你微信上的不同，需要改写，但是大多还没有改。

传统媒体曾经的优势就是打造好的内容，但现在靠这个赚不了钱了，是吗？

郭全中：内容本身是很难赚钱的，它和以前是不一样的。以前来讲，传统媒体的内容和渠道是联系在一起的。但现在内容和渠道已经分离了，广告基本上都是跟着渠道走，你传统媒体之前说白了卖的不是内容，卖的是渠道，就是说看起来通过优质的内容实现盈利，但是其实你真正赚钱的是广告。现在基本上内容和渠道分离之后，那么没有广告了，没有广告之后，靠什么赚钱？就只有死路一条。

我们说在当前这个情况下，时代变了，第一个，你做新闻，单独地靠新闻内容已经赚不了钱了，因为它已经不是一个业态。就是我刚才说的，内容和渠道的分离导致新闻业单独的（内容）已经赚不到钱。第二个，我们做的很多所谓的转型都是基于我们美好的愿望，基于我们既有的优势，所谓内容的转型。我们说，现在流行的一个说法是互联网+，但我们在做的其实还是内容+，你这种状态是根本做不了互联网的，你根本就不了解互联网。当然还有很多体制的东西。这个体制的制约就更多了。

关于传媒人转型：观念的转变

抛开体制的约束，传媒人自己的观念是否需要作一些大刀阔斧的改变？

郭全中：对，传统媒体转型是一个系统的问题，它是立体的，有方方面面的因素。我觉得单从个人来讲，很多传统媒体人的理念还是相当保守的，就像我知道很多人都看不起“今日头条”一样，很多人就觉得“今日头条”低端，我所知道的精英大概都是这个样的。“今日头条”低端吗？当然不是，它是一个很好的产品。互联网本身就是从屌丝开始的，它是把众多的用户给圈起来，那它一定是基于数量最多的用户的。而且，怎么说它低端呢？我觉得它给我们推荐的也不错啊，这是因为，知识精英们以前掌控着话语权，他认为这个内容，哪个应该放在前面，应该我说了算。我最懂这个东西，所以应该由我来推荐，由这个编辑来推荐。这种思维其实是最要命的。在他们看来，现在它变成机器来推荐，这个机器怎么可能比我更懂用户？

这个问题很关键，机器人能比传统媒体人更懂用户吗？毕竟传统媒体做了这么多年……

郭全中：实际上，机器肯定比你个人更懂。因为例如你一个编辑，对5个之内的用户，你可能比机器要稍微懂一点，但是如果几千万、上亿，甚至几个亿的用户，你怎么懂？你根本不可能懂，你没那么多精力。这个时候就一定要靠机器的推荐。所以很多的知识精英，实际上知识水平是很高的，但偏见也是很严重的，而且很难改变。

所以说，这是一个由机器，或者说它背后的技术来告诉我们要看什么的时代？

郭全中：对，这个时代变了，这个时代就不像以前，它是颠覆性的改变。你比方说，之前媒体的话语权只掌握在少部分人手上，它可以选择你或者不选择你。但互联网不一样，它有海量的空间，谁都可以把话语权放在里边，那么每个人都可以在这上边说出自己的意见。他就变成一个大众的，所有人都可以有机会。

所有人都有机会，看起来很民主了，真的是这样吗？

郭全中：当然，这其中并不是所有人都能成为一个重要的节点，但是相对来讲，给所有人的机会就均衡了很多。当然了，你说互联网公司，它也会来推一些人，关系好的，但是这种（民主的）机会要比传统的多很多。而且互联网在普及民智，做启蒙这方面，也远远超过了传统媒体。因为对于中下层来讲，之前他是没有能力去获取这些知识的，对于他来说，可能买份报纸就挺贵的，但是他在互联网上（花钱）是很便宜的，他可以看大量的知识。以前可能只有几千万知识精英在舆论场里，但现在这个舆论场被远远扩大，里边甚至有几亿人。以前底层的从来没有过话语权，现在也有话语权了，他可以最大限度地说他想说的话。现在这些人可能对政治就没有那么关心，反而会对娱乐比较关心，知识分子可能就会比较失落，他会觉得互联网削弱了他们的声音。

就是说，现在的舆论场已经变了，出现很多新的事物，而且这种话语权也在转变。

你说的这种情况，我认为一些所谓的舆论领袖，他们也在改变，在努力去拥抱这个时代。

郭全中：有一些是在努力转变，去适应，但是比较难，因为互联网的更新换代实在太快了。身处传统媒体，即使你很努力，但你的思维方式本来就跟互联网相差很远，那么你的转速要比它快很多才行。打个比方，互联网如果是一个7200转的硬盘的话，当然好的互联网可能是9600，甚至更高，而传统媒体即使转得快，你能转到4800就不错了，你会被它抛得越来越远。当然再加上体制等各方面的原因，你就更跟不上它的节奏了。

导致你说这种“转速”很慢的原因是什么？

郭全中：我认为主要还是观念，我们说老派的不一定说观念完全落后，但是我们讲，多少年的路径依赖，绝大部分来讲，他的观念是不会转的，或者说很难改变。对于年轻人来说，你像我们如果要搞微信微博的话，我们可能会去找95后的人去做，因为他天然知道现在年轻人的话语体系是什么。我们讲传统媒体的领导，绝大多数都是，甚至是百分之八十都不懂互联网。那么你说让一个不懂的人，又没有很好的开放精神，他怎么能做得好呢？

转型成功案例

问：那么在你看来，不管是从观念还是从各方面来讲，传统媒体转型有没有做得好的？

郭全中：那当然有，现在做得比较好的，例如浙报，它就是转得比较早，也就做得比较好。我还要重申一个观点，其实传统媒体的转型最核心的就是一把手，就是老大。老大的思想开放不开放特别重要，因为他会决定你这条航线往哪里走，他的个人魅力能不能召集一部分人来拼命给他干活，这个是至关重要的。但是我们讲，绝大部分传统媒体都不具备这个条件。像浙报目前还是不错的，它大概上市的时候是2011年还是2012年，然后又收购了两家游戏公司，当时它收购的时候很多人都有意见。当时很多人都不理解，但现在来看是对的。因为它是上市公司，经营、采编两分开的，上市公司收购有些公司是对的，它往互联网走，这是一个方向，一个大趋势。此外，华闻、杭报、羊晚等转型也做得不错。

除了浙报呢，你觉得就目前来讲，转型成功的多吗？

郭全中：所谓传统媒体的转型基本上是一地鸡毛，虽然我们也写很多文章告诉传统媒体应该怎么转，怎么做，但是其实基本上是转不动，如果能够成功的话也不会超过几家。悲观一点的话，除非一部分靠政府资助。但你如果完全市场化，不靠政府，我觉得全国真正成功转型的可能连5家都不一定能超过。因为在转的过程中，它还受到领导者的更替的因素，它还受到旧有体制的约束。所以这一块呢，转型是极其难以成功的。

就目前来讲，传统媒体就算在国外也没有什么转型成功的。像华盛顿邮报，等于它是被贝索斯个人收购了。那它目前来讲转型是不错的，像纽约时报实际上是不怎么样的。当然国外一些出版集团，它转型成知识信息服务商，那是可以的，但是绝大多数像报纸这些转型，基本上是没什么成功的。

未来的路在哪里

听你的意思，内容为王已经没有意义了？

郭全中：我们很多媒体人一直在讲内容为王，内容为王在这个时代根本是一个胡扯的东西，因为内容在任何时代都非常重要。但是在一个技术快速变革的时代，技术才是最起决定作用的。所以现在我们讲，你们所有媒体核心是技术，就是说它是一个技术媒体，它不是靠内容的，也许可能到某一天，整个技术前进的浪潮完全平息之后，可能内容的重要性会出来，我想也会有那么一天。但是我认为目前在20年之内，技术还是会快速变革，技术变革不平息，内容就不会是最重要的。当然可能到那一天，可能内容也不是最重要的。我们可能很早就提出来了，应该叫信息服务为王。信息服务为王就是各个环节，你的内容、渠道、管理、运营，它是整体的环节。现在我们又提出用户体验为王，就是核心是要考虑用户的需求，所有的产品设计是从用户出发的。我们需要考虑用户的体验，而不能说我光考虑自己的意见。

知识精英们还是习惯俯视，但是这个世界已经变了。总结起来就是说，你的观念到底能不能转，所有的环节，选题、采编都得从用户的角度考虑，最起码话语体系得改变。还是那套老的话语体系，那么年轻人怎么可能感兴趣？他就是要变成一个产品经理，他要懂得用户的心理，最起码他要改变既有的话语体系。

所以回到你关心的一把手问题，他也需要是产品经理，从用户的角度来考虑这艘船的航向？

郭全中：一把手不仅是产品经理，他要是战略家。他是个企业家，他要知道方向，这是最核心的。观念转了之后，要有很强的技术。还要有资本，要想办法去拿到钱。第四个是你的体制，当然体制是更大的挑战。我们说这个体制分为内部体制和外部体制，外部体制是面向所有的媒体都一样，但是内部体制是可以调的，比如说你怎么去考核。

就是你说的系统地转？

郭全中：对，就是这样，只有全部转，最后产品形态才能够很好地转。但是我想产品形态不是最重要的，只要你自己这些转了，你的产品就自然地转了。但是你这些系统的东西不转的话，所谓你产品形态的转也是假的。结果还是内容+。所以你刚才问我到底什么环节怎么转，其实这个东西就是一个系统的，不是某一个环节的。

你对技术非常重视。我们说传统媒体的转型，技术能否扮演积极的角色？

郭全中：是这样的，传统媒体向来是重采编，轻经营；无管理，无技术。采编话语权最强，经营是次之的，像技术人员、管理人员，之前相当于不需要，技术主要是做保障的。但是你去“今日头条”看看，它技术人员上千个。通过这些技术的学习，起码能把用户的需求和内容做很好的个性化的匹配，智能化的匹配。因为互联网的技术也在快速地迭代，它经历了三代，第一代就是PC互联网，它就把大量的内容特点，海量的空间放到网上了，这是最早的。第二代就是社交，这也是互动性，第三代就是个性化推荐，以“今日头条”为代表的，个性化推荐能解决一个信息过载的问题。互联网出现就带来了信息过载，就是信息太多了，你根本没办法看，那么社交网络通过推荐，在一定程度上解决了信息过载，但是你会发现，现在整个社交越来越重，大家会觉得越来越累，但是如果你要下载“今日头条”的话，他可能就会给你推荐你喜欢的，当然了可能也不会那么精准。但是你要用得越多，它就能越精准地给你推荐，因为它是要靠你的数据去做。

你还提过倒整合的概念，用技术公司来整合媒体。

郭全中：对，像“今日头条”，它的玩法就和传统媒体不一样，它是靠社会资本，张一鸣他自己也没钱，他是靠技术，他有技术去进行融资。我一直在提倒整合这个概念，倒整合实际上就是让技术公司倒过来整合媒体，你不是缺技术吗？那好，我用技术倒过来整合你内容，所以像贝索斯就是这个思路，我来整合你媒体，对你进行改造。360和北京时间的合作，也是技术公司倒整合媒体这个思路。就是360占了60%，它就会投入大量的技术，它就会给你导流啊。它是做得很快的，因为流量上来以后，像我太太整天看360，所以整天看北京时间。但是如果说，不是360主导，它做什么肯定又回到内容的轨迹上去了，又做不了。第二个，你想我要是参股的话，我技术公司凭什么要给这些。所以对于传统媒体来讲呢，我认为核心是要放下身段，时代已经不一样了，不再是像十几年前，你很牛而且（技术公司）愿意去整合的东西也不多，不可能所有媒体都去给它整合了，不可能，它做几家就够了，互联网公司做几家就够了。但是现在最主要的就是媒体相关领导单位的想法，因为互联网公司是民营的，而我们的媒体一直有宣传的属性。但他们其实没想明白，没有阅读量，就没有宣传的效果。

环境已经变了。但是很多人还没意识到，对吗？

郭全中：大家在讲经济效益和社会效益，讲到媒体首先强调社会效益，或者所谓的经济效益、社会效益双丰收，但是我们说对于少数民资的期刊，这样的话你可以光讲社会效益。对于其他的来讲，有经济效益不一定有社会效益，但是没有经济效益绝对没有社会效益。就是说，它根本就没人看了，你有什么社会效益呢？你要社会效益，你首先要有足够多的用户来看。当然我们刚才说的，本来就是要公共扶持的少数产品除外。还有就是刚才讲的，技术为主导，它来决定怎么分发信息，是它在决定什么内容给谁看。

整个世界已经变了，对传统媒体来说，最终意味着什么？

郭全中：现在已经发展到一个什么程度呢？可能在未来，互联网这种媒体将彻底地取代传统媒体。

但也有一种说法，之前报纸、广播、电视的依次出现，都没有取代前者。

郭全中：这个我知道，很多人都在说，广播没有替代报纸，电视的出现没有替代广播。它其实是这样的，我们说报纸、广播电视和杂志，是不同的新闻生产方式和既定的媒介结合在一起。我们核心的生产方式主要有三种：一种是文字；一种是声音，叫音频；还有一种叫视频，和电视结合。那么文字和纸结合在一起，形成了报纸、杂志和图书；音频和广播技术结合在一起，在特定的情况下（出现）；视频是和电视结合在一起，这三种，媒介不是完全替代关系，它们是互补的。像广播，它不能更好地体现文字这种生产方式，包括电视也是一样，对文字这种生产方式不能更好地体现。就这种媒介，它有一定的替代性，它是互补。但是我们看互联网出现后，它是三种，文字、音频和视频，能完全承载进去，而且比我们传统的更好。那么这个问题就来了。再过若干年，这三种生产方式肯定还会存在，文字、音频和视频，到任何年代都会存在，但是对不起，媒介只有一个。就是说，（互联网）这种媒介跟之前的媒介，是一种完全替代的关系。它不是一个互补的关系，很多搞理论的人根本没把这个事情搞清楚，不同的生产方式和不同的媒介结合在一起，形成了特定的媒体。但是现在互联网这一种媒介就把三种生产方式结合在一起。

也就是说互联网完全不同于之前出现的新媒介方式？

郭全中：对，互联网它就是一个革命性的，是对之前一个彻底的颠覆。我们说未来像纸质的这些东西肯定还存在，但它会成为某些人的特殊爱好，就像你收集邮票一样，邮票有什么用呢？但是有些人喜欢这个东西，那它就还会有人去收集它，但是它不是必须。

就还是你说的，传统媒体实际上已经崩盘了，对吗？

郭全中：它就是落后的产业和产能必然会被干掉。一定是这样。这是一件很正常的事。

之前老有人说我们唱衰传统媒体，其实任何东西，唱衰本来就是一个胡扯的概念，因为任何东西都不是能被人唱衰的，它要衰落一定是有背后深刻的原因的。我们讲内因决定外因，自然的规律在那里，规律决定了你衰还是不衰。

专业媒体、平台媒体和自媒体协同互补的格局正在形成

张志安[1] 毛思璐

纸媒转型的根本目标在于重新争取受众

新闻业生态是您较为擅长的研究领域，可否谈谈我国新闻业当今的大环境？

张志安：今天新闻业生态变化的最大特点就是传统媒体的衰落、网络媒体的兴起，专业化生产的规模在萎缩、社会化生产的实践在扩大，机构媒体的影响力和公信力在降低，自媒体和平台媒体的生命力在增强。

概括起来，新闻业的生态特征突出体现在两个方面：一是受众权利。传播的话语权从媒体精英、主流媒体手中，真正转移到受众，尤其是移动互联网受众手中，以专业新闻从业者为中心的传统模式，其垄断性的中心不复存在，新新闻生态系统正由“新闻工作者中心”转向“受众中心”。对大部分传统媒体来说，转型的根本目标就是重新争取受众、实现资讯传播和其注意力之间的

1 张志安，现任中山大学传播与设计学院院长，教授、博士生导师，曾执教于复旦大学新闻学院。国家首批高端智库、中山大学粤港澳发展研究院副院长，中山大学全媒体研究院副院长、互联网与治理研究中心主任、大数据传播实验室主任，广东省“千百十人才培养工程”省级人才，广东省新闻学会副会长，广州大数据与公共传播重点研究基地主任。兼任山东大学、郑州大学、重庆师范大学客座或兼职教授。研究领域：当代中国新闻业、新闻社会学、互联网治理等。

匹配关系；二是对话模式。传统机构新闻生产的模式是广播式的、以“我”为中心、自上而下扩散的，受众是被满足、被启蒙的对象。而互联网带来的生产机制，更加强调新闻生产的开放、合作、透明，强调随时随地“邀公众参与”或“向公众说明”。

互联网的出现和普及确实带来了深刻的变革，您是如何看它对于传统媒体的影响的？

张志安：互联网的特殊性在于它重构了人类社会的互动关系和信息链条，如果我们还是把互联网当成继传统媒体之后的“新媒体”，没有把它当成一种结构性的力量去看，那么，我们的观念和认知显然还停留在“旧世界”中。互联网带来的随时随地的“在线链接”塑造出了新传播、新交往和新关系，使今天的新闻业出现了新的“金字塔”。

第一层是新闻业，传统的媒体集团处于金字塔的最上端，其最大的特点和优势，第一是严格把关，对事实负责。第二是追求专业，强调信息的质量。概括起来，核心价值是“把关和专业”。第二层是“公共新闻业”，比如微信微博的主编、大学里社区新闻报道的学生等，他们更大的特点是什么？是“对话与协作”，也在持续不断地提供新闻，但不再是传统的、封闭的、原创的、组织化的生产，而是开放的、参与式的、边界日益模糊的生产。第三层是“公共传播业”。比如“今日头条”这类平台型的媒体，它有“公共新闻业”的一些特点，但主要提供“公共传播业”的功能，给用户提供包括新闻、资讯、服务等在内的各类信息，同时也搭建桥梁，让公众参与、评论和对话。

我想，这就是今天我们中国新闻生态系统正在发生的变化，从金字塔的顶端慢慢开始向中端转变，再向底层变化，从而产生一个新的传播的链条。在这些变化当中，我们更多需要注重的是公共传播业，它将以何种姿态和生态出现、生长和发展，直接关乎国家和社会的发展与进步。

互联网确实带来了一个去中心化的信息时代，更多元的主体参与媒介的生态圈中，您如何看待目前传统媒体的生存状况？

张志安：新媒体产品的冲击严重压缩了报纸的生存空间，可以看到这样一种现象：报纸的社区新闻，正在被朋友圈、微博上的公民新闻所取代；报纸的娱乐新闻，敌不过移动视频、电视综艺节目和娱乐杂志的吸引力；报纸的时政新闻，挤掉水分后就是新闻客户端、政务微信和政务微博所发布的消息；报纸的新闻评论不如定制的微信公众号更加具有专业性和阅读趣味；报纸的分类广告和资讯，早已被垂直网站的数据库和在线服务所替代。新媒体时代，对报纸所提供信息的本质价值的追问迫在眉睫。

在您看来，在这样的形势下传统媒体应该如何自我定位才能体现自身价值？

张志安：我认为，有两点是确定的：一是宣传。对党报来说，是如何延续政治功能的问题；二是服务。对都市报和行业报来说，是如何再造产品和延续价值的问题。

一方面，提高受众意识，受众习惯于“实时、个性、定制”的信息获取方式，报纸也应该努力做到差异化竞争。都市报深耕社区和都市，本地、本地、再本地，视觉、视觉、再视觉，深度、深度、再深度，强化策划、专题，注重情感和人文，优化版面结构、加快平台位移；精英报，如知识类或财经类，继续做高质量产品，但要快速建立数据库、提供精准服务。总体上，报业结构调整、退出僵死报纸，逐步减少版面和周期，探索市场化和公益化的双轨制。

另一方面，严肃和专业新闻报道是互联网时代纸媒生存的利器，新媒体时代，有深度的、有信息密度的产品更被迫切地需要。信息主体的多元化使得这个社会不再缺信息，新媒体的冲击带来的或许是一种淘汰机制，一些普通的信息可能会因为互联网的出现被消磨，但稀缺的深度报道在任何时代都会是有门槛的。对严肃新闻业给予尊重和珍惜的价值共识，会越来越被人们认同和接受，这就使得不管在哪个社会、哪个时代，传统媒体都能找到自己的价值和定位。

媒介融合需兼顾国家、市场与公众三者的利益诉求

在接纳互联网“快”的同时保持传统媒体追求深度的基因，以媒介融合的方式来推进传统媒体的转型是当下人们热议的模式，您如何评价目前国内的媒介融合？

张志安：今天的传统媒体普遍陷入“融合转型”的焦虑之中，大家在纷纷结合各自的资源和实际，寻找转型路径和运营模式。目前，加快传统媒体和新兴媒体的融合发展已经成为“国策”，不仅关乎行业发展，也关乎国家意识形态安全和长治久安，但对大部分报纸来说，其转型是复制的、慌乱的，也是不成功的。

一个比较残酷的事实，绝大部分媒体现在的收入增加和利润增长，靠的都是“转场”养“转型”，即在别的行业拓展中增加营收，而非在新闻领域通过数字化转型来获取收入。这说明，我们的传统媒体单纯依靠新闻内容的供给，已经很难获得新的商业模式。

对于中国报业的媒介融合，我的基本判断有三点：一则，媒介融合并未有实质性的实施。大多数报业集团并没有实质上的媒介融合，只是姿态性的尝试，没有真正解决新闻生产流程重构和融合形态传播的问题；二则，尚未建立全新的盈利模式。报业集团在新型盈利模式、运营模式等方面没有实质性的突破，原创版权保护、融资、退出、补贴等公共政策规划的问题都有待深入探讨；三则，无法建立现代企业制度。限于体制因素，报业集团内部难以建立真正的现代企业制度和创新的治理机制。

中央厨房式的新闻生产流程是目前很多传统媒体都在尝试的一种生产方式，对此您的看法？

张志安：“中央厨房”是报业集团在媒介融合过程中，建立的以“互联网”为核心的全新生产机制，利用融合媒体编辑部来重构报纸、网站、微博、微信等多媒体平台之间的联系，希望能够逐步打破原有的以“报纸”为核心的生产流程。

这种流程的重构关键是要解决几个问题：一是速度和深度的问题，如何

从快到深地报道新闻；二是成本和效率的问题，如何更优化、更高效地实现内容的集成化、形态的多元化和传播的多平台化；三是内容和形式的问题，既要始终把握内容的核心价值，又需要通过大数据和云计算等内容挖掘技术、全媒体形态的信息呈现技术、交互设计及表达的传受互动技术等，实现融合传播。

当前报业的媒介融合转型尚未成熟，在您看来，传统媒体想要真正实现融合转型，需要重点关注哪些方面？

张志安：媒介融合需兼顾国家、市场与公众三者作为主体的利益诉求。具体来说，国家利益需要媒体舆论场体现引导力，这关系到社会稳定；商业利益需要媒体在激烈的市场竞争中存活；公众利益需要媒体发出民众呼声，履行社会守望者的职责。

首先，从国家视角看，媒介融合的一个重要目标是巩固思想文化阵地、壮大主流思想舆论，提升国家治理的能力与执政合法性。正是在这个政治意义上，媒介融合的一个重要目标是帮助传统党报党刊和国家广播电视台实现新媒体融合转型，提升主流媒体的舆论引导力，从而在新媒体语境下继续获得持续的政治影响力。

其次，从产业视角看，媒介融合的一个重要目标是促使传统报业和广播电视业，特别是市场化的传统媒体，适应新媒体时代的挑战，传统媒体要完成新媒体转型，必须同时推动管理运营的产权制度创新，实现真正的公司化治理，抓住媒介融合的契机，建立可持续的商业发展模式。

再次，从公众利益视角看，媒介融合的另一个目标：在当前互联网迅猛发展导致大众舆论场偏激化、情绪化以及严肃的精英舆论平台岌岌可危的语境下，重新建设以高品质新闻业为核心的，以理性讨论严肃、重要问题为特征的公共舆论平台。

以开放谨慎的心态看待大型资本入媒

对于传统媒体来说，寻找新的运营模式和盈利模式始终是难点，但当下也有不少报社逐步开始尝试，您如何看待当前媒体尝试的一些产业模式？

张志安：目前，一批主流报纸都在积极探索各自不同的产业模式：中央级报纸中，人民日报官网上市、抢占社交媒体高地；省级报业集团中，浙报集团以互联网为核心的资本驱动模式，上海报业集团的结构再造、整合重组、项目孵化，南方报业集团以内容聚合为战略的转型实践等。但总体上看，中国报业迄今尚未找到可供复制的新型产业模式，大多数只在“转场”过程中获取了新的利润来源，尚未实现传统报业的内容价值在互联网平台中变现。

目前不少大型资本都进军媒体行业，比如BAT三巨头，这种大资本的进入是否在一定程度上推动了传统媒体的企业制度转型，同时创造了新的盈利机会？

张志安：这些大资本的进入实际上已经推动了传统媒体多元化的股权模式，同时BAT等企业本身作为真正意义上的市场竞争主体，它们拥有治理结构完善的现代企业制度，这些先进的治理制度和理念也将影响传统媒体，完善传统媒体的内部治理结构。

其次，BAT等企业对于传统媒体的融合转型也提供了较多的资源优势，主要包括向传媒媒体提供用户、资本和技术的资源优势，而这些恰恰是传统媒体的短板。传统媒体可通过与BAT等企业合作，实现“取长补短”，进而推动传统媒体顺利转型。此外，BAT企业进军传媒业，也会进一步加快新闻行业和传媒产业的开放性，丰富媒介内容的多样性。像阿里巴巴收购了南华早报等内容生产媒体的行为，可以带来媒介内容，尤其是新闻产业方面的进一步开放，其中包括对市场化媒体的管理，对媒体的重新定义等。也能丰富媒介内容的多样性，刺激媒介市场，为媒介融合注入新活力。

互联网企业资本的介入给传统媒体带来了新的契机，但也有声音质疑拓展多元文化的企业发展方式，会不会导致传统媒体的主营业务失去焦点。

张志安：由于资本的进入，传统媒体不可避免地会遭到BAT等企业的渗透和控制。从现在的情况看，BAT企业收购传统媒体，会进一步淡化传统媒体的“职业文化”和“报人文化”，强化其“经理人文化”和“工程师文化”。同时也需要警惕资本所带来的控制，大资本的进入可能会让其真正形成商业话语霸权，从而在未来舆论生态中具有更强的主导性和掌控力。

具体而言，您怎么看待商业注资对媒体的影响？

张志安：就目前看来，BAT等企业对其进军的传媒业已经实现了绝对产权或者部分产权的控制，若按照传播政治经济学者的观点，所有权会赋予控制权。一般来说，企业权力对于新闻业的影响主要表现在三个方面：最直接的就是导致新闻媒体自身的企业化，即非媒体企业控制媒体企业的股权；其二，它会引起广告主导型媒体的兴起，媒体企业的主要补贴来源于非媒体企业的广告投放；其三，企业公关会影响新闻内容结构和新闻生产。

对此传统媒体应该如何应对，怎样才能协调好专业性和商业性之间的关系？

张志安：传统媒体必须坚持“防火墙”机制，将采编部门和经营部门隔离开来，当记者服务于经营的时候，一定会伤害新闻的独立性，会影响新闻的品质和新闻专业的伦理，而新闻的专业精神和道德底线是必须坚守的。

“新闻传播舆论场”正逐步转变成“公共传播舆论场”

纵观整个媒介大环境，一方面，大资本以垄断强势的姿态影响着媒体话语权，但另一方面，互联网时代新技术的使用又在一定程度上推动了媒介民主化。尤其是自媒体的出现更加模糊了信息生产者和消费者的界限，就您观察而言，社交属性将如何影响新闻业？

张志安：过去，报纸太强调“讲故事”，今天则要强化信息、娱乐、社交、服务的价值。“先新闻、后社交”的旧时代即将结束，“无社交、不新闻”的新时代即将来临，人们不再单纯出于新闻阅读的需求去使用媒介，更多出于生活方式的考虑来使用媒介。

再者，社交媒体以自媒体的技术形式给公众赋权。这种赋权使持续表达与写作的个体运营一个具有影响力的自媒体账号成为可能，并通过社交爆炸式、病毒式、去中心化的协同转发，形成影响力。相比博客、论坛，微博和微信更加接近成熟形态的“自媒体”，既给受众提供了公共表达、自主管理的媒体账号，其依托的平台又具有强大的传播效能和舆论动员能力。

技术赋权使得社交媒体的议程设置和信息扩散能力快速增强，在您看来，当前舆论场发生了哪些变化？

张志安：从过去以传统媒体、主流媒体、机构媒体为核心的“新闻传播舆论场”，逐步转变成专业媒体、平台媒体和自媒体协同互补的“公共传播舆论场”。社交媒体技术的传播特点和赋权效能作为一种结构性影响，对媒体话语权的重构发挥着至关重要的主导性作用，其对网络舆论的影响主要体现在三个方面：

其一，社交媒体的出现主导着网络舆论的平台变迁，网络舆论的聚集和发酵平台从原有的门户论坛到天涯等社区论坛，逐步转移到微博微信。其二，网络舆论的“微博化”生存，大多数公共事件皆在微博爆料、生成和爆炸式传播。尽管这些年热度有所下降，但依然是观点交锋的空间，舆论形成功能依然强大，而微信平台凭借大量小而散的微信公众号，无法完全规范管理，成为负面信息传播主渠道。其三，社交媒体舆论兼具批判和动员功能，微信的相对的封闭性使得敏感议题和社会动员能够在微信群中扩散和进行，线上舆论和线下行动很容易传导、互通。

在这样的大环境下，传统媒体要如何做才能增强自身的公信力和影响力，在舆论引导上发挥作用？

张志安：在新技术条件下，伴随官方、大众、民间这三个舆论场的相互渗透，传统主流媒体更有可能在互联网话语平台中重建公信力，逐步在官方舆论场之外的民间舆论场上有所作为。近年来，政务微博和中央媒体官方微博的影响力异军突起，已经与市场化媒体微博平分秋色。借助移动互联网平台上的话语权争夺，传统主流媒体的舆论引导能力进一步加强。

最主要的是要做到两方面：其一，要超越网络事件的浮躁，聚焦重大的社会话题，把握重大的社会问题，培养“微观真实”和“宏观真实”的平衡意识，懂得在关注具体小问题的同时也能持续聚焦社会大问题；其二，要实现媒介议程、公共议程和社会议程的有效对接，通过专业、理性的报道持久地设置公共议题，主动把网民关注议题转换为舆论引导议题，围绕公共议题进行持续对话、凝聚共识。

在您看来，我国未来或者说理想中的新闻业生态环境应该是怎样的？

张志安：未来比较理想的新闻业生态，应该是自媒体、机构媒体和平台媒体“和谐共生”的格局。一批精英媒体人通过自媒体，在专业领域中进行持续发言或提供观点，创造有价值的资讯，来满足不同领域细分受众的定制需求。包括传统媒体和网络媒体在内的机构媒体，能够坚持新闻专业主义精神，给受众提供优质、原创的报道，还能不断揭露真相、提供深度启发。而类似“今日头条”这样的平台媒体，可以通过智能算法、大数据、机器人等科技创新手段，给用户提供短平快、个性定制的动态资讯。

总之，理想的新闻业生态，既能满足用户对“快”，也能满足对“深”的信息需求；既能提供给他们“欲知而未知”的事实，也能让他们“知道自己未知”的领域；既能给用户提供参与新闻生产的机会，更能通过公共平台的对话生成理性的舆论，从而不断推动国家发展和社会进步。

下篇：传媒风云大事件

省级报业集团纷纷推出APP

2015年各地报业集团开始发力新闻客户端，致力于抢占移动端市场，增强用户黏性，提高品牌知名度。而在2016年，这股浪潮势头不减，覆盖的报业集团越来越多，在省、直辖市、自治区这一级的报业集团占比已达九成以上。与此同时，人们对移动客户端能否成为转型利器的疑虑也有增无减，诸如新闻客户端能否为报业集团带来盈利？APP能否成为报业转型的一条出路？APP与微信公众号相比，是否为更理想的转型融合策略之类，都有待在实践探索中找到答案。

目前，报业集团APP的市场定位处于新闻资讯市场，在这一市场上同场竞争者包括新闻网站、各类新闻APP、社交媒体、电视、纸媒、广播、视频应用。2016年11月14日，由腾讯网·企鹅智酷与清华大学新闻与传播学院新媒体中心在腾讯网媒峰会上联合发布的《中国新媒体趋势报告（2016）》[1]显示（见图1），用户获取新闻资讯的主要渠道中，排第一位的是新闻类网站和应用，占比63%；第二位的是社交应用（微信、微博等），占比49.4%；第三位的是电视，占比22.8%；第四位才是纸媒，占比2.2%。可见如今人们通过传统纸媒阅读新闻资讯的习惯已经濒临消失，取而代之的是通过社交媒体，如微信以及网站或客户端浏览新闻。因为纸媒转型迫在眉睫，于是顺应移动端潮流，各地纸媒纷纷重金开发新闻客户端，大型报业集团自然也更有实力打造集团化APP，一时间集团化APP遍地开花。

1　企鹅智酷订阅号. 智媒来临：2016中国新媒体趋势报告，2016-11-15.

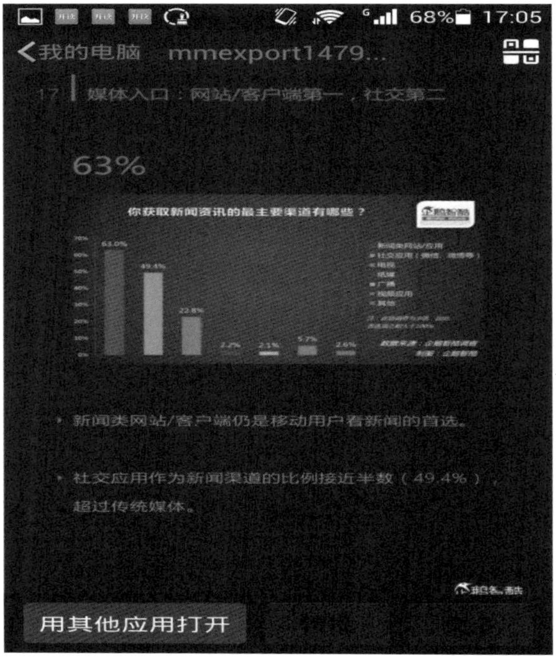

图1：中国新媒体趋势报告（来源：企鹅智酷订阅号）

一、报业集团APP发展加速

（一）近两年发展现状

据笔者统计，截至2016年12月，在我国内地31个省、市、自治区中，报业集团打造的新闻客户端已达71个。其中省级报业集团新闻客户端40个，副省级城市报业集团新闻客户端15个，省会城市报业集团新闻客户端8个，较大城市报业集团新闻客户端7个。除了西藏、宁夏、新疆、青海、内蒙古5个省和自治区尚未创办报业集团APP外，全国拥有省级集团化报业APP的省份占比已达80%以上（26/31≈83.8%），这一比例相较于去年年底辜晓进教授统计的“中国内地31个省、市、自治区，已有近半数推出了省级报业集团的APP”[1]的比例增长了30%。有的报业集团推出了不止一个客户端，而有的正在加紧APP的

1 辜晓进，李婷菊，叶愉．集团APP的兴起与报业转型自救．新闻战线，2016(1)（上）．

上线步伐，如深圳报业集团。回顾2014年2月人民网公布的《2013中国报刊移动传播指数报告》显示[1]，在统计的150家报纸中有33家是非独立APP。非独立客户端指的是以报网合一或报业集团的方式上线的APP，可见集团APP数量在2014～2016这三年间出现了成倍增长。截至2014年上线22个，2015年上线33个，2016年截至12月上线16个（见表1）。在经历了2015年一年白热化后，报业集团上线APP的速度有所放缓，在各省市报业集团几乎均已配备APP的情况下，各家都放慢脚步，思考盈利模式的问题。

表1 省级、副省级、省会城市及较大城市报业集团新闻客户端

	省	市	报业集团	APP	上线时间
1	北京		北京日报报业集团	北京日报	2015. 1. 8
2			光明日报报业集团和南方报业传媒集团	热门话题	2015. 5. 14
3	天津		天津日报报业集团	新闻117	2016. 1. 17
4	河北		河北日报报业集团	在河北+	2014. 9. 28
5	山西		山西日报报业集团	山西日报	2014. 11. 28
6		太原	太原日报报业集团	太原日报	2014. 11. 27
7		大同	大同日报传媒集团	掌中大同	2015. 8. 14
8	辽宁		辽宁日报新媒体集团	辽宁日报	2015. 6. 16
9		沈阳	沈阳日报报业集团	掌中沈阳	2015. 6. 6
10	吉林		吉林日报报业集团	吉林在线	2015. 2. 3
11	黑龙江		黑龙江日报报业集团	掌上龙江	2014. 10. 12
12			黑龙江日报报业集团	劲彪新闻	2014. 10. 12
13			黑龙江日报报业集团	黑龙江手机党报	2015. 8. 1
14	上海		上海报业集团	上海观察	2014. 1. 1
15			上海报业集团	澎湃新闻	2014. 7. 22
16			上海报业集团	界面	2014. 10. 8
17	江苏		新华报业传媒集团	交汇点	2015. 11. 17
18		苏州	苏州日报报业集团	引力播	2016. 3. 29
19		苏州	苏州日报报业集团	苏州新闻	2014. 9. 28

1 2013中国报刊移动传播指数报告.人民网，2014-02.

续表

	省	市	报业集团	APP	上线时间
20		无锡	无锡日报报业集团	无锡观察	2015.1.15
21		徐州	徐州报业传媒集团	今日徐州	2015.9.1
22	浙江		浙江日报报业集团	浙江新闻	2015.7.20
23		杭州	杭州日报报业集团	城事通	2016.4.18
24		宁波	宁波日报报业集团	甬派	2015.7.8
25	安徽		安徽新媒体集团	中安新闻	2014.12.16
26			安徽新媒体集团	必闻	2016.3.5
27		合肥	安徽日报报业集团	无线合肥	2015.5.29
28	福建		福建日报报业集团	新福建	2016.8.8
29		厦门	厦门报业传媒集团	厦门日报	2014.11.6
30	江西		江西日报报业集团	南昌ZAKER	2016.3.1
31	山东		大众报业集团	山东24小时	2014.6.20
32			大众报业集团	新锐大众	2015.7.17
33		济南	济南日报报业集团	爱济南	2013.8.16
34		济南	济南日报报业集团	济南新闻	2013.8.16
35		青岛	青岛报业传媒集团	青岛观	2016.2.16
36		青岛	青岛报业传媒集团	掌上青岛	2012.2.28
37		淄博	淄博报业传媒集团	掌中淄博	2015.7.15
38	河南		河南日报报业集团	大河	2016.1.8
39		郑州	郑州报业集团	郑州观察	2016.1.8
40		郑州	郑州报业集团	身边（郑州晚报）	2015.4.30
41		洛阳	洛阳日报报业集团	掌上洛阳	2015.10.31
42	湖北		湖北日报传媒集团	楚天神码	2013.5.17
43			湖北日报传媒集团	动向新闻	2015.1.20
44			湖北日报传媒集团	看楚天	2015.11.26
45		武汉	长江日报报业集团	武汉通	2015.7.1
46			长江日报报业集团	九派新闻	2015.9.23
47	湖南		湖南日报社	新湖南	2015.8.16
48		长沙	长沙晚报报业集团	掌上长沙	2011.12.28
49	广东		南方报业传媒集团	并读新闻	2015.4.15
50			南方报业传媒集团	南方+	2015.10.23

续表

	省	市	报业集团	APP	上线时间
51		广州	广州日报报业集团	广州参考	2015.12.1
52		广州	羊城晚报报业集团	羊城派	2016.3.15
53		深圳	深圳报业集团	读特	2016.3.28
54		深圳	深圳报业集团	深圳ZAKER	2015.8.20
55		深圳	深圳报业集团	读创	2016.12.28
56	广西		广西日报传媒集团	广西日报	2016.1.5
57			广西日报传媒集团	ZAKER南宁	2016.7.11
58	海南		海南日报报业集团	海南日报	2015.7.17
59	四川		四川日报报业集团	封面新闻	2015.10.28
60			四川日报报业集团	四川新闻	2014.12.22
61			四川日报报业集团	川报观察	2014.12.16
62		成都	成都传媒集团	锦观新闻	2015.1.15
63	贵州		贵州日报报业集团	今贵州	2015.11.5
64	云南		云南日报报业集团	云报	2015.5.16
65		昆明	昆明报业传媒集团	掌上春城	2014.6.8
66	重庆		重庆日报报业集团	看重庆	2014.2.24
67			重庆日报报业集团	上游新闻	2015.11.24
68	陕西		陕西日报传媒集团	掌中陕西	2014.11.1
69		西安	西安报业传媒集团	西安观察	2016.10.28
70		西安	陕西华商传媒集团	华商头条	2015.7.6
71	甘肃		甘肃日报报业集团	神舟（甘肃日报）	2016.1.12
72	青海		无		
73	西藏		无		
74	宁夏		无		
75	内蒙古		无		
76	新疆		无		

（来源：根据全国各地报业集团官网新闻统计）

观察发现，2014下半年到2015年底这段时间里，涌现出了一批影响力较大的省级报业集团APP。2014年1月1日，上海报业集团的“上海观察”上线；2014年6月20日，大众报业集团的“山东24小时”上线；2014年7月22日，上海报业集团的“澎湃新闻”横空出世；2014年9月23日，长江日报报业集团的由“长江新闻”更名而来的“九派新闻”上线；2014年10月8日，上海报业集团的又一力作“界面新闻”上线；2014年12月16日，四川日报报业集团的“川报观察”上线；2015年1月20日，湖北日报传媒集团的“动向新闻”上线；2015年4月15日，南方报业传媒集团的“并读新闻”上线；2015年7月17日，大众报业集团的“新锐大众”上线；2015年7月20日，浙江日报报业集团的“浙江新闻”上线；2015年10月23日，南方报业传媒集团的“南方+”上线；2015年10月28日，四川日报报业集团的“封面”上线；2015年11月17日，江苏新华报业传媒集团的“交汇点”上线；2015年11月24日，重庆日报报业集团的“上游新闻”上线。而2016年上线的APP不再像2015年那样高调出场，赚足眼球，而是成为报业集团数字化转型的一项“标配”，各地媒体在布局新媒体“两微一端”的整齐步伐中，也多了更多思考：如何避免同质化，如何盈利。

（二）新闻APP下载量比拼

然而，在新闻客户端市场内部，报业客户端处境如何呢？目前新闻类AAP在苹果APP STORE综合排行榜中，门户网站和科技公司APP始终排在前列，搜狐新闻第2，凤凰新闻第3，网易新闻第5，今日头条第6，腾讯新闻第8，ZAKER第9，一点资讯第13。报业APP前80名以内的仅有澎湃新闻第4，浙江新闻（浙江24小时）第11，热门话题（新京报）第16，并读第25，界面新闻第27，南方周末第36，猛犸新闻第41，南方+第45，齐鲁一点第48，九派新闻第50，引力播（江苏报业集团）第59，成都商报第67。在下载量上，由于苹果市场没有下载量数据，于是用安卓市场下载量来对比，报业APP仅有澎湃1608万上了千万级别，多数都只有百万级别，相比门户网站和科技公司APP下载量，不看网易、今日头条、腾讯三个上亿的APP，报业APP平均下载量与前者均相差10倍以上，可见在下载量上，报业集团APP很难与门户网站相提并论。（见图2）

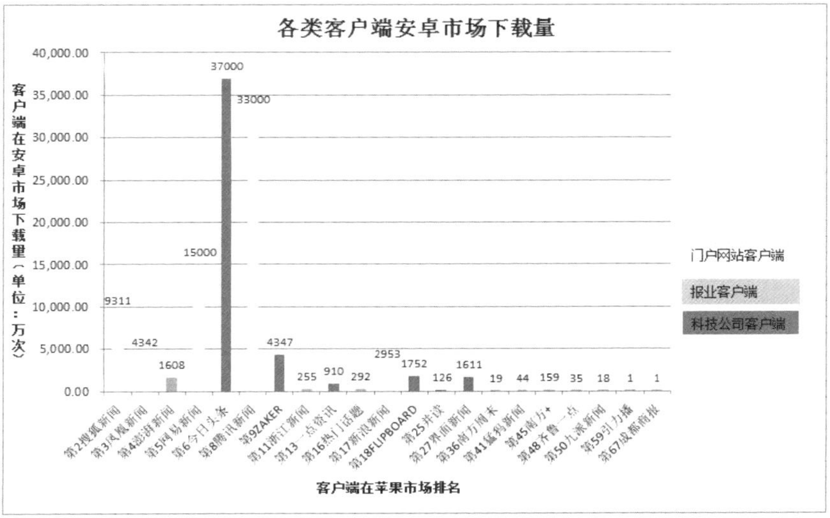

图2 各类新闻客户端安卓市场下载量统计

（来源：根据安卓市场下载量截至2016年11月21日数据统计）

因此报业APP想要与门户网站/互联网公司及央媒的客户端同样定位和推广思路，并欲分一杯羹，以此自救于危难，显然并不明智。除非扩大客户端整体市场份额，或者改变策略创造出不同于被寡头垄断的市场群体，才能求得一条生路。

二、典型个案

（一）“澎湃新闻”：整体转型后发展方向引关注

2014年 7 月 22 日，以时政和思想为主打的“澎湃”横空出世。它的上线，可谓开启了传统媒体报业集团打造移动新闻客户端的热潮。其组织特色在于它由东方早报的300名采编人员转型而来，身兼东方早报和“澎湃新闻”的记者，在新闻生产环节采取优先发布“澎湃”线上内容，再根据线下报纸需要改编的策略，可见其转型移动端的魄力。

“澎湃”的创新还体现在其新闻问答与新闻追踪功能，在“问吧”栏目，读者可以依据兴趣提出问题，其他读者可以回答问题，体现了“澎湃”试水UGC的意图，约各行业精英开设专栏，专业地、高质量地回答读者提出的问题。再看“澎湃”的原创特色。传统媒体客户端上线伊始，都希望凭借自身原先做纸媒的原创优势与网媒竞争。“澎湃”50%的原创比率着实不低[1]，其“打虎记”系列反腐原创深度报道曾点燃舆论热点。而目前来看，原创内容的生产成本过高，许多APP都已降低了原创的比例，“九派”原创比例现在不足20%。“无界”执行主编黄志杰也表示，做原创其实是被动的，因为版权问题，不想做原创的内容提供商，起码不想主动地做[2]。可见，在版权环境没有彻底改善的情况下，做原创并不是一个明智的方向，因为会成为门户网站或聚合类、算法推荐类APP的内容提供商，为竞争对手贡献流量，却给自己带不来收益。

“澎湃”的核心团队是上海报业集团旗下的东方早报团队而来。东早已于2017年元旦起停刊，原有团队整体转入“澎湃”。目前“澎湃”靠广告还难以营收持平，那么多纸媒员工进来后亏空会更大。其盈利方式单靠广告能否维持，可否加上内容变现？从“澎湃”的定位来看，城市中高端“白领”等高端人群是其核心受众，而澎湃的原创优势又特别明显。如果由此强化独家和深度内容，培养刚需受众，进而探索付费阅读的路径，似也可纳入考量之中。

（二）“并读新闻”：独特的盈利模式能否持续？

“并读新闻”客户端由南方报业集团打造，2015年4月15日正式上线，至2015年11月底，仅7个月时间，下载量已超过4200万，活跃用户达1680万。面对传统“二次售卖”盈利模式式微，“并读新闻”创新了“新闻+社交+分成”的独特盈利模式，用户的阅读和社交分享行为转化为积分，阅读文章0.25分，评论点赞0.5分，评论被点赞1分；分享文章2分，分享被阅读1.5分，分享提现记录10分，分享兑换记录10分，绑定快捷登录账号20分，推荐好友安装注册100分；直接浏览广告5分（见图3）。鼓励用户习惯性阅读，或分享到“朋

1 陈昌凤.媒体融合中的全员转型与生产流程再造——从澎湃新闻的时间看传统媒体的创新.新闻与写作，2015(9).

2 刘颂杰，张晨露.从“技术跟随者”到“媒体创新者”的尝试——传统媒体“新闻客户端2.0”热潮分析.新闻记者，2016(2).

友圈”扩大APP影响力，也可以添加“并友”直接在APP上体验新闻阅读情境下的社交，都是提升下载量和活跃度的重要策略。积分奖励与每日广告收益及活跃度挂钩进行动态调整，当广告增加时，每日将提供更多积分奖励。每日零点自动将积分结算成余额，当账户余额超过10元时即可通过支付宝、财付通或银行卡进行提现。由于每日的提现名额是根据当日广告分成限量发放，在中午12点发放150个免费提现名额和1000～1500个收取1元手续费的收费提现名额，抢完即止。笔者体验安装使用“并读新闻”已逾300天，余额才刚刚超过10元，仅有的一次兑换记录是用6元余额兑换30M流量。提现名额经常难以得到，因此积分的用途更多是参与抽奖、购买优惠券、电影票、话费流量等礼品，想要通过它“赚钱”还是太天真。

图3 并读积分提现规则（来源：并读新闻客户端积分规则页面）

“并读新闻”的“读赚”模式对于用户更像早期推广的一种噱头，对于广告点击量是会带来一些增长，但同时也带来一些问题。一方面，用户的阅读文章、评论点赞、浏览广告行为会变得更功利而流于轻率，评论质量不高，无助于提升深度阅读和用户黏性；另一方面，当初期的安装热潮过去之后，如果“读赚”的实际效果并不能让用户满意，则仍需寻找维持下载量和活跃度的推广手段，因此长久之计还是要寻找提高用户满意度和黏性的更根本方法。新近的版本在原先的注册时选择订阅兴趣栏目的基础上，增加了每日至少3次的“并读早茶”“并娱午报”及“夜猫”，分别在早中晚根据用户阅读兴趣推送每天的要闻、娱乐新闻和重磅独家深度报道（包括资讯速递和生活推荐），给用户更个性化和符合需要的资讯体验（如图4、图5、图6、图7），不过这种广告分成盈利模式的创新值得肯定，长期效果值得观察。

“并读早茶”推送

“并娱午报”推送

“夜猫”推送: 资讯速递

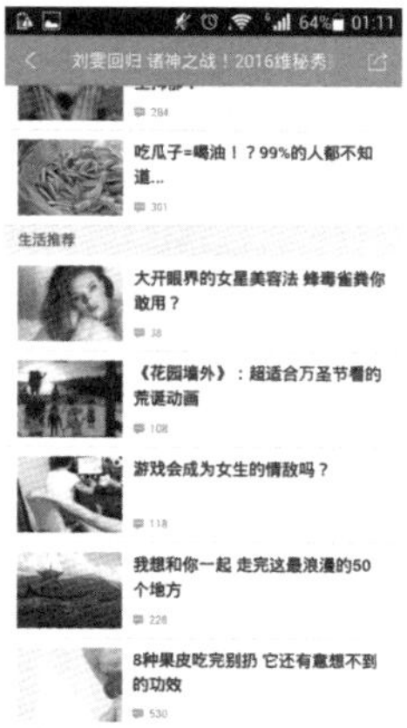

“夜猫”推送: 生活推荐

（以上4张图片来源：并读新闻客户端新闻推送页面）

（三）“上游新闻”：“新闻+大数据”能否成为红利?

由重庆日报报业集团全力打造的“上游新闻”客户端于2015年11月24日正式上线，是重庆晨报的转型之作，据《重庆晨报》报道[1]，截至2016年9月30日，“上游新闻”下载装机量已达80万，日活跃用户数40万，月访问量7500万，在最新一期的全球中文网站排名中，“上游”已经超越“澎湃新闻”，排名第530位，成为西部新媒体“领头羊”。

目前“上游新闻”利用大数据，打造全集团“中央厨房”新闻指挥中心，对传统的新闻生产进行了数字化流程再造，利用新型编辑协同工作平台、加工制作平台、出版资源数据中心，构建“7×24小时中央厨房”生产体系，以适应APP、微信、微博社交平台和报纸等多个终端发布的要求。记者写稿传

1 重庆晨报.张一白担任上游新闻推广大使，2016-09-28.

稿不再依赖电脑，而是通过移动采编APP，实现24小时向报社传送稿件；新版智能办公系统则能实现把新闻线索自动派发给距离新闻现场最近的记者，定位准确率在5米之内[1]。综合运用文字、图片、视频直播、VR直播技术、数据新闻等多媒体表现形式和技术。

今年8月，UC浏览器更名UC，升级为大数据新型媒体平台，UC乘势推出“UC云观·媒体服务平台”，为媒体提供全网热点洞察、自身热点分析、流量变化呈现、用户群体画像等维度数据服务。封面、南都的新闻采编、经营团队也将入驻云观系统，从海量数据角度获悉创作指导及转型经营参考。对采编来说，通过数据分析，可以清楚自身热点：知道自身内容哪条更火，内部资源如何分配；也可以清楚全网热点、行业热点、人群热点，知道发力方向。云观系统还可以提供：人均阅读量、阅读完成度、阅读频次等进阶数据；这些数据，都可以为封面传媒提供价值可观的数据参考和数据指导。对于媒体经营者，他们可以清楚用户画像，以往缺乏数据及可视证据的用户质量有了清晰印证[2]。UC是阿里巴巴文化娱乐体系的核心媒体平台，可以看到，这不仅是阿里布局内容产业寻求变现的策略，更是媒体借助大数据平台资源获得用户画像、优化内容生产的战略举措。

2016年2月2日，重庆本地的国有全资投资集团——重庆市文化产业投资集团向上游新闻注资6000万元，占股20%，另一大股东重庆晨报则占80%的股份。这6000万元全部给上游新闻，不会补贴给报纸，可见资本对其给予的厚望。大数据的运用潜力很大，就看业界能否找准新闻生产与大数据的契合点，将大数据红利变现。

---

1 传媒大观察订阅号.上游新闻的6000万元融资，一分钱也不补贴给报纸，2016-05-06.

2 记者站订阅号.阿里系大动作：UC与封面、南都签署战略合作协议.2016-10-31.

三、新闻APP发展趋势

（一）新闻APP的最新动向：短视频

11月，由前澎湃新闻CEO邱兵离职后创办的短视频项目“梨视频”APP上线，欲填补国内短视频平台的空白。邱兵认为：“最早纸媒做网站，并不彻底，还是把很大的希望寄托在报纸身上，只是设立了一个网络部。后来做客户端，相对彻底一点。现在短视频是风口，客户端都在切入视频，设置一个新的频道，想试试水，但文字的内容也有。说到底，还是在观望。既然做短视频，那就得把其他内容形态彻底抛弃。将来客户端里面的内容，全部用视觉表达，只在每个视频下面添加100字左右的文案说明[1]。”视频新闻是否会成为未来新闻APP新的增长点，值得业界探索。

（二）报业集团APP与报业转型的关系

纸媒自救的路径说到底有两条路，第一条路是找到不同于传统的“二次销售”的盈利模式，摆脱与流量大户激烈竞争的局面，不再以入驻的方式寄人篱下，为别人贡献流量，这条路需要很大的创新精神。即便像南方报业推出的“并读新闻”的广告分成模式，虽有创新，其目的也是以提高用户访问量带动广告收入，仍旧是“二次销售”的模式。新的盈利模式必须是不以流量为最终目的的，有新的盈利来源，比如“逻辑思维”探索的粉丝经济、社区经济，通过在自己的平台上聚集兴趣受众，就可以直接在平台商城卖书、电子读物、日用品、课程活动。而其聚拢受众的方式是通过给用户读书、解读文章、讲故事来售卖知识，触动的是现代人没有时间读书而又想快速掌握知识的痛点。有了独特的盈利模式，加之商城的收入，就摆脱了一般媒体公号靠“10万+”、发稿卖广告的盈利模式。而纸媒目前还没有找到新的盈利途径。

第二条路就是仍在传统的“二次销售”模式下，做出独一无二的产品，提升下载量、活跃度，在众多新媒体中突围，这也是目前大多数报业转型正在

---

1 传媒大观察订阅号．邱兵首谈梨视频：上个世纪的报人，要做下个世纪的产品，2014-11-02.

专注做的事情，而大多数媒体的转型标配“两微一端”都不免犯了同质化的大忌，也就难以靠“二次销售”的模式盈利。如果纸媒的APP没有突破性的变革，而仅仅是将传统的盈利方式搬到新媒体上的话，鉴于传统报纸近年的广告大幅度下滑的经验，新媒体也就很难靠广告利润生存下去，更别提给集团带来收益了。目前各地报业集团纷纷上马APP项目，投入巨大而收益甚微，因此APP突围迫在眉睫。APP能否为报业转型探出一条路，APP如何才能给报业集团带来收益，正是当下需要研究的重要课题。

（三）盈利模式的新探索：不靠广告、建立付费墙、发展大数据

当下客户端的盈利模式限于四种：付费、广告、大数据和O2O。广告作为报业传统的盈利来源，在2013年开始出现断崖式下滑，虽有大批报业集团上线APP以期转型弥补纸媒亏损，但目前尚未有通过广告达到收支平衡的APP。像澎湃新闻这样的千万级APP在2015年广告额尚且未能和成本持平，更何况普遍的百万级以下的APP，想要依靠提升流量来带动广告额，则是多么难以达成的愿望。

移动端是大趋势，而真正决定这一趋势能否延续的关键在于盈利模式。由于传统的在线广告模式正遭受质疑，有人提出报纸应停止优先增长流量的策略，应该把关注核心转到那些愿意为文章付费的深度读者上来。目前英国的《卫报》每周会有1500个新增会员，付费用户达25万，包括全年会员、纸质订户和平板电脑及智能手机APP用户等；而《纽约时报》采取了计量付费模式，即报纸订户免费阅读所有网络内容，非报纸订户对网络内容第一年每月免费阅读20篇，第二年减少到每月10篇，超出部分实行收费阅读[1]。那么我国报纸也可以效仿《卫报》《纽约时报》建立部分付费墙，实行先免费后付费的策略，即先实行免费，积攒起大量用户。APP安装初期所有用户都只能阅读一般报道和少量深度报道，通过一段时间的用户行为分析，识别出有深度阅读习惯的用户和浅阅读用户，后台开始为深阅读用户推送更多个性化和深度报道，开设频道专门推送此类报道，开通频道权限，浅阅读用户只能阅读一般报道，无深度

1 刘琴. 美国报纸新闻APP现状与纽约时报经验借鉴，中国报业. 2014(03)（下）.

频道权限，以此培养一批有付费潜质的用户。过段时间后开始建立付费墙，对深度频道收费，不同篇数收取不同费用，通过这部分深度阅读用户缴纳的会费实现部分内容的变现。这也是面对“二次售卖”模式不能给报业带来盈利的局面，寻找其他盈利模式的尝试。虽然国内报纸在建立付费墙上鲜有成功，但在新媒体时代，报纸结合新媒体、APP做付费墙，会和单独报纸做有很大不同，未来利用APP建立付费墙，寻找盈利模式值得探索。

虽然不少客户端已建立多元营收体系，如发展移动广告、电子商务、会员、增值服务等平台运营模式，例如浙江报业集团采取收购游戏公司、房地产公司等融资行为以弥补主营业务的亏损，维持报业的生存，但报纸自身唯有找到盈利的途径，将报纸打造成能盈利的产品，才是拯救纸媒的根本之道。

四、国内APP与西方发达国家情况异同

2014年4月2日，经过9个多月的研发，《纽约时报》新APP——NYT Now登陆苹果应用商店。NYT Now的初衷是通过编辑的挑选和精缩，让读者了解当下最重要的新闻，打造一个“迷你移动新闻直播间”。NYT Now每周订阅价2美元，是纽约时报最便宜的一款收费项目。此前，纽约时报网加上其移动应用的阅读权限，打包价是每周3.75美元。已经成为纽约时报网付费订阅的用户，则可免费使用NYT Now。从定价来看，纽约时报最初试图通过较低的付费价格吸引年轻人。不过，到了2015年5月，因为形势不尽如人意，NYT Now改为免费。尽管如此，免费还是没能阻挡它走向衰落。在苦心运营了28个月之后，纽约时报正式宣布关闭其NYT Now应用。8月29日后该应用不再提供下载[1]。

有学者认为，其关闭是因为“人们的大部分精力都被Facebook等社交媒体抢走了”。也有学者认为，更主要的原因是该应用与《纽约时报》主应用的定位重叠了。集团内部报告显示，数字业务利润的大部分收入依然来自外部平台，所以没必要再开发一个单独的低价或者免费产品。况且，NOW并没有

1 刘璐，杨蓉. 想把年轻人从社交媒体“拉回来”，纽约时报这个尝试失败了. 上海观察，2016-9-13，http://www.shobserver.com/news/detail? id=30426.

实现开拓新用户的初衷，超过90%的NYT Now用户同时也使用纽约时报主应用，超过70%的NYT Now用户会以每周不低于一次的频率定期阅读主应用的新闻内容。也就是说，NYT Now主要吸引了那些原本付费订阅网站内容的忠实粉丝，而非新的用户。

NYT Now给我们带来的启示是，收费只是手段，有时不一定能达到盈利的目的。在做“付费墙”的时候有更多的复杂因素需要考虑，首先就是定位问题，借鉴NYT Now，国内APP如若想做付费墙，至少首先要确定其收费用户的定位不与其他APP重合；然后要确定应用的开发初衷，如果是想巩固集团原先的忠实用户，那么付费墙可行，如果是想开拓新用户，付费墙就并不是一个好的策略。可以设想，“澎湃”如若做付费墙，则应定位于原本订阅《东方早报》等集团报纸或网站的老用户，然后应该避开同时使用“澎湃”和集团旗下“界面”“上海观察”的用户，应对仅使用“澎湃”的用户建立付费墙。只有这样，收费才能达到让其自身营利的目的。

（文/李婷菊）

报纸现停刊潮

有人说这是最坏的时代，也有人说这是最好的时代。对于报纸这种媒体而言，恐怕“坏”的一面要多些。就在刚刚过去的这两年，不少报纸日子难过，甚至停刊或休刊，有预兆的，没有预兆的，潇洒谢幕的，草草收场的。仅仅2016年第四季度的两个月之内，上海早报双雄之一的《东方早报》和曾是北京发行量最大的早报《京华时报》，先后均曝出于2017年1月1日起停刊的消息，引爆了整个传媒圈。

“断崖式下滑”

据人民网舆情监测室对 2015 年1月1日至 2015年10月31日500 件社会热点事件统计表明，44.4%的事件由 “两微一端” 等互联网渠道披露而引发公众关注，移动端逐渐成为信息传播的主要工具和网络舆论策源地，并逐步影响社会舆论整体走势。2015年继续见证了纸媒的断崖式下滑，《上海商报》《上海壹周》《外滩画报》《瑞丽时尚先锋》《壹读》 等报刊纷纷休刊，艰难支撑者也面临着经营和生存问题的困扰[1]。

这些报纸不是最先倒下的，自然也不会是最后倒下的。根据国家新闻出版广电总局2016年8月8日发布的《2015年新闻出版产业分析报告》显示，2015年，报纸出版面临的挑战更趋严峻：报纸出版总印数、总印张分别降低7.3%和19.1%，营业收入、利润总额分别降低10.3%和53.2%，减幅均比上年扩大；43家报业集团主营业务收入与利润总额分别降低6.9%与45.1%，其中31家报业

1 陈端. 2015年中国传媒产业发展报告，45.

集团营业利润出现亏损，较2014年增加14家[1]。报纸广告降幅在传统媒体中最大达35.4%（自2012年开始下降，当年下降了7.3%，到2014年降速加快达到18.3%）。报告还指出报纸广告“4年连续下降，降幅越来越大，与2011年相比累计降幅达55%，报纸广告已经被腰斩[2]。”另外，在2016年5月6日发布的《传媒蓝皮书：中国传媒产业发展报告（2016）》中，对2015年传统报业的描述以“断崖式”下跌和“生死时速”来形容。全国各类报纸的零售总量与2014年相比下滑了41.14%，其中都市报类下滑幅度最大，已达到50.8%。

这些数据正迅速转变为报纸能否继续生存的最大前提。传统报刊读者数量和广告收入的双下滑，使得近年来报刊经营举步维艰，与之相应的停刊和休刊在近两年似乎成为传统报刊行业的一种“新常态”[3]。据不完全统计，自2015年初以来，中国停刊或休刊的知名报纸数量继续扩大。笔者根据网上公开信息进行梳理汇总公开休刊、停刊的报纸情况，可以发现，其中大多为晚报都市类报纸。

表1 2015～2016年部分知名报纸休刊、停刊情况

序号	报纸名称	主办单位	开版频率	类型	创刊时间	停刊时间	备注
1	《杂文报》	河北日报报业集团	周二报 4开8版	言论类	1983年	2015.1.1	整合资源办《杂文月刊》
2	《生活新报》	云南省残疾人联合会	日报 4开8版	都市类	1999.8.11	2015.7.1	曾曝欠债欠薪
3	《新报》	香港英皇集团	香港日报	香港通俗日报	1959.10.5	2015.7.12	连年亏损

1 中央政府门户网站.《2015年新闻出版产业分析报告》发布. http://www.gov.cn/xinwen/2016-08/08/content_5098276.htm.

2 中国经济网.报告显示：2015年传统媒体广告全线下降. http://www.ce.cn/culture/gd/201602/05/t20160205_8780381.shtml.

3 清华大学发布传媒蓝皮书. 中国传媒产业发展报告(2016). 中国广播，2016，06:93～94.

续表

序号	报纸名称	主办单位	开版频率	类型	创刊时间	停刊时间	备注
4	《成报》	成报传媒集团	香港日报	香港严肃日报	1939.5.1	2015.7.17	因股权问题暂停发行，同年8月6日复刊
5	《长株潭报》	潇湘晨报	周五报4开8版	都市类	2011.6.6	2015.9.21	由《湖南经济报》更名而来
6	《上海商报》	上海世纪出版集团	周六报4开48版	财经类	1985.10.3	2015.10.1	全国第一家改制成企业的日报
7	《上海壹周》	上海文艺出版总社	周报	时尚类	2000.10.12	2015.11.1	《上海文化报》改版而成
8	《今日早报》	浙江日报报业集团	日报4开56版	都市类	2000.10.8	2016.1.1	团队将转向浙报集团媒体融合工作
9	《都市周报》	杭州日报报业集团	周报4开108版	都市类	2007.4.12	2016.1.1	停止出版直至刊物转由线上运营
10	《九江晨报》	九江日报社	周五报4开16版	都市类	2010.10.11	2016.1.1	团队转向新媒体“九江APP”报道新闻
11	《鹤都晚刊》	昭通日报社	日报4开8版	都市类晚报	2007.7.1	2016.1.1	优化报刊结构，腾出更多人力资源
12	《战士报》 《前卫报》 《前进报》 《战旗报》 《人民前线》 《人民军队》 《战友报》	广州军区 济南军区 沈阳军区 成都军区 南京军区 兰州军区 北京军区（政治部）	周三报至日报	七大军区党委机关报	1930.7 1940.11.7 1946.4.25 1947.4.28 1948.9.18 1949.7.15 1949.8.1	2016.1.15	军队裁员改革，完成历史使命，宣告正式停刊。
13	《太阳报》	香港东方报业集团	香港日报	香港通俗日报	1999.3.18	2016.4.1	经济和营商环境改善后有可能复刊

续表

序号	报纸名称	主办单位	开版频率	类型	创刊时间	停刊时间	备注
14	《东方早报》	上海文汇新民联合报业集团	日报 小对开 48版 周五100版 周末16版	都市类	2003.7.7	2017.1.1	员工整体转入澎湃新闻网
15	《京华时报》	北京日报报业集团	日报4开 56～116版	都市类	2001.5.28	2017.1.1	多数员工转入北京日报报业集团

（来源：笔者据网上公开信息不完全统计）

晚报都市报遭重创

总体来看，近两年停刊、休刊的报纸虽然主要缘于经济不景气，但也有以下几种不同情况：一是单纯因为经营环境转差而彻底停刊、休刊，如《杂文报》《生活新报》《上海商报》《新报》（香港）等；二是变更主办单位后，因定位重复或同质化严重，为整合资源而导致停刊，如《京华时报》《长株潭报》；三是转网，即只停纸质版而数字版继续运营，如《都市周报》；四是报纸停止发行，团队或多数员工转向集团新媒体继续内容生产，如《今日早报》《九江晨报》《东方早报》。

根据以上15家报纸（军区党委机关报属于计划性休刊，性质相同，故归为1种统计）的停刊情况进行归纳可以发现，其中日报有8家，占比53%；香港报纸有3家，其中《成报》因股权问题停刊20天后复刊；晚报都市类报纸有10家，占比达67%。结合上文2015年都市类报纸零售量相较去年下降50.8%的数据，不难发现晚报都市类报纸的确遭受了重创。

自我国的第一张都市类报纸《华西都市报》于1995年1月1日创刊以后，“都市报现象”风靡全国，蔚为壮观，加速了中国报业市场化、产业化的发展进程，开启了中国报业黄金“都市报时代”，都市报已经跻身主流媒体行列，并成为集团或母报的重要经济支柱[1]。然而，在20年的繁荣过后，由于经济环

1 门立军.都市类报纸的“痛点”与出路.传媒，2016(10).

境的变化以及新媒体的迅猛发展与冲击，都市类报纸遇到了史无前例的拐点。

为什么都市类报纸成为报纸寒潮的重灾区？学界、业界都有学者对其原因进行过剖析。总体来看主要有以下观点。首先，都市类报纸“体量大，易受伤”，相对于周期更长的周报和杂志，都市类报纸要做到每日出版更新，就在投资规模、资源消耗、劳动用工、广告需求等方面有着大量的消耗。因此都市类报纸对于经济环境异常敏感，受到经济波动的影响较大。例如曾在云南报业历史上有着相当地位和影响力的《生活新报》，在停刊之际就被曝出欠薪4个月，除此之外还背负纸厂、税务局的巨额债务，最后一期报纸也未能问世，这样的结局不禁令人唏嘘。

此外，都市类报纸在全国以及各省市地方来讲，都存在着数量多、定位内容同质化的现象。在国内大部分的城市，同城一般都有两个以上的报业集团，都市类报纸在短期内大量涌现，对很多大中城市而言，都市报的数量都超过政府机关报等日报。如广州的政府机关报只有市委机关报《南方日报》和省委机关报《广州日报》两种，但是都市类报纸却有四种以上，南京、杭州、长沙、昆明、上海（《新闻晚报》停刊前）、深圳等许多城市也有这样的情况。这在过去传统媒体市场形势一片大好时是可以兼容并包存在的。在报纸广告部的客户上门络绎不绝，广告市场供小于求的情况下，一个城市的需求足够支撑多家同质内容报纸的竞争和存在，而且民众对于都市类报纸有着较为强烈和旺盛的阅读需求。但现如今，报业集团的整体盈利能力在迅速衰减，首当其冲的便是都市报[1]。例如《长株潭报》划入湖南日报报业集团之后，就有业内人士分析，它与集团旗下《三湘都市报》《潇湘晨报》两份都市报等在定位和内容上存在冲突，因此将有报纸休刊势在必行，《长株潭报》的停刊也印证了这一点。

同城的此类报纸的目标受众、报道内容、市场覆盖等的相似，难免导致恶性竞争，以致一些城市多次出现惨烈的价格战，不仅内地市场如此，同样陷入困局的还有香港。2015年7月1日，具有56年创报历史的香港《新报》因巨额亏损宣布停刊，其在声明中也提到，目前香港报业的经营艰难，并且随着免费报章的出现，香港传统报章近年销量大幅下降[2]；次年4月，主要针对香港年轻

1 辜晓进. 中国都市类报纸的困境与出路. 新闻记者，2015(09).

2 中国新闻网. 香港老牌报纸《成报》暂停出报. http://www.chinanews.com/ga/2015/07-17/7412547.shtml.

人发行的《太阳报》更是在经历与《苹果日报》长达十余年的价格战，以及与香港普及程度极广的免费报纸的争夺战之后，画上了句点[1]。

大众阅读习惯迁移

另外，大众阅读习惯的转变在近两年更加明显。《2015年新闻出版产业分析报告》中显示，虽然近两年纸质图书报刊的出版比重都在降低，但是国民阅读率反而持续提升，其中数字化阅读增长较快。2015年我国各媒介综合阅读率为79.6%，较2014年提高1.0个百分点；数字化阅读方式的接触率为64.0%，提高5.9个百分点，增长幅度远高于国民图书阅读率，这反映出国民阅读方式正在发生深刻变化[2]。阅读多份纸质媒介在如今的大环境下变成难以奢望的情景，也不符合大众新的阅读习惯和需求。

表1 新闻出版产业结构

单位：亿元，%

产业类别	营业收入			
	金 额	增长速度	比 重	比重变动
图书出版	822.55	3.96	3.8	-0.16
期刊出版	200.99	-5.21	0.93	-0.13
报纸出版	626.15	-10.27	2.89	-0.6
音像制品出版	26.25	-10.13	0.12	-0.03
电子出版物出版	12.41	13.96	0.06	0.01
数字出版	4403.85	30	20.34	3.37
印刷复制	12245.52	4.3	56.55	-2.25
出版物发行	3234.02	6.95	14.93	-0.21
出版物进出口	84.2	13.22	0.39	0.02

（来源：《2015年新闻出版产业分析报告》）

1 搜狐传媒. 香港纸媒的几种死. http://media.sohu.com/20150720/n417126243.shtml.

2 2015年新闻出版产业分析报告（节选）. 印刷杂志，2016(09).

可以预估的是，报纸的这种下滑还将持续，虽然未必有近两年这样剧烈，因为这些在国家经济繁荣的黄金时期诞生的都市报，坐享市场化、产业化繁荣发展带来的巨大效益，成本和效益都大幅膨胀，长期积累的高基数也使得其在经济环境衰退和媒体竞争加剧的影响下，率先开始衰落，并且跌幅也更为剧烈，这也是会出现所谓“断崖式”“跳水式”衰落的主要原因。

寒流不仅止于国内，其实世界上其他报业大国，也经历过所谓的报纸“寒冬”，只不过他们的寒冬来得更早些，比如美国，《落基山新闻报》（Rocky Mountain News）在2009年2月27日，在离它150岁“生日”只剩两个月的时候停刊，它曾经获过四次普利策新闻奖；同年3月17日，146年历史的《西雅图邮报》（Seattle Post-Intelligencer）停止了纸质版报纸的出版，只保留电子版报纸，也成为美国只在网络上发行的第一家报纸；创刊整整100周年的《基督教科学箴言报》（The Christian Science Monitor）也宣布于2009年4月起停止纸质报纸的印刷，几乎完全彻底地网络化；《安娜堡新闻报》(Ann Arbor News)也被一家网络媒体公司取代，于2009年7月终结了它174年的生命。但是也正因更早地迎来衰落期，在近几年传统媒体转型的不断探索中，美国等国家早已取得了较为可观的成果，逐渐回暖。如《纽约时报》《华盛顿邮报》《洛杉矶时报》等都有对应各自新闻网站的APP；像《华尔街日报》《金融时报》等通过竖起 “付费墙”向数字订阅用户收费；英国广播公司旗下有BBC News、BBC Sport等数十种APP [1]。其实这些途径，国内的传统媒体在近年来悉数尝试，有酸又甜，有盈有亏，如何能够找准定位，顺利度过每一种“转型”“融合”方式蜂拥而至的饱和期，同时又能不断适应读者新的需求和习惯，还需要不断地探索。

报纸创新寻找出路

关于未来，有许多报纸主动改版创新，脱胎换骨，是一种创新路径。《三湘都市报》改版，主打财经；《南方都市报》改版，要以“精英，精致，

1 黄楚新，王丹. 2014～2015中国媒体融合发展状况、问题与趋势. 现代传播（中国传媒大学学报），2016(05).

精品”为定位；《羊城晚报》改版，要“为您办一份纯正的报纸”；《今晚报》改版，突出“本地新闻+贴心服务”的理念，在纸媒区别于新媒体的优势上做优；《第一财经日报》改版，探索一种“带触感、带墨香的深度悦读体验”……此外，传统媒体还不断地开辟创新融合的路径，如VR、机器人、无人机、航拍等全新的报道方式，为报纸传播带来全面创新。

有学者认为，报纸的好日子没有了，合并同类项，减少竞争主体，实现局部垄断，将是正确的市场抉择，报业集团合并的现象还将持续发生，还会不断地有报纸倒下[1]。也有学者认为，新媒体技术的发展并不意味着报纸的绝对“退出”，它们二者的实质均是“新闻”的传播载体，只是表达方式上的不同而已，两者各有千秋[2]。虽然近几年来唱衰纸媒的声音不曾间断过，但更多的传统纸媒和传媒人都在积极探寻转型和改革的道路，不仅仅是纸媒，就连最初的门户网站等网络媒体也逐渐式微，殊不知移动媒体、自媒体的明天又岂会永恒？

如同某些学者所言，“纸媒”这个词要分开看，“媒”何曾变化，只有作为承载形式的“纸”是要发生改变的。或许“向死而生”有些积极的悲观，正所谓“晨报虽去，新闻不死”。在此借用《九江晨报》停刊前最后一期报纸编辑部“致读者”文章中的一段话来结束这一部分：

“发明火石的时候，没有人质疑燧人氏钻石取火的意义；打火机生产出来的时候，也没有人质疑火柴的意义。人类历史上每一个阶段都不是独立存在，谁也挡不住历史的巨轮前进的脚步。有幸在拐角成为历史上承前启后的亲历者，一段文明的目送者，我们幸运且欣慰。我们用发展的眼光看世界、也用发展的眼光看自己。我们不否认过去，也不畏惧将来。”

（文/张鑫瑶）

---

1 陈国权. 上海报业整合与第二子报命运——对上海报业集团成立的格局预判. 传媒观察，2013(12).

2 陈倩雅. 新媒体冲击下纸媒的转型突围之路探索. 新闻研究导刊，2016(08).

传统媒体骨干转岗离职成风

“聚是一把火，彼此温暖。散为满天星，相互闪烁，惜缘，感恩。”2015年1月8日南方都市报总经理陈朝华在微博上写下了这样一段话，这也意味着这位有着近23年从业经验的报界老将即将告别沙场，结束自己的报业生涯。作为南方都市报的早期元老之一，陈朝华先后历任南方都市报副总编辑、常务副总编辑、《南都周刊》总编辑，他曾一手打造了《南都周刊》，并创造了可观的发行量[1]。然而曾经的辉煌却敌不过媒介环境的巨变，有消息称，2014年南方日报集团有202名员工离职，相比2012年和2013年的141人、176人，呈现出逐年递增的趋势。面对南都近年的人事震荡，传媒学者郭全中博士不禁感叹：“阵地在，骨干已不在。”对于传统媒体正面临的人才流失之痛，他发出疑问：“当有能力的骨干人才都离职之后，阵地还真的能起到阵地的作用吗？[2]”

的确，在互联网、移动客户端的冲击之下，传统媒体正处于“水深火热”之中，许多传统媒体人不得不“主动”或是“被动”地离开自己为之奋斗的岗位，投身于新媒体的大潮之中抑或另谋出路。传统媒体人的离职潮已不是新鲜事，早在21世纪初门户网站兴起之时已有一批传统媒体人集体出走，并逐步成为门户网站的中流砥柱[3]。有人说，传统媒体人离职潮的3.0时代已经来临，他们离职与就职的领域越来越广泛，并且离职的人群中不乏早期传统媒体

---

1 蓝媒汇. 南都人事地震 总经理陈朝华申请离职.http://card.weibo.com/article/h5/s#cid=1001603797040759971787&vid=1762134202&extparam=&from=106B093010&wm=3333_2001&ip=116.7.245.186.

2 郭全中. 阵地在，骨干已不在. 微信公众号：全中看传媒，2015.

3 栾春晖. 传统媒体人的几次离职潮. 微信公众号：道哥论道，2015.

的创办者和领军人物。伴随着媒介生态环境的变化，这股离职潮可谓愈演愈烈，在2015年后又掀起了一轮高潮。

报刊、广电皆不平静

从纸媒来看，2015年1月辞任南方都市报总经理的陈朝华打响了这一年纸媒工作者离职的“头炮”，此后各报业总裁、总编辑如《第一财经日报》的秦朔、《潇湘晨报》的刘原、《新京报》的张寒、刘炳路以及《东方早报》的李鑫、邱兵等纷纷递交了辞呈。而各大周刊的人事变动也无消停，壹读传媒的两任总裁林楚方、马昌博先后辞任，《第一财经周刊》的两任总编辑伊险峰、李洋前后出走，《新周刊》则有封新城、胡赳赳的决然离开。

广电的人事变动亦未平息，许多电视人选择脱离体制寻找新的天地。央视及各大主要卫视均有骨干离职现象，如SMG高层离职潮中的陶鸣成、张大钟、陈梁、黎瑞刚和杨文红，湖南卫视的广告经营中心主任樊旭文和《爸爸去哪儿》总导演谢涤葵，浙江卫视的总监夏陈安和节目中心副主任陈伟等。最值得注意的则是龙头老大——央视的离职潮，在近半年的时间里，央视先后有李小萌、杨柳、哈文、郑蔚、郎永淳、赵普等数十名人员的离开。这批央视名主播、名导演的“集体跳槽”一时间在业界掀起了轩然大波。

这些离职媒体人的职业流向也呈现出了多样化的趋势。有一部分媒体人选择回学校继续深造，如闾丘露薇在离开凤凰卫视后选择去美国宾州州立大学新闻传播学院攻读博士学位，哈文也在辞职后重返中国传媒大学攻读博士学位，何海明在辞去央视的广告经营管理中心主任一职后回到了中国传媒大学任教。还有一部分人决定专职写作，开通个人公众号，以自媒体的形式继续传播工作。如傅踢踢、刘原分别开通了同名的个人公众号。傅踢踢还分别在今日头条、网易新闻客户端、凤凰新闻客户端、界面新闻客户端开设了同名自媒体。

然而这只是一小部分媒体人的选择，大部分媒体人顺应新媒体之风选择了去网络媒体或互联网公司就职，还有一大部分媒体人决定“白手起家”，步入了创业大军。脱离了传统媒体的媒体人，纷纷将目光转向了发展前景更好的新媒体。凭借着多年来在传统媒体累积的经验与资源的优势，不少新兴媒体与互联网公司向其投向橄榄枝。如壹读传媒的林楚方和《新京报》的张寒跳槽到了今日头条；《博客天下》出版人郭光东加盟饿了么，担任公共副总裁一职；《时尚先生》总编辑李海鹏进军影业，加入了韩寒的亭东影业公司；百视通的两名高层陶鸣成与张大钟分别担任了优点互动和阿里体育的总裁；浙江卫视的陈伟、央视的郑蔚和王晓晖皆选择了爱奇艺作为自己的下一任东家；被称作“超女之母”的王平成为优酷土豆高级副总裁；著名主持人李湘继从湖南卫视跳槽到深圳卫视后，离开电视圈，加盟奇虎360，任职副总裁，负责娱乐事务。

值得一提的是，离开了南都的老将陈朝华在中国门户大幅动荡之时选择了老牌门户网站——搜狐作为自己的下一个征战场地。将一名从传统媒体出身的优质内容生产者收入麾下，搜狐CEO张朝阳对陈朝华寄予了很大的希望，他说：“我与众多产品技术人员致力于打造各端媒体容器，陈朝华吴晨光团队将负责容器里的水及水的品质 [1]。”然而陈朝华在搜狐的“门户改革”之路并不那么顺利。2016年5月关于陈朝华离职搜狐的传言一时间甚嚣尘上，虽然得到了搜狐官方和他本人的否认，但是在坚持原创内容还是向自媒体聚合模式转型上陈朝华与张朝阳之间的确存在一定的分歧。陈朝华表示，自媒体确实能够成为内容的来源，但搜狐要做的更多的是运营自媒体以及他们所产生的内容，要有所选择与互动，而非仅仅是任由机器抓取文章，从另一个角度来讲，这对于版权保护和自媒体人的利益来讲，也是不公平的 [2]。看来，投奔到新媒体和互联网公司的传统媒体人在度过与新东家的“蜜月期”后，都不得不面对各自不同理念的碰撞所带来的“磨合期”。

创业是许多传统媒体人在转型时跃跃欲试的一个领域，多年来重复如一的生活让他们想在创业的挑战中实现新的自我蜕变。数年培养的敏锐眼光和在

---

1 腾讯科技.张朝阳欲再造搜狐：门户变革背后的深层动机. http://tech.qq.com/a/20150110/017570.htm.

2 新浪科技. 搜狐总编辑陈朝华否认离职 但自媒体转型的确让他头疼. http://tech.sina.com.cn/i/2016-05-28/doc-ifxsqxxs7821699.shtml.

媒体行业中积累的一定人脉是媒体人创业成功的两大法宝，也是他们敢于丢掉多年的“铁饭碗”，探索未知领域的自信所在。不少媒体人创办的公司和项目都与传媒有着千丝万缕的关系，例如很多人在脱离传统媒体后“另起炉灶”，决定自己做自己的老板，创办了传媒公司。如《中国新闻周刊》的李径宇创办了以上传媒，投身新媒体的运营和孵化；离开深圳卫视的电视制作人易骅成立日月星光传媒有限公司；杨文红创办了兴格传媒；央视的武卿和张洁分别创立了奇霖传媒和创办北京映像社文化传媒有限公司。除此之外，还有不少媒体人将目光瞄准到了互联网与移动端的内容创业上。

两传媒大佬皆进军内容创业

47岁的秦朔从《第一财经日报》辞职后重新出发，他直言不讳地指出“现在是内容创业者的黄金时代”。从《南风窗》到一手创办《第一财经日报》再到11年后辞职创办自媒体，对于秦朔的离职，财经作家吴晓波撰文《最后一个“看门狗”也走了》，对其报业生涯给予了高度肯定。2015年6月7日，秦朔在微博里写道：“在新闻一线奋斗了25年后，我内心有种强烈的驱使，希望转向以人为中心的商业文明研究，推动中国商业文明的进步，并进行自媒体的新尝试。”随即，在沉寂了100多天后，10月16日秦朔正式推出了他的创业项目《秦朔朋友圈Chin@ Moments》，并在微信公众号内发布第一篇文章《用希望连接生命》。据了解，《秦朔朋友圈Chin@ Moments》是一个移动互联网媒体和社群服务品牌，聚焦于经济、金融投资和商业领域，理念是“记录中国时刻，推动商业文明”。秦朔朋友圈主要有两个产品：微信公号和视频脱口秀，公众号固定在周一推出秦朔的专栏，在周五发布视频，每天推送两条内容。秦朔表示，在未来将淡化秦朔朋友圈这个中文名，更多强调Chin@ Moments，把它发展成一个主要的品牌，并想做移动互联网的一个有生气、有特点的、开放的、能吸取更多优秀内容的东西。对于未来的盈利模式，秦朔认为“商业模式很难从一开始计划好，都需要在实践中去碰，去摸索、检验”，除了接广告，未来还会做社群、做电商。他表示，“盈利模式在于你能不能提供对用户有意义的东西。对于秦朔朋友圈来说，就是能不能提供对用户有价值的内容。而我，最擅长的是思考和写作”[1]。

2016年7月29日，澎湃新闻CEO邱兵通过其朋友圈正式宣布离职，正式投入内容创业。作为传统媒体的领军人物，在文汇报的13年和在东方早报的10年奠定了他在报界坚不可摧的地位。2014年邱兵率领团队创办了上海报业集团改革后公布的第一个成果“澎湃新闻”，并将其定位为专注时政与思想的媒体开放平台，主打时政新闻与思想分析，生产并聚合中文互联网世界中优质的时政思想类内容。与做聚合新闻平台的各大门户和今日头条不同，澎湃新闻凭借其优质的原创内容一经上线便广受好评，一度被视为传统媒体转型的标杆。邱兵也曾因澎湃上线改版时分别发表的三篇文章《大河奔流 我心澎湃如昨日》《月亮与三千元人民币》和《我们的失败与伟大》被业界称为“邱三篇”。然而还等不到第四篇文章现身，这个曾呼喊着“我的心澎湃如昨日”的理想主义报人决定离开这份“已有过那么多的悲仍要笑着面对”的事业。对于邱兵的离职，不少人感到遗憾，也有许多人表示理解，有人认为，虽然邱兵选择离开，但他之于澎湃仍意义非凡[2]。

此次离职后，邱兵投入了短视频内容创业的大军。他的团队拟推出一个名为“梨视频”的项目，以填补国内资讯类短视频的空白。2016年8月奥运期间，梨视频推出试水作品——新闻纪实风格系列纪录片《亚军》，以每部5分钟的长度讲述了乒乓球运动员王皓、平衡木运动员眭禄等五人的故事，旨在将新闻镜头对焦于奥运冠军、奥运金牌的奥运会期间，对这一现象提出批判，并作为对中国盛行的金牌崇拜的反思。在没有进行市场调查，也没有做任何市场推广的情况下，一个月时间《亚军》获得了2000万的播放量[3]。2016年11月3日梨视频正式上线，“邱新篇”——《来时之路》也随之诞生。据悉，上线后的梨视频将每天更新至少500条优质短视频，其中有大约100条为原创内容，并同时实现视频制作的完全自动化、智能化。用邱兵的话说，他是上个世纪的报人，要做下个世纪的产品[4]。投身于视频创业，邱兵并非第一

1 张恒. 秦朔朋友圈明日上线，一个爱看Paper的总编辑想要popular. 微信公众号：新榜，2015.

2 王海涛.邱兵不再澎湃，他曾认真地做一件不可能成功的事.微信公众号：海涛评论，2016.

3 高扬. 邱兵下海，资讯视频市场远未充分开发. 时代周报，2016-9-6.

4 甘恬，李戈辉 . 邱兵首谈梨视频： 上个世纪的报人，要做下个世纪的产品. 传媒评论，2016(10).

个吃螃蟹的人，在他之前早有创办“拇指英雄”的苗炜，坐拥“一条视频”的徐沪生等人进军视频业，他们都是从纸媒人转型为视频内容创业者。纸媒与视频两者大相径庭，这批纸媒人是如何转型成功的呢？有人指出，纸媒人较高的审美意识、对内容的丰富沉淀、从纸媒带来的匠人工艺以及人脉的积累都是他们转型成功的基石[1]。

精英流失是把双刃剑

为何传统媒体的精英人士纷纷离职？郎咸平指出显而易见的原因，就是传统媒体已经日薄西山、难以为继了。从2012 年起报纸广告收入已经开始负增长，零售量也持续下滑。与传统媒体相比，自媒体的天然优势是起步成本低，收入也不菲，只要够优秀，收入无上限。不仅如此，传统媒体只能在固定的框架下发挥，风格、形式甚至内容都有一定的标准限制，审查严格，限制了个人的发挥创造。而自媒体可以选择任何自己感兴趣的东西来做，不受组织的约束，收入潜力高，发挥的空间大。这也是为什么传统媒体人离职后都选择投入新媒体行业[2]。陈敏和张晓纯对2009～2015年间52位媒体人的离职告白文本进行内容分析后发现，传媒体制的禁锢、新技术的冲击、媒体经营的压力以及个人职业规划等四个方面，是媒体人阐述自己离职理由时的主要原因。其中，对内部束缚表达不满的媒体人基本来自央视和市场化报纸，这也正好解释了为什么近两年会出现“央视离职潮”。此外，新媒体的冲击和经营压力的内外夹击让许多传统媒体人感叹“黄金时代过去了”“身处夕阳行业”“纸媒日薄西山”等。当然，许多离职人在离职文本中花了更多的篇幅在阐释自己的职业选择，似乎更多地在说服自己、解释自己[3]。

传统媒体的精英纷纷出走将会带来怎样的影响？有人认为这对于传统媒体来说既是一种挑战也是一种机遇。人才的流失及越来越多的来自市场的竞争

---

1 陈梦茹，吴立湘. 传统纸媒人转型，为何都跑去做短视频内容创业？. 微信公众号：娱乐资本论，2016.

2 郎咸平. 郎咸平说：新经济颠覆了什么. 东方出版社，2016.

3 陈敏，张晓纯. 告别“黄金时代”：对52位传统媒体人离职告白的内容分析. 新闻记者，2016(2).

压力，或许从某种程度上推动传统媒体的转型，为新人带来更多的发展机遇，为传统媒体转型输入新鲜血液。在面临市场与政府的双重压力之下，如何实现体制改革，创新发展模式也将是传统媒体需要持续思考的问题[1]。

（文/徐蔓）

传统媒体人离职潮时间表（纸媒）（不完全统计）

人物	时间	来自	原职位	去向	原因
陈朝华	2015年1月9日	《南方都市报》	总经理	搜狐副总裁及总编辑	未知
林楚方	2015年2月28日	壹读传媒	总裁、出品人兼主编	曾负责今日头条公关业务，未来可能投身内容创业	杂志停刊转型
秦朔	2015年6月7日	《第一财经日报》	创始人、总编辑	秦朔朋友圈	希望从事商业文明研究，进行自媒体的新尝试
封新城	2015年6月18日	《新周刊》	执行主编	华人文化产业投资基金，运营合伙人兼首席内容官，负责内容生产和视频发展业务	拥抱互联网
伊险峰	2015年6月23日	《第一财经周刊》	总编辑	好奇心日报	传统媒体市场走下坡路，拥抱新媒体
苗炜	2015年7月18日	《三联生活周刊》	副主编	互联网视频制作公司“拇指英雄”，负责内容生产	传统媒体已无生存缝隙
张悦	2015年7月24日	《人物》	主编	进军体育创业领域，成立赛点体育，任内容首席官	“真的想停下来重新学习，重新出发。”
丁曦林	2015年7月28日	《新民周刊》	社长、主编	退居二线，做些幕后策划，主要考虑媒体未来新的方向	个人健康原因
郭光东	2015年8月1日	《博客天下》、博雅天下	出版人、副总裁	饿了么	“追求别样体验”

1 小新说. 媒体人出走传统媒体，因为世道变了. 微信公众号: 北大新媒体，2015.

续表

人物	时间	来自	原职位	去向	原因
张寒	2015年8月10日	《新京报》	深度报道部副主任	今日头条	“尝试新的东西”
胡赳赳	2015年9月25日	《新周刊》	副主编、主笔	“开始众筹”生活方式总策划、喜马拉雅FM《赳赳说字》	形势所迫
苟骅	2015年11月9日	南都报系	副总裁	南友圈CEO	脱离体制进行变革
刘炳路	2015年11月25日	《新京报》	副总裁	蚂蚁金服商学院副院长	未知
徐列	2015年12月2日	《南方人物周刊》	创始人、主编	赴美做访问学者	大环境所迫
李洪洋	2015年12月4日	北京日报社	副社长	美莱网副总裁	“自然、依然和择然”
王玉德	2015年	《金融观察》杂志社	主编	创立财经新媒体《无冕财经》	突破体制束缚，进行新媒体创业
刘原	2016年1月27日	《潇湘晨报》	副总编辑	编剧、作家、开通个人公众号	可能为经济原因
李鑫	2016年3月24日	澎湃新闻、《东方早报》	总编辑、副主编	内容创业	未知
李径宇	2016年4月22日	《中国新闻周刊》	总编辑	投身新媒体的运营和孵化，创办“以上传媒”	希望能“离开一个既有的、运转成熟的体制，重新探索一种新的可能性。”
邓亚萍	2016年6月9日	人民日报社	副秘书长	打造国内第一家体育产业创新创业平台“云上体育”	重回体育产业
贺江兵	2016年6月12日	《华夏时报》	总编助理	优选金融副总裁、优选文化传媒总裁	回归金融行业
王玉晶	2016年6月13日	北京晚报《楼宇周刊》	主编	安家万邦总经理助理	未知
李海鹏	2016年6月24日	《时尚先生》	出品人兼总编辑	加入亭东影业，担任首席内容官	“新闻已死，资讯已死”
傅踢踢	2016年7月19日	《文汇报》	编辑、记者	创办个人公众号	专职写作

续表

人物	时间	来自	原职位	去向	原因
邱兵	2016年7月29日	澎湃新闻、《东方早报》	CEO、社长	投身短视频创业	与澎湃没有股权激励和澎湃甩成本以及《东方早报》巨亏有关
彭长城	2016年8月13日	读者传媒	副董事长、总经理	未知	年龄
马昌博	2016年8月17日	壹读传媒	CEO、总编辑	继续专注于知识解释类的媒体传播，创立新项目“视知”	“人生江湖路远，总要做些新的事儿，看些新的风景，走向下一段旅程。”
李洋	2016年8月	《第一财经周刊》	总编辑	36氪媒体业务部门，任总编辑。	未知
任浩	2016年8月30日	《楚天都市报》	总编辑	未知	免职

传统媒体人离职潮时间表（广电）（不完全统计）

人物	时间	来自	原职位	去向	原因
夏陈安	2015年1月15日	浙江卫视	总监	北京文化总裁	“想换一个活法，更重要的是在中国文化产业的政策红利期也能从中分一杯羹。”
陶鸣成	2015年1月23日	百视通	常务副总裁	优点互动CEO	工作调动
张大钟	2015年1月23日	百视通	副董事长	阿里体育CEO	内部分工调整
易骅	2015年1月	深圳卫视	节目总监	创立日月星光传媒有限公司	未知
樊旭文	2015年3月	湖南广电	广告经营中心主任	响巢看看首席运营官	未知
毕福剑	2015年4月	中央电视台	主持人	互联网创业	不雅视频事件

续表

人物	时间	来自	原职位	去向	原因
闾丘露薇	2015年5月22日	凤凰卫视	记者	赴美读博	读书陪孩子，告别另一个自己
陈梁	2015年5月	东方卫视	SMG艺术总监	苏宁环球文体产业集团首席执行官	工作调动
侍浩军	2015年5月	江苏卫视	副总监	未知	未知
陈伟	2015年7月14日	浙江卫视	节目中心副主任	爱奇艺任高级副总裁，负责爱奇艺综艺节目制作	“想在自己四十岁到来的时候转换一条未知的跑道——视频网站。”
李小萌	2015年7月	中央电视台	主持人	未知	把重心放在家和孩子身上
杨柳	2015年7月24日	中央电视台	主持人	中央新闻纪录电影制片厂	企业机制相对事业单位更灵活开放
黎瑞刚	2015年7月26日	东方卫视	SMG董事	华人文化产业投资基金董事长、华人文化控股董事长、微鲸科技创始人	离开体制
哈文	2015年8月6日	中央电视台	导演	酷娱影视CEO	（猜测）陪女儿读书、创业
杨文红	2015年8月18日	东方卫视	上影集团副总裁	创办兴格传媒	未知
申方剑	2015年8月28日	中央电视台	体育频道足球解说员	在PPTV解说西甲联赛，在乐视体育主持《张议德》	希望在专业领域中尝试更多的角色
郑蔚	2015年8月	中央电视台	经济频道副总监	爱奇艺首席信息官	电视业的衰落
郎永淳	2015年9月3日	中央电视台	主持人	互联网公司“找钢网”	照顾患病妻子

续表

人物	时间	来自	原职位	去向	原因
张泉灵	2015年9月9日	中央电视台	主持人	紫牛基金创始合作人	“生命的后半段，我想，重来一次。”
武卿	2015年9月11日	中央电视台	《焦点访谈》调查记者	创办奇霖传媒	个人梦想驱动
何海明	2015年9月	中央电视台	广告经营管理中心主任	赴中国传媒大学广告学院任教	未知
周伟	2015年10月16日	中央电视台	广告经营中心主任	车语传媒首席运营官	未知
袁春杰	2015年10月30日	东方卫视	经营中心副总监、广告总监	上海聚脉文化传播有限公司董事长、总裁	未知
赵普	2015年11月1日	中央电视台	主持人	做公益，“免费午餐”、帮枣农卖枣	职业选择
段暄	2015年11月19日	中央电视台	《天下足球》主持人	香蕉计划体育CEO	发展空间已经很有限
谢涤葵	2015年12月	湖南卫视	《爸爸去哪儿》制片、总导演	晢悦传媒CEO	未知
孔令泉	2015年	天津卫视	总监	引力传媒	未知
张洁	2016年1月5日	中央电视台	《东方时空》编导、《新闻调查》制片人、新闻评论部副主任	创办北京映像社文化传媒有限公司	未知
王平	2016年1月9日	湖南广电	副台长	优酷土豆高级副总裁，负责综艺娱乐	未知
李湘	2016年1月	深圳卫视	副总监、首席艺术总监	360娱乐总裁	个人发展
岑俊义	2016年2月	浙江卫视	《奔跑吧兄弟》总导演	创建乐禧文化	想出去闯一闯

人物	时间	来自	原职位	去向	原因
席伟航	2016年7月11日	北京广电	台长	未知	个人原因
王晓晖	2016年7月13日	央广	副台长	爱奇艺首席内容官	未知
闫爱华	2016年7月21日	山东卫视	总监	未知	未知
江和平	2016年8月22日	中央电视台	体育频道总监	央视新闻中心副主任兼外语频道总监	未知

央媒纷建“大厨房”

“你有一份来自总理的神秘快递，请注意查收。”总理居然给我们送快递？究竟会是什么呢？只要你滑动手机页面，选择好自己的角色（如留乡农民、城市居民、学生、进城务工者等），就可以拆开自己的专属快递，获得与自己息息相关的两会惠民政策信息。置于这样卡通式的虚拟场景下，严肃的两会政策似乎也变得亲近了许多，这一生动活泼的H5新闻作品正是来自全新上线的人民日报全媒体平台，即人民日报中央厨房。

一、三大央媒“中央厨房”先后登场

2016年2月19日，人民日报中央厨房正式运行。在经过长达一年的试运行后，这一依托顶级的政策、资源及软硬件支持，整合社内多方资源的集成平台正式发力，为各方媒体与读者烹制了一场场“信息盛宴”。早在“9·3阅兵”报道中，人民日报中央厨房首次采用虚拟现实视频（VR）采集设备全程拍摄阅兵仪式。在春运时，又推出了结合VR视频、文字、图片等各种元素的H5报道[1]。在两会开幕前，中央厨房首先推出了为两会预热的“前菜”——“外企高管看两会”系列短视频，并以英文的形式在境外社交媒体首发。短短一天时间内这个短视频就在Facebook上获得264,133 次的观看量，在Twitter上获得

1 人民网.人民日报中央厨房正式上线！如何烹制新闻大餐？. http://media.people.com.cn/n1/2016/0301/c192370-28161771.html.

35,260 次的观看量，在海外成功打响了人民日报“中央厨房”两会报道的“第一枪”[1]。

在两会期间，除了人民日报所擅长的图文报道，“中央厨房”利用H5、音频产品、数据新闻等可视化的制作方式，为各类公告渠道的近2000多家媒体提供了形式多样的新闻稿件[2]。除了前面所提到的《你有一份来自总理的神秘快递》，另一H5作品《人大新闻发布群，傅莹邀请你加入群聊》采用了“微信群聊”形式展示新闻发布会，一问一答的互动式场景让观众仿佛亲临会场，整个新闻发布会过程也生动呈现。《政府工作报告的十大新鲜词，赶快学起来！》则是借助图解的形式将政府工作报告中的重要新词经过深度解读后，用浅显的文字配上漫画以飨读者[3]。自两会后，人民日报中央厨房在“习马会”、奥运会、G20等重大新闻期间继续发力，截止到G20举办后，人民日报中央厨房已运行了共18次，不仅为其他地方媒体提供了免费信息大餐，创意十足的新闻作品也取得了不菲的成绩。2016年11月2日，人民日报中央厨房出品的网络访谈类作品——《习主席来了》（Who is Xi Dada？）荣获中国新闻奖国际传播一等奖。这一作品的推出正值2015年9月习近平主席对美国进行国事访问并出席联合国成立70周年纪念活动期间。在领导人出访前夕，人民日报记者采访了北京多个高校来自15个国家的留学生，用镜头展示了国外留学生眼中的中国领导人形象。该视频由YouTube平台的人民日报官方账号首发，播出后，短时间内观看量便突破10万，并引起世界主流媒体的围观，被多个国家的主流媒体转载[4]。

除了不断推出优质的新闻作品，人民日报力图将中央厨房打造成一个品牌，并开启了与各地方媒体的合作之路：6月1日，人民日报中央厨房与河南日报报业集团签署战略合作框架协议；7月14日，与四川日报报业集团启动全面战

---

1 人民日报媒体技术. 2016两会来了，“中央厨房”第一餐亮出国际范儿. http://www.pdmi.cn/detail-14.htm.

2 李淼.《人民日报》“中央厨房”可以点菜了. 中国新闻出版广电报，2016-03-09.

3 人民网. 人民日报中央厨房烹出新闻好滋味 “厨师”点评作品. http://media.people.com.cn/n1/2016/0316/c40606-28202055.html.

4 陈晓东.人民日报“中央厨房”作品荣获中国新闻奖一等奖. http://media.people.com.cn/n1/2016/1103/c40606-28832378.html.

略合作；8月15日，与湖南日报社签署合作协议；9月6日，与上海报业集团签署了合作协议。9月8日，与广州日报报业集团展开合作。人民日报正抓紧步伐在全国各地推广中央厨房，意图抢滩各地市场，建立区域性、地方性中央厨房。

2015年初，新华社旗帜鲜明地提出要建设全媒体“中央厨房”，7月新华社全媒体报道平台正式启动。新平台是由社总编室组织协调、各编辑部和技术人员共同组成专业团队，进行跨部门、跨媒介、跨终端全媒体新闻产品的生产、发布和监测评估，从而推动各种新闻要素深度融合，实现各种报道资源充分共享、各种媒介互联互通[1]。新华社也在构建“轮轴—轮辐”新媒体编辑部方面进行探索，试图通过一个“轮轴”指挥台，利用一种素材资源，同步加工生成通稿、微博、微信、客户端、集成报道等多种形态产品，进行多渠道分发推送，适配到多种新媒体终端[2]。在推动地方建设中央厨房方面，新华社也不甘落后。8月30日新华社全媒体平台上线暨签约大会在北京举行，在现场新华社与首批42家中央和地方主流媒体签署了协议，共同打造集内容生产、渠道分发、版权追踪等功能于一体的新媒体平台[3]。

中央人民广播电台同样打出“以融合重塑广播”的口号，央广目前所采用的中国广播云采编系统就是运用互联网技术构建传统媒体和新媒体一体化作战的全媒体采编平台，正契合了央广媒体融合发展和融媒体新闻指挥中心——“中央厨房”运行的采编需求[4]。两会期间，央广充分发挥云采编这一先进的采编系统的优势，推出了多个拳头产品，如以关注热点话题为主的《中国经济攻坚十问》，以利用微信反映民生为主的《两会热议V调查》，以图解为形式手段的《十三五连环画》等[5]。

---

1 新华网.新华社全媒报道平台开启“中央厨房”新模式. http://www.gx.xinhuanet.com/newscenter/2015-07/08/c_1115852584.htm.

2 中国网信网. 媒体融合一周年·主流媒体深度融合四大途径. http://www.cac.gov.cn/2015-08/17/c_1115858555.htm.

3 新华社.首个国家级新媒体开放平台上线 助推传统媒体融合发展. http://news.xinhuanet.com/xhsld/2016-08/30/c_1119480607.htm.

4 央广网. 网络视听大会汇聚各方声音 央广将以融合重塑广播. http://news.cnr.cn/dj/20161209/t20161209_523313878.shtml.

5 中国记协网. 中央电台：“云采编”平台统筹报道. http://news.xinhuanet.com/zgjx/2016-03/12/c_135179252.htm.

二、“中央厨房”的实践由来已久

中央厨房原指餐饮业中实行统一原料采购、加工、配送和烹制的大厨房模式，通过这种模式不但可以节约人力、降低成本，还可以形成一种集约化、标准化的操作模式，以实现更高效大规模的生产。将这一概念运用到媒介领域指的则是对内容生产机制和新闻采编发布流程进行改造的一种模式，其核心为“一次采集，多平台发布”，是传统媒体与新媒体融合发展的一种创新探索。近些年，国内许多媒体集团纷纷打出“中央厨房”的旗帜，将其作为媒介转型的重点打造对象，并开始将这个模式运用到新闻生产中，以期仿照这样一种模式，探究出媒体融合创新之路。

陈国权教授指出，“中央厨房”的主要理论依据来自道琼斯公司的“波纹理论”，原来的新闻生产方式是单纯制作版面。在波纹理论下，现在要将这些内容编辑延伸成为多种传播形态的新闻产品，变“一次利用”为“多次发布”“多次利用”。原来的新闻运作方式是按日发布，现在正转向滚动发稿，记者编辑开始向“多栖”功能转变。

类似“中央厨房”的这种新闻生产模式在国外早有先例，美国媒介综合集团在佛罗里达州坦帕市建立的“坦帕新闻中心”就被公认为美国新闻界进行媒介融合试验比较成功的典范。在2000年时，该集团将旗下的报纸《坦帕论坛报》、电视台（WFLA-TV）和网站（坦帕湾网站）全部搬入了投资4000万美元的位于坦帕市的传媒大厦中，并设置了专为多媒体作业设计的新闻大厅。虽然不同的媒体具有各自独立的工作人员与机制，但他们之间实行资源共享，采访记者们相互配合、协调，共同合作采访，共享新闻线索，甚至可以由一名记者同时采集报纸、电视和电子版新闻。在传媒大楼的一楼内部设有突发新闻指挥台，它可以在第一时间将突发新闻传递给大楼内的三家媒体，并有专人协调采访事宜[1]。坦帕新闻中心被誉为全世界媒体融合的样板和“媒介融合实验”与“未来新闻编辑部的模型”，在后来的媒介集团融合的案例中，我们或多或少都能发现坦帕新闻中心的影子。

---

1 蔡雯，郭翠玲. 美国坦帕新闻中心媒介融合的策略与方法. 中国记者，2007 (10).

“中央厨房”在国内媒体的早期实践中也初现雏形。早在2007年6月，《广州日报》就成立了“滚动新闻部”，成为《广州日报》印刷版与广州日报新媒体的跨媒体平台，是我国媒体在媒介融合方面的初步尝试。该部门负责报纸、手机和网站三个部门的联动发稿，可以说是“中央厨房”的前身。然而当时滚动新闻仍作为报纸的附属服务产品存在，其内容仍依附于报纸，尽管经过了简单的加工，但仅仅是报纸与网络的部分融合，并未形成针对新媒体平台的编辑和运营规范[1]。

2008年烟台日报传媒集团在全国率先实施全媒体战略，组建全媒体新闻中心。该中心的具体操作流程为由集团记者采集同一个内容，包含文字、图片、音频和视频等素材，然后把这些不同种类的素材纳入全媒体数据库，接着二次加工和二次编辑，使之成为新闻半成品，最后由各媒体各取所需选择新闻半成品，并对新闻半成品再次深加工[2]。

三、地方媒体更早试水

如上所述，地方媒体的“中央厨房”尝试早于央媒。浙江日报报业集团于2013年11月份成立数字采编中心。作为新媒体内容生产的“中央厨房”，数字采编中心肩负着重构新闻生产流程的重任，在全媒体内容制作、发布过程中起调度指挥作用，通过与集团每个采编部门积极对接与沟通，快速及时获取大量优质的原创新闻稿件内容。在此基础上，中心根据互联网传播规律选取稿件，并进行二次加工处理。处理完成的稿件，再从中心流向APP、大浙网等内容平台和分发渠道进行发布，从而做到新闻信息一次采集、多种生成、多元传播[3]。2014年底，该集团发布了“媒立方——融媒体传播服务平台”的规划。这个融媒体传播服务平台分成三个子系统：一是内容数据仓库及其应用系统，解决“内容”要素的各方面问题；一是用户数据仓库及其应用系统，解决“用

---

1 刘晓立. 浅析全媒体“中央厨房”的利弊. 新闻论坛，2016 (5).

2 吕道宁. 解读烟台日报传媒集团全媒体模式——访烟台日报传媒集团社长、总编辑郑强. 青年记者，2010(13).

3 徐世平. 揭秘浙报集团新媒体矩阵核心产品. http://www.xmtnews.com/p/832.html.

户”要素方面的问题；一是新媒体云服务平台，解决“连接”方面的问题[1]。

2014年12月广州日报报业集团进行再一次的媒介融合尝试，“中央编辑部”正式运营。“中央编辑部”作为跨越纸媒和新媒体的新闻统筹平台，由夜班编辑中心、大洋网、全媒体中心、音视频部、数字新闻实验室等部门组成。在“中央编辑部”的统筹指挥下，《广州日报》实现了24小时滚动发布新闻，前方记者采访回来的新闻素材，经过中央编辑部，可以多平台、多形态地实时发布[2]。

2016年4月13日，河南广电推出了国内首家新闻岛——大象融媒“新闻岛”，并于6月正式投入使用。这个新闻岛的物理空间分为三部分：包括一楼的新闻指挥中心、二楼技术播控云平台、三楼融媒体开放演播室。它借鉴欧洲跨媒新闻编辑部的先进经验，采用了以“新闻指挥台”为核心的放射型全开放式办公格局，将不同媒介整合在一个大厅内，包括传统媒体民生频道、经济广播、《东方今报》《魅力中国》杂志，新媒体映象网、大象融媒微博矩阵、微信矩阵、猛犸APP以及从向境外156个国家和地区播放的航空港卫视这一全新的外宣平台，而实现新闻采编的双向互动配合[3]。

四、利弊共存，争议不断

“中央厨房”如此火热，定然有它的优势。首先，中央厨房大大节约了媒介生产的成本和时间，提高了工作效率。在中央厨房的调控下，各媒介部门的人力资源、信息渠道可得到优化配置，过去跑一条新闻需要每个部门都派出一名记者，而现在可以由一名记者代替所有部门跑这条新闻。尤其在遇到重大突发性新闻时，中央厨房的优势显而易见。其次，统一采集、多次生成、多元分发的流水线模式大大减轻记者与编辑的负担，充分整合了新闻资源，有效提升了新闻素材的利用率，避免了报纸、电脑客户端、移动端上的新闻观点矛盾

---

1 粤传媒研究．浙报总工蒋纯：浙报规划媒立方——融媒体传播云服务平台．微信公众号：粤传媒研究，2014.

2 赵新乐．广州日报报业集团“中央编辑部”运营．http://news.xinhuanet.com/newmedia/2014-12/05/c_127279890.htm.

3 河南交通广播．全国最牛的“新闻岛”就是这样．微信公众号：河南交通广播，2016.

的现象。此外，中央厨房中传统媒体与新媒体的充分融合，使整个新闻生产过程更具高科技性，这使得对新时代“全能记者”的要求更加迫切。记者与编辑不得不提升自己各项采、编、写与运用新技术和工具的能力，以适应新模式的挑战。再者，中央厨房统一烹制的“菜肴”分发到全国各地，其中所包含的统一价值观借助丰富的传播形式和传播载体，必然会形成强大的舆论影响力，通过如此立体化、全方位、层级式的传播，中央厨房所制作的新闻可获得巨大的传播效果[1]。

正当国内媒体集团如火如荼地打造“中央厨房”帝国，勾画自己的媒介融合的蓝图时，前文所提到的被称为全世界媒体融合的美国坦帕新闻中心模式宣告失败，已有121年历史的《坦帕论坛报》于2016年5月3日突然停刊关张。一份报纸的停刊必然有其复杂的原因，但坦帕集团的失败尝试，也让人不得不反思这个大热的媒介融合创新模式背后是否隐藏着弊端。“中央厨房”被诟病最多的莫过于大统一下的内容同质化。过去，新闻媒体常常将“独家报道”作为自己的优势，在中央厨房下这种优势不复存在。正如餐饮业中央厨房在统一配送加工后所制造出味道一样，包装相同的食品一般，将中央厨房移植到媒介生产过程中，即使只是新闻的“半成品”，即便不同类型的媒体对信息的要求各有不同，最终稍作修饰而到达不同终端的新闻信息还是不可避免地产生雷同。而受众们每天通过不同媒介收到大同小异的重复性信息，无疑加剧了他们信息爆炸的烦恼。

正如前文所提到的，中央厨房对记者提出了更高的要求，也不可避免地给记者带来了就业的压力。据张志安教授介绍，坦帕新闻中心对记者队伍会进行强化培训，无法胜任“全能记者”的就会被淘汰。不仅如此，随着技术的日新月异，记者所掌握的技术不仅仅是采、编、写、摄，还要会熟练运用H5、大数据等工具和各种视频音频剪辑软件。相比过去，“全能记者”的工作量大幅增加，而记者们的报酬却不成比例地缓慢增长[2]。中央厨房的另一弊端表现为抑制了媒体间的良性竞争。尽管有强大的技术与渠道作依托，但内容仍是媒体的核心竞争力。当相似的内容在不同类型的平台上传播时，习惯于接收新闻

1 夏德元，施宇，叶青青.“中央厨房”将变成烧钱的“噱头”？.传媒评论，2015 (9).

2 张志安.融合时代的变与不变：美国传媒业考察随想.南方传媒研究，2010 (25).

半成品的各个媒体平台编辑已无心生产优质的原创内容，只能如同机器上的零件般，随着主体的转动而转动。

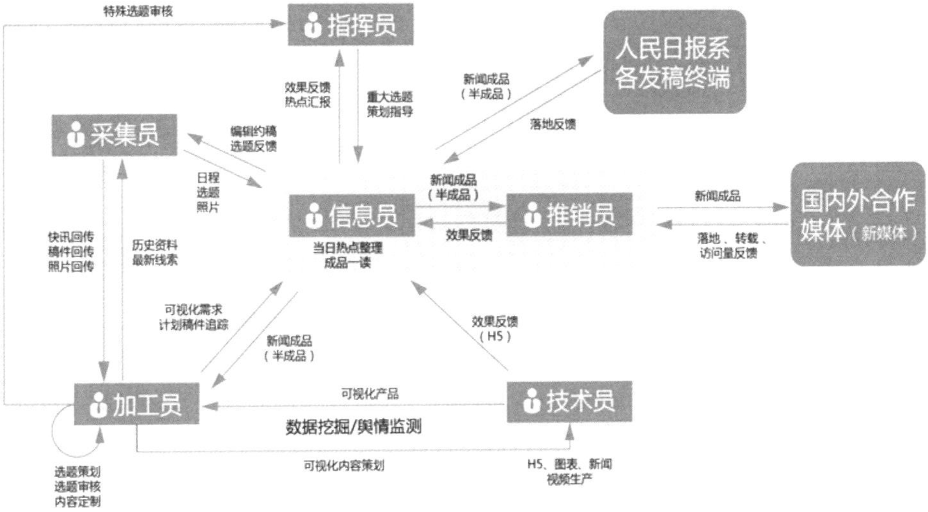

人民日报中央厨房流程图（来源：http://news.qq.com/original/dujiabianyi/rmrbzycf.html）

陈国权研究员认为，“中央厨房”的内容共享比较适用于一些重大报道活动。比如2008 奥运会、APEC、G20等，采访人数受限，能进场采访的记者较少的情况下。还有在一些重大事件中，需要整合采访力量形成合力的情况。但“中央厨房的尝试，决不能够，也不应该，更不可能常态化”。他进一步指出“‘中央厨房’也不应该普及化”。每一个媒体，“所处的位置、扮演的角色、拥有的资源禀赋、发展层次、所承担的职责都完全不同”。他也指明“在现在媒介组织管理形势下，在某些方面实现媒介融合要比全盘融合更现实，也更具有实际价值[1]。”张志安教授指出，中央厨房的优势就在于集中资源、整合平台、提高效率、强化传播，并且可以培训和强化编辑和记者及时发稿、滚动报道、融合采编的意识和互联网意识。而中央厨房最大的问题在于很多报业集团并没有真正按照中央厨房的规律和要求办事，没有

1 陈国权. 人民日报“中央厨房”迄今只运行了17次…… . 微信公众号：报业转型，2016.

办法真正发挥中央厨房的作用和效能，受制于很多因素，无法提供应有的配套制度，真正按照规律去推进中央厨房项目。例如两家媒体的报纸和网站彼此的定位和受众是不一样的，结果要把他们整合到一个中央厨房里，他们报道的价值观和立场都不一样，很难按照同一个标准生产多元化的内容[1]。对于中央厨房存在的弊端，郭全中直接指明“少一点官本位，多一点市场化和技术流，才能够真正发挥作用[2]。”

关于中央厨房的好评与非议都不绝于耳，它的未来是落得坦帕新闻中心的失败下场，还是在跌跌撞撞中不断改良？我们将拭目以待。

（文/徐蔓）

1 陈浩洲. 观媒对话张志安：中央厨房的利与弊. 微信公众号：传媒大观察，2016.

2 郭全中. 避免“中央厨房”沦为中看不中用的花架子. 微信公众号：全中看世界，2016.

机器人开始写新闻

“记者的饭碗不保了？！”自2015年9月开始，这样的论调便常常出现在国内的媒体中，甚至成为我们日常的谈资。那么大家口中的“踢馆者”，甚至让许多记者都感到心慌的究竟是谁？没错，就是经常在科幻电影中出现的——机器人。

其实，大部分人对机器人用途的印象还停留在代替人类从事简单机械的重复劳动上。如今随着人工智能化程度越来越高，机器人可从事的工作领域也越来越广，人工智能与传媒进一步结合，达到了所谓人机共生、万物皆媒的智媒时代，使得新闻报道的各方面都充满了丰富的想象。其中最具颠覆性的就包括机器人写作的出现，也因此有人预测在不远的将来，机器人写手将会取代传统记者，成为新闻生产的主力军。

一、机器人写作现身国内媒体

2015年9月10日，一篇常规又不寻常的稿件出现在大家的视线中，引起了许多媒体人的关注。这便是由腾讯财经推出的自动化新闻写作机器人“Dreamwriter”（梦幻写手）自动生成的财经报道。报道原文如下：

8月CPI同比上涨2.0% 创12个月新高

宏观经济 腾讯财经 2015-09-10 09:30

腾讯财经讯 国家统计局周四公布数据显示，8月CPI同比上涨2.0%，涨幅比7月的1.6%略有扩大，但高于预期值1.9%，并创12个月新高。

国家统计局城市司高级统计师余秋梅认为，从环比看，8月份猪肉、鲜菜和蛋等食品价格大幅上涨，是CPI环比涨幅较高的主要原因。8月份猪肉价格连续第四个月恢复性上涨，环比涨幅为7.7%，影响CPI上涨0.25个百分点。部分地区高温、暴雨天气交替，影响了鲜菜的生产和运输，鲜菜价格环比上涨6.8%，影响CPI上涨0.21个百分点。蛋价环比上涨10.2%，影响CPI上涨0.08个百分点，但8月价格仍低于去年同期。猪肉、鲜菜和蛋三项合计影响CPI环比上涨0.54个百分点，超过8月CPI环比总涨幅。

他表示，从同比看，8月份CPI同比上涨2.0%，涨幅比上月扩大0.4个百分点，主要原因是食品价格同比涨幅有所扩大。8月份，食品价格同比上涨3.7%，涨幅比上月扩大1.0个百分点，其中猪肉、鲜菜价格同比分别上涨19.6%和15.9%，合计影响CPI上涨1.05个百分点。非食品价格同比上涨1.1%，涨幅与上月相同，但家庭服务、烟草、学前教育、公共汽车票和理发等价格涨幅仍然较高，涨幅分别为7.4%、6.8%、5.6%、5.3%和5.2%。

8月份，全国居民消费价格总水平环比上涨0.5%。

银河证券的分析报告认为，预计到年末生猪价格将超过上一轮“猪周期”价格高点，如果猪肉价格集中在四季度上涨，并且重合蔬菜上涨周期，那么四季度单月，尤其是12月份CPI同比涨幅超过2%的可能性较大。

交通银行金融研究中心预计，未来CPI仍有缓慢上行的可能，部分月份同比涨幅可能高于2%，但全年CPI涨幅将低于3%的政策目标值，物价状况暂不会明显制约货币政策操作空间。

民族证券宏观分析师朱启兵表示：“7月实体经济新增信贷的大幅回落难以持续，预计8月新增信贷再度扩张至11,000亿元，货币政策继续维持宽松。”

申银万国证券研究所首席宏观分析师李慧勇表示：“预计后面至少还会有25个基点的降息空间。一方面，实际负利率已不是制约，如果需要可以继续降息。另一方面，降息此前受制于汇率，汇改主动释放了贬值压力。”

8月26日起，央行下调一年期存款基准利率0.25个百分点至1.75%，目前工商银行、建设银行等金融机构一年期存款利率普遍为2%。

居民消费价格指数（Consumer Price Index，简称CPI）是度量居民生活消费品和服务价格水平随着时间变动的相对数，综合反映居民购买的生活消费品和服务价格水平的变动情况。

【本文来源：Dreamwriter，腾讯财经开发的自动化新闻写作机器人，根据算法在第一时间自动生成稿件，瞬时输出分析和研判，一分钟内将重要资讯和解读送达用户。】[1]

这篇稿件在传媒界引起了不小的轰动，机器人凭借着超快的计算和搜集能力，在较短的时间内便能完成篇幅达千余字严谨、专业的文章，这样的写稿速度是普通记者水平所远不能及的。而就在此后不久的11月，新华社也推出了机器人新“员工”——“快笔小新”，供职于新华社体育部、经济信息部和中国证券报，用于体育赛事中英文稿件和财经信息稿件的写作，开创了央媒机器人写稿的先例。其实更准确地来说，“快笔小新”就是一个应用人工智能、机器学习、数据挖掘等技术，生成类似于人创作稿件的程序。它不是通过搜索新闻中的关键信息复制粘贴，而是基于自己对数据的判断和分析，然后自己写结论[2]。2016年5月底，第一财经发布了智能写稿机器人“DT稿王”，并称其凭借具有学习能力的智能系统加上人脑创造力的辅助，将成为写稿机器人中的“尖子生”[3]。

二、机器写作开端

虽然“Dreamwriter”开创了国内机器人写稿的先例，但实际上早在40多年前，耶鲁大学就已经开发出了人类第一个故事编写算法。此后这套算法被改进成两套不同的自动化写作服务“Narrative Science”和“Automated Insights”。

其中，Narrative运用Narrative Science算法，大约每30秒就能够撰写出一篇新闻报道。2011年，Narrative Science写作的新闻进入我们的视野。它通过系统

1 8月CPI同比上涨2.0% 创12个月新高.腾讯财经，2015-09-10，http://finance.qq.com/a/20150910/019573.htm.

2 赵新乐.一个你不知道的“快笔小新”.中国新闻出版广电报，2015-11-17.

3 第一财经发布“DT稿王”：写稿机器人的“尖子生”.第一财经，2016-05-31. http://www.yicai.com/news/5020955.html.

的搜索引擎搜集大量高质量的数据，并从中寻找新闻要素，然后决定新闻的角度和风格模式，再按照由资深记者组成的团队——“元作者”所负责创建的一系列报道题材的模板和提供的词汇来组成句子。Narrative Science算法使计算机能够从不同“角度”来识别相应数据[1]。在Narrative之后，一些媒体也加入“机器写作”的探索中，包括《福布斯》在内的20多家媒体都是Narrative Science自动撰写新闻系统的客户，用以制作收益预览，还有生成实时体育赛事回顾等。

2014年7月，美联社开始引入Automated Insights的Wordsmith Platform自动生成财经报道，帮助美联社将每季度上市公司发布的财报数据迅速转化成新闻报道，并且能定制不同的语言风格。得益于此，美联社每季度报道的财报新闻数量从之前的300多篇增长到4,400篇，几乎可覆盖美国所有上市公司[2]，在显著地提升新闻生产效率的同时，大幅降低了新闻生产成本。2015年美联社将自动化新闻报道的范围扩大到了体育板块，并于2016年尝试报道棒球比赛，将常规的比分式报道转换为文字故事报道。美联社到现在依然没有停止对人工智能在新闻中运用的探索，并且在下一步将涉足把文字自动转换广播的领域[3]。除美联社外，Word Smith还和其他媒体进行合作，包括美国最大的有线电视运营商康卡斯特以及利用它写作体育新闻的雅虎等。

世界上第一篇机器稿件诞生于2009年，是由一款名为“Stats Monkey”的人工软件，在当时美国的职业棒球大联盟季后赛上，通过将赛事的客观数据进行加工、统计分析后识别出比赛期间发生的显著事件，再加入赛事的关键要素，自动编写而成的体育报道，在当时的传媒业引起了极大轰动[4]。2014年3月，美国《洛杉矶时报》网站在地震发生3分钟后，利用机器人成为最早发布这条突发新闻的媒体。除此之外，《洛杉矶时报》还开发出专门快速写作犯罪

1 彭兰.移动化、智能化技术趋势下新闻生产的再定义.新闻记者，2016(01).

2 孙实，蒋栩根.机器人来抢记者饭碗？短期只能写简单新闻.腾讯科技，2015-05-24. http://tech.qq.com/a/20150524/005590.htm.

3 陈璐，刘晨阳.在人工智能和新闻的结合上，国外媒体已经飞起来了？微信公众号：刺猬公社，2016-12-06.

4 商艳青.媒体的未来在于“智能+”.新闻与写作，2016(01).

新闻的机器人系统，只是语言、文法均较为生硬，仍有明显的模板痕迹[1]。

不仅仅是“新闻写作”，由于机器人有极强的信息抓取和数据处理能力，目前国外已有多家媒体雇佣了机器人做起了“新闻编辑”的工作。2014年《卫报》推出了一份名为“#Open001”的试验性纸质报纸，报纸内容几乎完全由算法生成。机器人在对社交网络上的热门分享进行统计分析后，筛选、编辑内容并排版[2]。《纽约时报》也采用一个叫“Blossom”的机器人充当新媒体运营总监的角色。根据哈佛新闻研究机构尼曼新闻实验室的报道，Blossom由《纽约时报》数字部门的数据科学团队缔造，后端使用了Java、Python和Map Reduce等语言和技术，融合了“非常前沿和复杂的算法”，前端整合《纽约时报》编辑团队日常沟通所用的Slack团队协同软件当中，作为一个账号/聊天频道存在。据统计经过Blossomblot筛选后自动推荐的文章的点击量是普通文章的38倍[3]。此外2016年8月，路透社与某科技公司合作，建立了实时更新的可视化数据库，以帮助编辑迅速提取以前留存的有效信息，形成可视化图片，或只需3秒便可以完成以前编辑繁重的查找资料工作[4]。

三、助力2016年里约奥运会报道

2016年里约奥运会上，出现了异于以往奥运报道的景象，《华盛顿邮报》使用机器人记者“Heliograf ”和人类记者一起来报道里约奥运会。这款由《华盛顿邮报》自主研发的软件基于一套人工智能算法，先从体育数据网站Stats.com上抓取需要的数据，再将其转换成几个简短句子的短消息报道，然后把短消息上传《华盛顿邮报》的直播博客、Twitter等。此外，邮报还通过Facebook Messenger 的聊天机器人向用户推送消息，并在亚马逊的 Echo 上提

---

1 刘峣. 机器人要抢媒体人饭碗？人民日报海外版，2015-09-18(16).

2 用算法编辑报纸，是趋势还是插曲.网易科技，2014-04-15.http://tech.163.com/14/0415/06/9PRR3MB2000915BF.html.

3 惊！纽约时报机器人编辑让流量涨了38倍.微信公众号：智东西，2015-08-17.

4 柴婧，张天健. 机器人能写稿了，编辑记者要下岗了？微信公众号：中国之声，2016-11-09.

供音频版本的消息播送[1]。

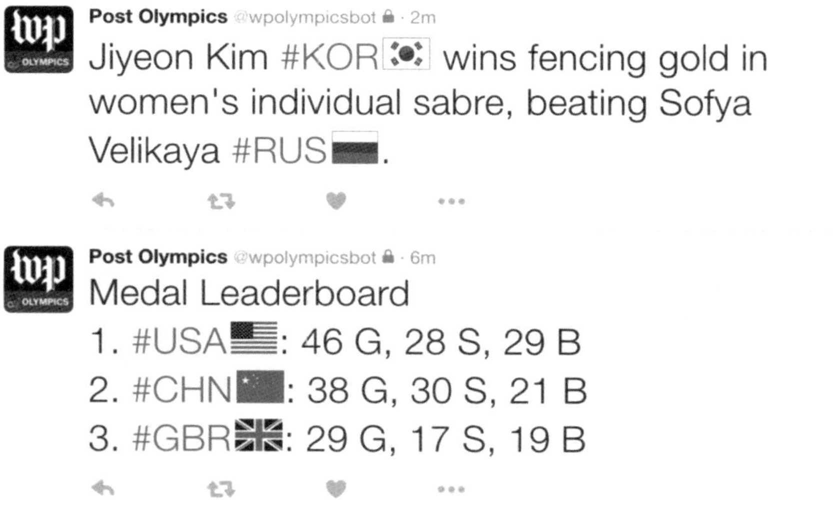

采用2012年数据展示Heliograf如何报道（来源：自华盛顿邮报官网）[2]

在里约奥运会期间，Heliograf 一般会准备三类消息：每场比赛金、银、铜三枚奖牌得主、各国奖牌总数、每日赛事安排，甚至还会在奖牌产生前的15分钟对读者发出预告，提醒读者关注比赛结果。不过，《华盛顿邮报》该项目负责人杰里米·吉尔伯特（Jeremy Gilbert）也强调，Heliograf 所撰写的报道也会接受编辑的审核。除了Heliograf 外，邮报包括特派记者和留守本部的记者编辑大概有20多人，只不过人类记者负责“故事性报道，发掘独家信源、讲述有趣故事、分析解读新闻，这些工作也只有人类可以做到[3]。”此外，Heliograf 还在美国大选中实时更新选举进程和结果，参与了每个选举日的报道。

与此同时，国内媒体也启用了机器人记者助力奥运会的报道。与国际

1 廖勤.机器人记者如何报道里约奥运会.解放日报，2016-08-21(04).

2 The Washington Post experiments with automated storytelling to help power 2016 Rio Olympics coverage.The Washington Post, Aug 5, 2016, https://www.washingtonpost.com/pr/wp/2016/08/05/the-washington-post-experiments-with-automated-storytelling-to-help-power~2016-rio-olympics-coverage/? utm_term=.d562644b02d0.

3 廖勤.机器人记者如何报道里约奥运会.解放日报，2016-08-21(04).

上尤其是美国等有较多的实践和经验相比，国内起步较晚，机器人真正“入职”新闻行业才一年有余，但发展势头却毫不逊色。继腾讯“Dreamwriter”和新华社推出的“快笔小新”之后，今日头条实验室与北京大学计算所联合研发自主研发出AI机器人Xiaomingbot——“张小明”，在里约奥运会期间正式上岗。

“张小明”通过对接奥组委的数据库信息，采用两种文本生成技术，实时撰写稿件，产出新闻：一是针对数据库中表格数据和知识库生成自然语言的比赛结果报道，即简讯；二是利用体育比赛文字直播精炼合成比赛过程的总结报道，即资讯[1]。

（来源：今日头条官网[2]）

机器人“张小明”的技术据称已进入了第二代写稿机器人水平，2秒即可生成一篇报道，还能自动配图，自动调节新闻语气。整个奥运会期间“张小

1 6天“写”200多篇！今日头条搞出一个写稿机器人. 中国经济网，2016-08-12. http://www.ce.cn/xwzx/gnsz/gdxw/201608/12/t20160812_14807735.shtml.

2 AI小记者Xiaomingbot. 今日头条，http://www.toutiao.com/m50050770286/.

明”在桌球、网球、羽球和女足等赛事方面发稿450余篇，而且能写长新闻，通过大数据来分析比赛形势、描述赛场上比赛的过程，并掌握对书面语、口头语和网络词汇的运用[1]。下面节选几篇“张小明”的奥运新闻报道：

里约奥运会 中国女足0:0瑞典女足 晋级8强!

AI小记者Xiaomingbot 2016-08-10 11:33

中国女足奥运会首战0：3负于东道主巴西队，此次战2：0拿下了南非队，取得了关键战的胜利。瑞典队首战1：0战胜了南非队，但次轮1：5惨败给东道主巴西队，这样的表现与他们世界第六的名次有点出入。双方都是1胜1负的战绩同积三分，但中国队因为净胜球的优势力压瑞典队占据小组第二的位置。中瑞两国女足历史上曾有24次交手，中国队7胜7平10负处于下风，不过在奥运赛场中国队两次面对瑞典都最终赢下了比赛。预计中国女足首发阵容：1–赵丽娜；2–刘杉杉、14–赵容、6–李冬娜、5–吴海燕；8–谭茹殷、13–庞丰月；17–古雅沙、15–张睿、12–王霜；10–杨丽。

中国女足首发阵容：1赵丽娜6李东娜5吴海燕4高晨2刘杉杉8谭茹殷13庞丰月15张睿12王霜10杨丽17古雅沙。瑞典女足首发阵容：1琳达尔3萨波拉特5费舍尔6埃里克松16鲁本松12斯乔格7达尔奎斯特15萨缪尔森17赛格尔8谢琳13鲁尔弗。

第8分钟，古雅沙左路的传中，前点张睿没有踢到，中路杨丽的打门打在防守队员的身上弹了回来。第40分钟，禁区前沿杨丽转身的打门被挡出来。第45分钟，中国队再次推进，杨丽外围的一脚远射，打在防守队员的身上。下半场刚开始不久，外围谭茹殷的一脚远射，高了。下半场刚开始不久，禁区前沿庞丰月的打门偏出了底线。下半场刚开始不久，王霜外围的远射被门将没收。今天中国队的射门大多在禁区外，远射很难有威胁。下半场刚开始不久，瑞典队断球，鲁尔弗向前盘带之后的一脚远射，球打高了。下半场刚开始不久，古雅沙禁区前沿的打门被门将得到。下半场刚开始不久，禁区前沿王霜的

1　人民日报媒体技术.机器人写稿 这事靠谱吗？. 2016–09–12.http://www.toutiao.com/a6329349194196926721/.

远射，高过门梁出了底线。今天中国队老尝试远射，不过威胁并不大。下半场刚开始不久，瑞典队左路推进，阿斯拉尼传中球被防守队员倒地挡出来，再打门，高了。下半场刚开始不久，瑞典队再次抢断，阿斯拉尼远射，球偏出了底线。下半场刚开始不久，庞丰月犯规吃到黄牌。

中国女足首战0：3负于东道主巴西队，次战2：0击败南非，末战0：0战平瑞典。

奥运会羽毛球女双小组赛 韩国组合2:0力克中国组合 收获胜利

AI小记者Xiaomingbot 2016-08-13 07:28

简讯：北京时间8月13日06:30，奥运会羽毛球女子双打小组赛如期而至。在里约会议中心-4号馆，现世界排名第5的郑景银/申升瓒组合迎战现世界排名第7的骆赢/骆羽组合，比赛展现了郑景银/申升瓒组合超常的技战术能力。最终，韩国的郑景银/申升瓒组合以总比分2:0的成绩战胜骆赢/骆羽组合取得胜利。各局小比分如下：21:10，21:14。

（报道文末另有两张配图）

奥运会羽毛球女子单打小组赛
奥运名将王仪涵(中国)2:0完胜卡琳-施纳泽 轻松摘得胜利

AI小记者Xiaomingbot 2016-08-15 03:18

简讯：中国的王仪涵赢了。比赛持续46分钟，现世界排名第2的王仪涵迎战现世界排名第28的卡琳·施纳泽，终于以2:0拿下奥运会羽毛球女子单打小组赛。该比赛于北京时间8月15日02:30在里约会议中心-4号馆举行。

（报道文末另有一张配图）

四、机器人写稿优劣论

通过上文节选可以看出，“张小明”不仅可以进行消息简讯的写作，还能够发布逻辑较为清晰的长文章，其速度之快、数据之精准是一般记者难以企及的。但是在这基础之上，却也使得部分读者收获了并不舒服的阅读体验。分别拿两则新闻的标题来看，“韩国组合2:0力克中国组合 收获胜利”，对于“力克”“收获胜利”等词语的运用，从传统的新闻报道角度来讲，并不合适，因此有读者笑评道“看这标题，这文章不像中国人写的”；另外像“轻松摘得胜利”这样的表述，我们往往更常使用“摘得奖牌”或者“取得胜利”，“张小明”这样的表达不仅不符合汉语表达规范，而且使得许多读者误以为选手已经金牌在手。除此之外第一则新闻语言也是较显生硬，还有不少冗余信息，在新闻评论区也可以看到许多指出这些不妥之处的评论。

其实出现这样的问题并不奇怪，现在的机器人写作基本处于一种“人工模板”+“自动化数据填充”的模式。因此部分人质疑机器人写作实质意义并不明显，反而更像媒体的“噱头”，但也有很多人对于机器人写作的前景抱有乐观的态度。任何事物的诞生，不仅是科学技术，都是具有两面性的，亦喜亦忧，有长有短。

那么整体来看，机器人写作的优势具有哪些呢？

首先便是速度快，缩短时间差，提高写作效率。由于机器人有极强的信息抓取和数据处理能力，越来越多媒体雇佣起“机器人员工”，让其着手体育赛事、突发事件、财经、数据分析等报道工作，由于这些新闻的写作模式相对固定，机器人接收到新闻数据信息后可瞬间反应，将其填入模板，大大加快了写作速度。例如，Wordsmith平台每周可以撰写数百万篇新闻报道，系统每秒甚至能生产2000篇文章[1]。

其次准确率高。在财报、体育报道、突发事件以及相关数据分析报道中，涉及大量的数据，这为人工报道增添了较大难度，不仅耗时较长，而且错误率高，而机器人在很大程度上解决了这个难题。据美联社称，Wordsmith撰

1 刘霞.人工智能会获普利策奖.科技日报，2016-04-08.

写的文章错误率比人工撰写的文章更低，现在已无须人工干预。[1]

再次能降低报道成本，扩大报道范围。机器人记者的出现不但缩短了从事件发生到稿件出炉之间的时间差，还在降低成本的基础上，使得报道覆盖更加全面。Word Smith Platform帮助美联社，几乎覆盖全美所有上市公司，将每季度发布的财报数据迅速转化成给读者看的报道，这就改变了媒体囿于时间、精力等成本的限制，只能局限于报道较为重要上市公司的局面。类似的也有人认为，“张小明”存在的最大意义就是发布记者忽略的冷门赛事报道，以弥补对长尾新闻的需求。

其实说到底，机器人写作最重要的优势就是解放人力。许多人认为对于记者来说，整理、编辑枯燥乏味的体育赛事综述、财经报道等简单事实类新闻，无异于对智力和时间的浪费。机器人可以帮助记者从机械的简单工作中解放出来，节省了大量时间，让记者有更多的时间从事更具挑战和智慧的工作，去更多地通过实地采访深入挖掘新闻，将更多精力用于深度报道、调查报道以及人物报道等方面。

在我们享受着将机器人写作引入媒体报道工作之后，其带来耗时短、成本低、产量高等便捷的同时，机器人写作的劣势也不可避免地暴露出来。

首先机器人写作最为现在人们所诟病的一点，便是不够自由个性、没有质感与温度。有业内人士表示，机器人再怎么智能，也是通过人的编程实现的，机器人所替代的工作，不过是一些模板、数据来替代的短平快的稿件。真正个性化的写作，比如深度报道、调查报道、人物报道等，机器人不可能替代记者的主导作用。因此，从现有的生成模式来看，机器人写稿算不上真正意义的原创，充其量也就是个整合稿[2]。

而且，机器人可操作的新闻题材有限，只能进行需要数据信息转述和简单分析体育赛事、财经类等报道，对于需要运用记者亲身采访和经历的内容的深度报道无能为力，因此还不能够广泛地被运用到各种题材的新闻报道中。大部

1 美联社机器人已写稿6个月 写文章错误率低于人. 中国日报网，2015-02-02. http://news.china.com/international/1000/20150202/19269369.html.

2 机器人写稿 这事靠谱吗？人民日报媒体技术，机器人写稿这书靠谱吗？人民日报媒体技术，2016-09-12.

分仍受限于后台数据，只能应用于依赖数据的端口，无法进行专题、深度报道的整合。

另外从目前来看，机器人写稿也不可避免地出现像上文示例一样的语法错误，而且难免措辞生硬，连美联社的执行总编辑卢·费拉拉也承认机器人撰写会因内容生硬和重复影响稿件质量。扬子晚报就曾将“Dreamwriter”的第一篇新闻稿件与自己报社记者所写的稿件进行了对比，发现机器人抓取了信息源却弄错了性别（文中引用的高级统计师是名女性，文中却用“他”而不是“她”）[1]。

节选扬子晚报人工记者撰稿，可与前文“Dreamwriter”文稿进行对比：

统计显示，除了交通和通信价格，烟酒、衣着、家庭设备用品及维修服务、医疗保健和个人用品、娱乐教育文化用品及服务、居住价格无一不涨。尤其值得注意的是，8月份吃菜、吃肉都比去年贵了一成左右，其中猪肉价格同比涨幅高达16.6%。水果和鸡蛋，则同比分别下降4.8%和13.9%。

再来和7月份的物价比较，短短1个月期间，鸡蛋涨了10.5%，猪肉涨了7.2%，虾蟹涨4.7%。难怪许多市民近来去趟菜场总要感慨：“进菜场不花个100块出不来，连在家吃饭都不省钱了。”

就拿最家常的番茄炒蛋来说吧，南京市物价局公布的8月底全市平均价格为每斤番茄2.9元，每斤鸡蛋5.5元。而7月底，这两样必买品每斤分别才只有2.6元和4.5元。晚上下班回家炒一盘番茄炒蛋，买1斤番茄4只洋鸡蛋，比一个月前贵了1元钱。

虽然机器人得益于超快的计算和搜集能力，几分钟甚至以秒计算能够完成篇幅较长、风格严谨专业的文章。机器人无法按照人类阅读的喜好和习惯来生产可读性高的文字，只能按照“预设的逻辑规则”来辨认数据中的事实和关键趋势，然后从词库中选取恰当的词汇进行描述。但是人类记者所撰文章则更加贴近生活，便于理解，比起“8月CPI同比上涨2.0%”这样对于老百姓来说很难直观感受的描述，像扬子晚报记者报道“番茄炒蛋贵了1块钱”，就变得可读可感，通俗易懂得多。不过完成这样一篇稿件也确实要耗费更多的时间

1 记者们已哭晕？那可不一定！扬子晚报，2015-09-11(A06).

和精力。据了解，腾讯的写稿机器人属于批量生产类型，而且产量快速增长，2016年第一季度腾讯财经方面的机器人写作报告的数量400篇，这个数字到第三季度已经达到4万篇[1]。这种庞大的工作量对人类记者来说，几乎是难以完成的任务。

五、机器人写稿能走多远?

目前国内“AI+News”，即人工智能与新闻结合的发展依旧处在较为缓慢的时期，没有大规模、较频繁地应用，还主要用于财报、比赛等资讯整合，暂未参与新闻生产的流程中去。因此有学者认为我们离人工智能被真正应用于新闻领域，还有着不小的距离[2]。

许多人开始思考，新闻稿件能够靠机器人生成的原因是什么。有人认为根源并不是机器人本身有多高明，而是在于当今信息时代，新闻生产和采访的脱离，太多的新闻生产可以不依赖于现场采访获取素材，而写稿机器人正是主要通过现有数据、资料，快速搜集加工生成新闻的。因此有学者预测，在可以预见的将来，人类记者如果不对新闻事实加以深度分析和独立判断，就会被机器人彻底取代，类似消息这种传统新闻形态将逐渐不需要人类记者的介入[3]。

对此，清华大学的彭兰教授认为，未来的写作将是人与人工智能的结合。未来几年新闻写作机器人将被国内各大新闻媒体机构中普遍应用，机器人新闻报道在整个新闻报道中所占的比例将越来越大。这也说明，数据是新闻生产的新思维、新资源，未来媒体的竞争，将越来越多的是数据平台与数据采集、处理能力的竞争[4]。未来的整个新闻写作会变成“人机合一”的写作体系，机器帮助我们发现选题、拓展报道的广度和深度、提炼规律、预判内容的

---

1 智媒来临与人机边界：中国新媒体趋势报告（2016）. 腾讯网、企鹅智酷、清华大学新媒体研究中心，36，2016-11-14.

2 金凯娜. 在人工智能和新闻的结合上，国内媒体到底做得怎么样了？. 微信公众号：刺猬公社，2016-11-28.

3 付毅飞. 会写稿的机器人在抢记者饭碗？. 科技日报，2015-09-11(01).

4 彭兰.移动化、智能化技术趋势下新闻生产的再定义. 新闻记者，2016(01).

传播效果[1]。

今日头条科学家兼头条实验室总监李磊博士表示，头条实验室最近做了一个基于深度学习的CFO系统，可以回答一些比较难的问题，通过测试系统准确率达到了75.7%，相对之前由Facebook所做系统最好的结果是62.9%[2]。可以预想的是，机器人将在很多领域，代替人类完成简单的智力或体力工作。

可见人工智能机器人的发展潜力是普遍被学界和业界所看好的，它可以生成符合用户习惯的信息内容，赋予了新闻内容无限的可能性。那么传统人类记者的“饭碗问题”怎么办？ NPR（美国国家公共电台）就曾向机器人“Wordsmith”发起过挑战，NPR派出的选手记者Scott Horsley用了7分钟写完了一条新闻，而Word Smith只花了2分钟，但是在稿件质量上，依旧是Scott Horsley获得了更多人的支持。尽管机器人写作耗时短、成本低、产量高，但并不意味着机器人能超越人类，因为“机器人记者”本身就存在着难以克服的成长障碍，相比人工写作运用灵活的逻辑组织稿件和用生动的语言风格来打动读者，“机器人记者”只能自叹不如[3]。包括使用“Wordsmith”的美联社对苹果、谷歌等受市场高度关注企业的财报新闻还是谨慎地选择人工操作。而且，目前从整体来看，机器人参与创作的新闻偏于事实类报道，而对于分析、解读、抒情题材类的新闻，仍需要大量的人工编辑。《中国新媒体趋势报告（2016）》就提出了机器人写作无法代替人的3个关键：缺少新闻判断力、人情味以及创造力，这就体现了人在新闻事业中不可替代的价值。另一方面，也有人认为启用自动化的报道对新闻记者来说是最大的好消息，记者真正的价值，永远不可能被机器人替代，正如腾讯方面称，“我们更希望Dreamwriter能够解放记者，让记者从事更具挑战和智慧的工作。”

但这也为新闻工作者敲响了警钟，随着人工智能技术的进一步发展，作为一名记者，如果不能做到对新闻事实加以深度分析和独立判断，迟早就会被

1 智媒来临与人机边界：中国新媒体趋势报告（2016）. 腾讯网、企鹅智酷、清华大学新媒体研究中心，69.70，2016-11-14.

2 李磊. 用机器学习做自然语言理解，实现通用 AI 仍需解决三大难题. 微信公众号：新智元，2016-10-21.

3 孙实，蒋栩根. 机器人来抢记者饭碗？短期只能写简单新闻. 腾讯科技， http://tech.qq.com/a/20150524/005590.htm.

机器人取代。因此业界也有声音表示，从长远来看，这种趋势对促进媒体加快转型升级，提升整体业务水平来说，一定是件好事。

在互联网信息化和大数据潮流的冲击下，当今的新闻业发生了重大变化。总体看来，国内的新闻写稿机器人虽然起步较晚，但技术水平却是后来居上，目前也有更多的媒体涉足机器人写作领域，并且初现成就，它的前景可见一斑。“AI+News”正在成为一个大的行业趋势。

不过，无论是“Dreamwriter”“快笔小新”，还是“张小明”，或者更多功能丰富的人工智能机器人问世，其最终目的都是解放人类的双手，将人类从简单重复的工作中解放出来，为人类服务。但正如同2016年10月19日，霍金在剑桥大学举行的“未来智能中心”（Centre for the Future of Intelligence）开幕仪式上所说，“强大人工智能的崛起可能是人类遇到的最好的事情，也可能是最坏的事情，但我们还不知道答案[1]。”作为这些科技的受益者，媒体更要感受到背后有“狼来了”的危机感，将其化为动力，将更多的精力放在提高业务水平，发挥人的主观能动性，让机器人成为“人类记者”新闻报道的得力助手，而非代替品。

（文/张鑫瑶）

1 霍金再次强调人工智能可能毁灭人类. 人民网–国际频道，2016–10–21.http://world.people.com.cn/GB/n1/2016/1021/c1002–28796324.html.

无人机进入新闻生产第一线

2015 年被国内业内人士称为“无人机元年”，无人机的身影出现在物流、餐饮、保险、勘察等诸多新领域，而谷歌、亚马逊、Facebook、GoPro 等知名公司也都先后宣称将开发无人机项目。而我国走在前列的无人机技术创新和硬件生产，成为国内媒体无人机应用的强大支撑[1]。

一、新华社首创无人机编队

（来源：新华网）

新华社在2015年6月正式成立了新华网新闻无人机编队，这也是国内第一个无人机新闻项目。新华网首批无人机编队采用先进的国产大疆“小型一体化多旋翼航拍飞行器”，能够实现全天候、多地形、全媒体的新闻航拍[2]。新华网应用无人机采访，推动了新闻表达形式和题材的创新，也提升了受众关注度。在天津滨海危化品爆炸事件中，新华网

1 向英婷. 新华网无人机编队发展的SWOT分析:无人机，新闻采集的未来标配.传媒观察，2015(10).

2 新华网组建新闻无人机编队.青年记者，2015(19).

无人机编队就发挥了重要的报道作用。

新华网无人机频道

（来源：新华网）

天津“8·12”爆炸事故后，新华网无人机队两次深入爆炸重灾区，及时为公众提供了直观和震撼的影像资料。

8月14日，新华网新闻无人机队深入天津滨海新区爆炸核心区域（来源：新华网）

在灾难性新闻报道中，无人机可以在第一时间到达现场，持续跟进灾害性事件的发展态势，不断传输送回最新的音频和视频，在一定条件下比记者更优秀。除此之外，无人机还在社会突发事件报道和体育赛事直播上具有天然优势[1]。在 2016 年春晚的广州分会场，有 29 台无人机参加了航拍任务，这是央视春晚历史上第一次有民用无人机参与的演出。2016年4月，新华网无人机频道在新华炫闻客户端正式上线，以适应移动化发展趋势，也标志着新华网在无人机领域的探索迈入崭新的阶段[2]。

2016年1月，深圳晚报无人机采访队也宣告成立。深圳晚报先期组成拥有10架无人机的采访队，未来预期实现一线采访部门的全面配备，从而开辟全新视野的新闻采访模式，实现全媒体资源融合[3]。同年2月1日，山东广播电视台新媒体中心率先在国内主流媒体中开通首个融媒体“无人机频道”——齐鲁网无人机频道。使得齐鲁网在创新报道领域迈上了新台阶，在定位、立意、人才、设备等方面的配备，均为国内领先水平[4]。

传统新闻报道中从未借助过像无人机这样从天空俯瞰，能够智能飞行和跟踪的微型观察装置。因此有学者认为无人机新闻将加速新闻业的变革，让事件中的参与者成为具有强大影响力的传播者[5]。

二、“无人机新闻”从无到有

“无人机”是无人驾驶飞机的简称，英文缩写为“UAV”，是利用无线电遥控设备和自备的程序控制装置操纵的不载人飞行器[6]，最早可以追溯到20世纪20年代。1917年出现了世界上最早的无人机，1960 年中国最早的无人机

1 王启南. 无人机在突发事件报道和直播中的作用. 新闻研究导刊，2016(12).

2 邵俊林. 新华网无人机频道移动端正式上线. 新华网，2016-04-07. http://www.sc.xinhuanet.com/content/2016-04/07/c_1118558477.htm.

3 高健桓、吴智欣. 无人机采访队将随时开启“上帝视角”. 深圳晚报，2016-01-05(A08).

4 孔冠军、于鹏. 国内首个”融媒体”无人机频道上线. 齐鲁网，2016-02-22.http://wurenji.iqilu.com/kxw/2016/0222/2696909.shtml.

5 霍昀飞. 无人机新闻的发展与未来. 西部广播电视，2016(13).

6 鲍广仁. 迎接无人机新闻时代的到来. 中国传媒科技，2015(05).

“长空一号”诞生。2001年，无人机技术开始进入民事领域，在航拍、农业植保、测绘等领域的应用拓展了它的用途，一批民用无人机公司也应运而生，逐渐开发出价格低廉、体积小巧且操作更加灵活的微型无人机。目前，国内的大疆科技、零度科技、Xaircraft 等公司已经制造出了航拍传感器技术、GPS 导航航拍技术、通讯航拍服务技术、任务控制技术、编程技术等多技术于一体的飞行控制器，这些飞控技术处于世界领先水平[1]。现在，无人机的技术越来越成熟，这也让无人机由最早的军事领域过渡到其他领域，新闻传播行业就较早应用了无人机。

2011年，波兰的一家公司研制了一种微型无人机，并使用该无人机对“华沙示威活动”进行了实验性质的航拍，独特的视角震撼了民众[2]，引起了全球新闻界的关注，直接推动了美国新闻学术机构对无人机新闻的研究。2013年12月，美国电商亚马逊公司启动了无人机物流计划PrimeAir。2014年3月，Facebook公司收购无人机公司Aseenta。2014年4月，谷歌收购无人机公司TitanAerosPace，并于8月开始测试无人机项目ProjectWing[3]。

随着电子飞控技术的发展，用飞行器搭载具有摄制功能的照相机进行航拍已经完全具备条件[4]。进行新闻拍摄的无人机一般是指搭载拍摄录制功能相机的无人驾驶飞行器。无人机用于新闻采访，由此诞生了“Drone Journalism”一词，即“无人机新闻学”或“无人机新闻”。无人机新闻报道是指使用无人机对新闻事件进行摄影报道，或为突发新闻事件提供及时的报道。美国林肯大学新闻传播学院于2011年开设“无人机新闻学”课程，并建立“无人机新闻实验室”（Drone Journalism Lab)；密苏里新闻学院随后跟进，在2012～2013年开设了无人机新闻学课程。这两所大学的新闻学院不仅展开有关无人机新闻学的理论研究，并且理论联系实际，购置无人机让师生尝试如何将无人机用于实地新闻采访。但这两所大学的努力受到美国联邦航空管理局的限制，密苏里新闻学院于2013年被要求在航空管理局公布有关法规之前，不得将无人机用于新闻

---

1 郑俊彬. 探析无人机在灾难新闻报道中的特点及创新应用——以南方都市报为例.新闻研究导刊，2016(02).

2 美国媒体测试使用无人机报道新闻. 世界知识，2015(03).

3 霍昀飞. 无人机新闻的发展与未来.西部广播电视，2016(13).

4 张思远，于娇娇. 无人机新闻的优劣势及发展分析.新媒体研究，2016(14).

采访[1]。直到2014年年底，美国联邦航空管理局才授权给一些新闻传播公司使用无人机，这就意味着无人机新闻正式进入美国新闻传播业界。在中国，2012年9月，重庆晨报创造性地成立了全国首个新闻航拍工作室，在新闻航拍和商业航拍中走出了一条新路[2]；2013年3月，湖北日报传媒集团专门成立了航拍中心——楚天云图航拍中心，是全国省级党报中第一个从事无人机航拍的专业机构。国内一些媒体也相继在2012～2013年初，以摄影部为基础，组建了无人机航拍工作室，在做新闻报道的基础上，提供对外航拍专题片、形象片等业务；山东商报、齐鲁晚报也先后引进了无人机。

在国际上2015 年也被当作无人机元年，谷歌、亚马逊、Facebook 都宣布推进无人机研发。2015年1月15日，包括纽约时报、华盛顿邮报、美联社、NBC环球、Getty图片社在内的十家媒体宣布，将与弗吉尼亚理工大学展开正式合作，对无人机在一系列现实生活场景中收集照片和视频进行安全测试。而就在这一合作项目启动的三天前，CNN刚刚宣布：将与美国联邦航空局（FAA）合作开展研究，加快将无人机技术用于新闻采集等领域的步伐[3]。2015年以来，在“东方之星沉船”“天津港爆炸”“深圳滑坡事故”等灾难性突发事件中，无人机频繁登场，拍摄的新闻图片及视频素材被媒体广泛采用，从过去普通民众无法看到的视角将新闻事件中的关键节点展现出来[4]。

三、突破时空带来的喜和忧

“无人机+新闻”的热潮席卷世界，成为“无人机+”与传统媒体融合发展的一个产业示范。2016年年初，在第八届新媒体节·中国新媒体年度盛典上，新华网新闻无人机队获得“2015中国新媒体融合创新项目奖”。低廉的持机成本、记者安全高效便捷的操控、对记者人身安全的保障、空间和视角上的

---

1 鲍广仁. 迎接无人机新闻时代的到来. 中国传媒科技，2015(05).

2 鞠芝勤. 航拍有风险，入门需谨慎——从《重庆晨报》全国首个新闻航拍工作室谈起. 中国记者，2014(01).

3 方可成. 无人机新闻来了. 中国传媒科技，2015(01).

4 郑俊彬. 探析无人机在灾难新闻报道中的特点及创新应用——以南方都市报为例. 新闻研究导刊，2016(02).

巨大突破都让无人机获得青睐。然而在拥抱这项创新性变革的同时，也出现了应进行“冷思考”的声音，只有对“无人机+新闻”产业的现状有较为清醒的认识和冷静的思考，才能趋利避害，将这二者更好地融合，更有效地促进新闻生产方式的变革[1]。

无人机进入新闻生产的一线后，为传统的新闻报道带来了许多不一样的新体验，甚至是一种采访方式的转变，它的优势主要体现在以下方面：

首先新闻时效性得到增强，这也是无人机在媒体领域这么受关注的最重要原因。它轻巧便携，能在第一时间抵达现场。大楚网在2015 年 6 月1日东方之星沉船事件发生后，利用无人机进入事故现场航拍了一段两分钟的视频，直观展示了东方之星沉船的现状和搜救现场的情况[2]。在记者因为自身或其他限制而无法在第一时间进入新闻现场而又想获得一手新闻，无人机的优势便凸显出来了。

其次它很大程度上保证了记者的人身安全，特别是在战争报道和重大灾难报道中，无人机的使用让记者不用置于危险的境地中。例如在2015年天津港爆炸事件发生之时，现场有很多有毒有害物质，客观条件不允许记者进行近距离拍摄。所以国内外许多媒体记者都带了无人机帮助拍摄，他们拍摄了大量现场鸟瞰图，在还原事故现场的同时保证了记者的安全。2011年日本海啸，记者根本没有机会进行近距离的拍摄，但是为了给受众最佳的视觉感受，也为了能真实地还原现场，无人机的优势就显示出来了。日本 NHK 电视台用无人机进行拍摄，直观地表现出了海啸的破坏力，以及灾区满目疮痍的现状[3]。CBS的王牌栏目“六十分钟”也曾经用无人机拍摄了切尔诺贝利核事故遗址。许多战争造成的废墟景象，“即便是再勇敢的战地记者，也很难亲自拍下这些画面”[4]。

另外，无人机从不同的角度进行拍摄，提供了不同的视角和不同的感官体验。它提供了观察世界的另一种可能性，由此也大大丰富了新闻报道的角度

1 郑晓东.“无人机+新闻”的冷思考.中国记者，2016(07).

2 陈勇.无人机在沉船报道中的独特视角.新闻前哨，2015(08).

3 张思远，于娇娇.无人机新闻的优劣势及发展分析.新媒体研究，2016(14).

4 方可成.无人机新闻来了.中国传媒科技，2015(01).

和题材，改变了过去摄影记者的拍摄角度因操作限制造成多为水平拍摄或者仰摄的情况。传统的载人航拍中，记者不仅风险很大，对拍摄水平要求也很高，但是无人机只需要控制好路线，就能够从高处拍摄新闻，展示了“大全景”，信息量大，展示的内容丰富，并且能给受众震撼的视觉体验，又节约人力和成本，对大场面、大事件的报道尤为出色。

当然，无人机之所以迅速地在国内外新闻媒体中普及开来，与它成本低、性价比高以及操作方便分不开。例如技术处于世界先进水平的中国大疆，其一台普通的无人机仅需几千元，却可以实现摇臂等许多高价设备都难以拍摄的画面。

其实，除了能够在时间和空间上突破传统新闻报道所受到现场的屏蔽和限制以外，无人机出现在新闻生产一线中有着和机器人写作一样的功能——可以将记者从最耗时的机械劳动中解放出来。这样记者在现场就会有更多的精力投入新闻的分析、求证和提炼工作中去，哪怕在突发社会事件或者重大灾难事件发生之际，记者也能用更多的精力和时间去沉着地应对。

当一项新技术慢慢普及开来，其使用门槛和界限逐渐模糊时，相应的问题便浮现出来，这些问题往往涉及技术、管理、公共安全以及隐私等，而这些也正是阻碍新闻媒体更大范围使用无人机的重要原因。

首先便是任何智能设备出现之初都难以避免的技术问题，无人机也不例外。最先凸显出来的问题是飞行时间短，现在的无人机动力基本靠电池提供，而一般电池只能保证无人机大约连续飞行20分钟[1]，这无疑成为其在新闻拍摄领域的重要障碍；并且无人机电池的续航时间在高原、极寒、极热等极端气候条件下飞行时间会急剧缩短，需要及时合理调整飞行时间和高度，否则可能会发生无人机坠落，甚至造成人员伤亡，例如发生在游行、体育赛事等人员众多的场所[2]；它还容易受到无线电、GPS和磁场等的干扰，而且当高度超过人肉眼可见范围后，便会造成识别困难、无法操作等问题，容易造成坠机等意外；此外，画质也是需要考虑的问题，画面是否清晰流畅，会影响受众的视觉体验，因此减震和降噪也成为目前无人机发展所亟须解决的问题。

---

1 鲍广仁. 迎接无人机新闻时代的到来. 中国传媒科技，2015(05).

2 史杰蔚. 无人机新闻——新闻采编新趋势. 新闻研究导刊，2016(04).

另外最让公众担忧的便是安全的隐患，也因此引发了无人机操作的合理合法性的争论。英国《每日邮报》曾报道在2016年4月17日，英国航空一架空客A320客机在降落前遭到无人机撞击，幸好客机最终安全降落[1]。虽然最终没有足够的证据证明撞击物体就是无人机，但是这依然引发了大量网友的热议，多数网友对无人机这种可能影响飞行安全的行为表示担忧。除此之外，利用无人机走私贩毒、进入禁飞领域等都是需要解决的问题。无人机新闻作为一个相对比较新兴的事物，此前并没有相关统一标准的政策法规和空管办法，新闻界也没有相应的行业标准。但是部分城市已经先行一步，比如上海出台了限飞和禁飞的条例，凡是遥控航空模型在公开区域内飞行都要持证，非法驾驶还可能被处以5～10天的行政拘留[2]。2015年国防部也曾表示无人机的违法违规飞行会对国家公共安全、飞行安全甚至是空防安全构成威胁，“无人机不能无人管”，相关部门也正在研究制定系列法规和标准。2015年12月29日，中国民航局颁布《轻小型民用无人机系统运行暂行规定》。拥有了“交通规则”意味着，未来国内无人机用户都须取得无人机驾照后才能合法使用无人机[3]，这无疑对规范无人机市场、确保各方面安全是好事一件。美国联邦航空管理局（FAA）也要求2016年2月19日之前，所有无人机在使用前均需登记。

此外最使人们担忧的，就是隐私问题。正是由于无人机可以抵达很多普通采访无法涉及的角度、区域，因此公民的隐私受到了潜在威胁，若被缺乏道德观念的人用来进行偷拍，就会涉及侵犯他人的隐私权，像近期网上还爆出狂热粉丝利用无人机偷拍明星的消息；另一方面，无人机确实因为角度和高度的原因，很难在航拍时将私人领域与公共场所划分清楚，无人机的发展也确实为公民隐私权的保护增添了很大隐患。尤其在眼球经济时代，为了博取受众的注意力，一些记者为了获取独家新闻，在未获得被访者允许时，动用无人机进入私人空间进行拍摄。在新闻与隐私之间的平衡，在无人机出现后变得更加复杂。这个界限如何划定，则是政府、社会以及新闻界应该研究并关注的问题。

---

1 世界首例无人机撞击客机事件发生 英客机遇险. 网易航空，2016-04-18. http://news.163.com/16/0418/09/BKU3UC4000014P42.html.

2 佟继萍. 玩遥控模型飞机要考“驾照”了. 新闻晨报，2015-07-21(A05).

3 刘昆. 段志勇. 中国无人机驾驶员正以每天50～80人速度激增. 环球网，2016-02-02. http://china.huanqiu.com/article/2016-02/8491121.html.

四、无人机新闻的发展前景

新技术的发展从来不是一帆风顺的，无人机的发展自然也是这样。虽然无人机新闻目前的发展还有一些劣势，应用上还有一些问题和阻碍，但是随着相关政策和管理的完善，技术装备的发展进一步适配媒体需要，记者的媒介素养和职业道德不断提高，无人机的前景势必非常广阔。

无人机悄然改变新闻传播格局的同时，也在悄悄改变着新闻采编的旧传统。它在新闻素材采集方面发挥着日益重要的作用，无论是突发事件报道、图片新闻、活动环境展示，还是未来的无人机与 VR 技术结合的现场体验式新闻，新闻报道的编辑呈现也适应这一新趋势逐渐在改变。无论是突发事件报道、图片新闻，或这一新兴事物的应用规律，新闻从业者们正在摸索中总结。特别是在全媒体时代，对于单兵作战的记者而言，无人机新闻的普及时代将会到来[1]。

目前来看，无人机新闻依然属于新鲜事物，但随着近些年技术的发展和价格的平民化，它越来越进入大众的视野，未来新闻竞争将会更加激烈，未来的“空中新闻”争夺战将会难以避免[2]。对媒体而言，媒体的需求和科技的进步，以及在新闻实践中对人工智能的探索十分重要，怎样看待其利弊，如何扬长避短更加重要[3]。单靠无人机新闻来解决报道视角单一和内容缺乏创新肯定不是长久之计，那么一条新闻的采集是否必须使用无人机，需要新闻从业者谨慎地思考，过度地依赖技术反而会压制原创和深度内容的生产。

人工智能的时代和普及迟早会到来，至少在传媒业界有这样普遍的看法。当然也只有在国家尽快出台相应的法律政策，管理部门在政策上支持这项事业，同时业界也建立起行业标准的情况下，无人机在新闻报道的道路上才能健康稳步前行[4]。最近出现的机器人与记者写稿比赛，VR体验式新闻、麻省理

1 史杰蔚. 无人机新闻——新闻采编新趋势.新闻研究导刊，2016(04).

2 张思远，于娇娇. 无人机新闻的优劣势及发展分析. 新媒体研究，2016(14).

3 饶菲. 未来微型智能无人机在新闻报道中的运用. 新闻窗，2015(05).

4 郑俊彬. 探析无人机在灾难新闻报道中的特点及创新应用——以南方都市报为例.新闻研究导刊，2016(02).

工学院媒介实验室“未来的新闻”研究项目，以及近年来工业生产线智能化趋向都是一个预告，传媒的未来也必然会走上与人工智能相结合的道路，这将是不可阻挡的历史潮流。

（文/张鑫瑶）

最早华语电视台黯然关闭

2016年4月1日23点59分，在重播最后一档节目《Miss Asia 25th 瑰丽巡回》法国站时，节目还未播完，亚洲电视（亚洲电视有限公司，简称亚视，ATV）便停播熄机，电视画面迅即变蓝色，之后雪花一片，随后不久香港电台（港台）宣传预告片播出[1]。观众最终也没有等到早前亚视曾透露会出现的所谓“告别卡”。全球首家华语电视台、曾一度可与TVB比肩的亚视，在即将迎来59岁生日之际走到了穷途末路。作为香港第一家电视台，也是全球首家华语电视台，亚视创造过港剧的黄金时代，也见证了港剧走向收视疲软的时期，它见证着香港广播电视行业的兴衰起伏。

一、亚洲电视的“前世今生”

亚视的前身为收费电视“丽的映声”，于1957年5月29日启播（比央视前身“北京电视台”早了一年），由英国丽的呼声公司在香港成立的子公司——香港“丽的呼声”创办，是香港乃至华人地区的首个电视台，以收费有线广播电视形式经营。

1967年11月19日，无线电视（简称无线，TVB）正式启播，使用无线接收，免费收看而且有许多节目为彩色画面，当时丽的映声仍为黑白画面，许多观众由此开始转为收看TVB，使得丽的映声的收视受到重创，客户不断流失。1973年10月31日起，丽的映声从有线传输转为无线广播，12月转型成免费电

1 亚视正式停播：节目未播完画面突然蓝屏. 中国青年网，2016-04-02. http://d.youth.cn/shrgch/201604/t20160402_7811887.shtml.

视，更名为“丽的电视”，中文台也正式以彩色播映[1]。

1975年9月7日，香港第三家电视台佳艺电视成立，与丽的电视、TVB形成了“三台鼎立”的局面。三家电视台竞争非常激烈，使得丽的电视从一枝独秀，到屈居TVB之后，又陷入了垫底的局面，后来凭借拍摄电视连续剧重回收视率榜首。1978年佳艺电视因经营不善倒闭之后，丽的电视、TVB成为香港独有的两家免费电视台[2]。

之后，丽的电视又经多次易手。1982年7月，由远东集团主席邱德根注资1亿港元购入丽的电视50%的股权，并获得共同经营权之后，丽的电视在9月24日易名为“亚洲电视有限公司”。1984年邱氏购入余下股权，全权控制亚视。1988年11月，邱氏因涉嫌“远东银行造假账”一案被调查，停止对亚视的管理，并于次年5月1日正式退出亚视，结束了亚视为期5年的“邱氏时代”。

1988年6月，林百欣以家族名义向邱德根购入亚洲电视30.83%的股权，成为董事局主席，并于1994年又进一步购入股权，与丽新集团成为绝对控股股东。邱氏、林氏这段时期亚视始终将香港作为亚视的核心市场，并终于转亏为盈，在1996年达到千余万盈利[3]。

1998年，封小平、刘长乐等接手亚视后开始积极向内地发展。到了2000年中期，亚视的节目质量不断下降，竞争力变弱，收视陷入低迷。2002年6月，刘长乐与陈永棋注册成立新公司VMH，收购46%亚视股份，成为亚视最大股东，致力于扩大市场范围，尤其是在华南地区。亚视在同年8月获广电总局批准，其旗下本港台、国际台正式落地广东珠三角地区，成为首个在内地落地的香港免费电视台。

亚视的节目质量及竞争水平不断下降，又经历数次易主，使得收视长期积弱，经营陷入危机。2007年1月，查懋声透过旗下的名力集团，以超过10亿港元入股亚洲电视，并担任主席；2009年1月，旺旺集团兼中国旺旺主席蔡衍明，以私人名义买入亚视股，前亚视行政总裁费道宜成为亚视最大股东；2010

1 Asia Television，Wikipedia，https://en.wikipedia.org/wiki/Asia_Television.

2 卓伯棠.邵氏兄弟与全球华语电视王国(上).北京电影学院学报，2003(04).

3 香港亚视3月1日起停播 全球首家华语电视台为何陨落？.微信公众号：企业说，2016-03-01.

年9月，内地商人王征通过黄炳均入主亚视，并表示“要用20年时间，将亚视打造成亚洲 CNN”[1]，此时黄炳均持股52.4%，Antenna公司持股47.6%。

股东的纷争使亚视动荡不安，一直呈现亏损。2012年，蔡衍明以Antenna的名义起诉亚视，称王征控制亚视令其利益受损。经过两年的纷争，香港法院裁决蔡胜诉，要求黄炳均必须出售亚视10.75%的股份于独立第三方，并核查账目[2]。2014年年底王征声称为亚视注入20亿元，已经完成历史责任，拒绝再注资亚视，并向法院起诉，要求亚视偿还其10.35亿港元债务，否则申请亚视清盘。2014年下半年亚视开始多次拖欠员工薪金，使得亚视员工经济状况受到严重影响，欠薪涉及的款项高达1,500万港元，不断有亚视已经陷入破产边缘的消息传出。此事引起劳工处注意，并介入其中向亚视发警告信。2015年4月1日，香港政府决定不给亚视的本地免费电视牌照续期[3]，亚视可继续提供免费电视服务至2016年的4月1日。

2015年9月10日，亚视宣布中国文化传媒股份国际控股有限公司买下黄炳均41.66%的股份。但据《星岛日报》报道，截至2015年年底，中国文化传媒的实际控制人司荣彬3亿多元的尾数未支付，因此本轮注资仍未完成。2016年2月5日晚，王征发表声明称，鉴于新投资者未能履行义务，为避免混乱局面持续，作为主要债权人，已向香港高等法院递交亚视清盘申请[4]。

2016年4月1日，亚视最终挨到免费牌照终结一刻，正式“熄机”，退出免费电视战场，逾400名员工在停播之前被遣散[5]。亚洲电视官方网站内容15天后被清空，不久网站停止运作，一个月后在美洲、加拿大地区播放的海外台也正式停播[6]。

---

1 王帅帅. 王征:亚洲CNN梦想. 大公司，2010(05).

2 三名投资者竞标亚视 王征嫌出价过低.腾讯财经，2015-02-11. http://finance.qq.com/a/20150211/041207.htm.

3 亚视不获续牌明年3月底停播 声明：将继续抗争. 网易娱乐，2015-04-01.http://ent.163.com/15/0401/18/AM4TU8H700032KMI.html.

4 胡可欣. 亚视宣布申请清盘. 羊城晚报，2016-02-07(A09).

5 信莲.香港亚视停播遣散400员工 曾捧红张国荣关之琳. 中国日报网，2016-03-04. http://ent.chinadaily.com.cn/2016-03/04/content_23740006.htm.

6 亚视词条，来源：百度百科，网址：http://baike.baidu.com/link? url=9HhvU4EOx4nc2Kg9F1d4xzCVeZxFMYrZFnDyUvIKiB7eeCvhJRSRPLWyTIYSA-SUum84zqVbaXYV99IqehFWzlfSz7vJYbNlX22g2RBtQerEBQts5xCh5TG6SimdH9_LitZnzUTP02uE-YL-flJwBK.

亚视清盘一案至今尚未明确结束，公司也并未完成清盘，虽然用“倒闭”来形容曾辉煌一时的亚视并不准确，但无论如何，这个创造了许多“第一”的全球最早华语电视台，落下了它半个世纪浮沉大戏的帷幕。

二、“电视帝国”的由盛而衰

丽的映声初建时只有黑白英语频道，1963年增设中文频道，自1966年起“丽的映声”就举办了第一期艺员训练班，为香港电视史上首个电视艺员训练班，之后培养了汪明荃、黄秋生等多批著名的电视演艺人员；丽的电视还曾举办亚洲业余歌手大赛，并签下张国荣、余莎莉等著名艺人；丽的电视于1985年举办了亚洲小姐选举，次年又举办电视先生选举（“亚洲先生”前身），开创了“男性选美”的先河，旗下签约艺人最多时达1000余人[1]。

在与TVB持续的竞争中，亚视曾推出过多部掀起热潮的经典剧集和节目，多次与TVB在收视上平分秋色，不少剧作都已成为观众心中的永恒经典。20世纪70～80年代的《天蚕变》《大侠霍元甲》《大地恩情》《浴血太平山》以及90年代末《我和僵尸有个约会》系列剧等一批经典的电视剧，使得亚视在收视上超越无线，成为香港电视史上的佳话，在一个观众精神亟须丰富的时代，造就了一段难以重复的历史。林百欣接手亚视后，亚视从无线撬走一众台前幕后人才，包括沈殿霞、曾志伟、卢海鹏等[2]。此外这段时期亚视用外购剧抗衡无线，1999年推出外购台湾剧《还珠格格》，使得亚视收视率突破新高，让对手TVB再尝惨败。但这也触发了亚视日后不断引入外购剧的多米诺骨牌，这在客观上造成了亚视自制剧的减产以及原创能力的降低。

另外，亚视综艺节目方面也曾有出色作品，1994年推出了香港首个资讯娱乐节目《今日睇真D》，后遭受TVB效仿制作的同类型节目《城市追击》的打击；2001年推出由陈启泰主持的游戏节目《百万富翁》，创下收视新高，再

---

1 鹿大亨. 1957～2016，那些香港亚视的明星和好剧！. 新浪娱乐，2016-03-02，http://ent.sina.com.cn/v/h/2016-03-03/doc-ifxpzzhk1984306.shtml.

2 郑惟之. 亚视“生命期”仅剩1年 曾捧红张国荣汪明荃. 金羊网，2015-04-04-http://ent.ynet.com/3.1/1504/04/9965782.htm.

一次让TVB惨败，后也被其推出的同类型节目反超[1]。此外，“亚洲小姐选美大赛”等选秀捧出了许多知名艺人。1998年9月，成为全港第一家引入“虚拟演播室”技术的电视台，并于12月启用全港首台自动播出系统。

就是这家在20世纪曾经缔造过辉煌战绩的亚视，在过去的十几年里经历零收视、欠薪、易主撤资、吊销牌照等一系列动荡后，逐步凋零。虽然不少人对亚视的“逆转”充满期待，但它最后还是难以为继地走向终途。然而它的倾覆，在被大家扼腕叹息的同时，又似乎隐藏着一些必然因素。除了近年来香港广播电视市场整体式微、市场萎缩之外，是什么使得几度缔造辉煌的亚视一步步走向深渊呢？

首先是制作水平走低，收视节节败退。亚视换新主吴征后推出了包括“大量买入外购剧，缩小开支、减少自制剧，剧集外判给制作公司生产”等一系列举措。在外购剧《还珠格格》《雍正王朝》等收视报捷后，亚视更加坚定买入外购剧的政策，包括之后的外购剧《少年英雄方世玉》，以及外判剧集《纵横四海》《影视大亨》《美丽人生》等系列剧都取得了非常不错的成绩，收视稳步上扬[2]。然而在经过新世纪较为短暂的高潮之后，亚视的外判剧与外购剧未能再次引起收视热潮。同时因为过度依赖外购剧，亚视自制剧的质量也大幅下降。虽然在原创方面仍然具有较为前瞻性的眼光，但是制作能力和竞争能力大大不如从前，往往刚取得一些成绩，便在与TVB很快推出的类似节目的竞争中败阵，例如曾红极一时的益智节目《百万富翁》。因此，虽然有过一些回暖，但自制能力的下降和制作水平的走低，使得亚视的整体状态还是开始难以阻挡地不断下滑。亚视一味想“以小博大”，低成本高回报的理念，使得亚视的节目越来越脱离市场、脱离观众口味。

其次是经营管理不善，丑闻事故频现，公信力丢失。在亚视存活的58年时间里，曾有过7次以上的易主经历，进入2000年后，频率更为密集，且都夹杂着家族间的利益斗争。2010年后，亚视内部两大股东势力从最初的办台理念不同，演变到后来的权力争斗，极大的分歧意味亚视难以把服务提升至符合社

---

1 卓伯棠. 邵氏兄弟与全球华语电视王国(上). 北京电影学院学报，2003(04).

2 【透视】ATV亚洲电视——盛极而衰的王朝. 新浪娱乐，2015-04-08.http://ent.sina.com.cn/f/v/atvch/.

会要求和期望的水平，也难以吸引广告收入以提升财力[1]。这给亚视本就逐渐滑坡的收视带来了巨大的伤害。在亚视经营状态每况愈下时，王征透过亲戚黄炳均入主亚视，亲手为这段难以逆转的历史画上了句点。

这期间，亚视出现多次播出事故，王征还因为过度干预亚视管理一事被香港通讯事务管理局调查，使得亚视被处以100万港元罚款。之后在2013年香港政府计划向市场增加免费电视牌照时，王征为了避免增大竞争压力表示抗议，率领旗下艺员在政府总部外大跳骑马舞并在亚视进行直播，引起许多投诉，进一步使亚视大失人心。后来他又制造舆论压力试图迫使政府不敢将自己停牌，最终落空。随后更频现亚视艺员讨薪风波，使得亚视到了难以维持日常运作的境地[2]。

失去根本，以致失人心，失去命脉，最终走向穷途末路。

三、亚视出局的连锁反应：多家电视台宣告关闭

华娱卫视，一家拥有21年历史的卫星频道也于2016年底停播。华娱卫视由蔡和平于1995年3月11日成立，2001年因财政困难，由美国AOL时代华纳入主，成为时代华纳旗下首个中文频道，后被TOM集团收购，增持股份至99.99%。据悉，华娱卫视在过去11年的运营中，亏损逾6亿元[3]。

作为一家24小时以普通话放送的综艺娱乐卫星频道，华娱卫视在2002年获准进入广东省有线电视网播放，成为首家取得广东有线网络落地权的香港频道，曾一度也是很有影响力的媒体，播出了《海豚湾恋人》《浪漫满屋》《大长今》等一系列盛极一时的港台以及日韩热门偶像剧，还引进《康熙来了》等一系列综艺节目。但是近年来在互联网的冲击下，传统电视节目的吸引力不足，观众流失导致广告收入下降，上游内容的采购成本却在不断提高。在内地

---

1 官方罗列亚视“死因”：屡次违规收视低迷. 新浪娱乐，2015-04-03.http://ent.sina.com.cn/zz/2015-04-03/doc-iawzuney2305288.shtml.

2 腾讯特稿：亚视，一个帝国的覆灭. 腾讯娱乐，2016-04-15. http://ent.qq.com/a/20150415/058924.htm.

3 “华娱卫视”年底停播. 大公网，2016-10-26. http://news.takungpao.com/paper/q/2016/1026/3384150.html.

广播政策限制以及传统广告业衰落的联合冲击下，华娱卫视终于画下了漫长的句号 [1]。据凤凰卫视公告，截至2015年底，凤凰电视广播收入（包括广告、收视订户及其他收入来源）较上年全年下降20% [2]。

不仅是电视台，电视频道也相继传来关停的消息。2016年9月15日，深圳广电集团发布消息，称法治频道因技术性原因将于次日凌晨暂停播出，原法治频道三档常规节目移至都市频道继续播出。10月1日又有微博以电视台公告截图画面爆料称，九江市广播电视台文娱频道关停。据报道，我国共有县级播出机构2000家，县级以上播出机构500家，很多电视台靠"吃政府饭"才能勉强维持。从2009年开始，地面频道的收视率和广告收入开始出现连续下滑，这次停播似乎给地面频道的衰落和困境提供了更具说服力的佐证。从CSM公布的全国收视总量来看，2012年1～5月观众平均到达率为68.2%，2016年1～5月下降至62% [3]。根据视扬-广告雷达数据，2016年上半年地面频道品牌数下跌最为严重，省、市级分别减少786个、784个品牌 [4]。无论内地还是香港的电视市场，大部分都难以维系曾经的无限风光。除了像少数拥有优势资源和受众的电视台，例如央视、湖南卫视等。据悉2017年的电视招商，仅有湖南和央视两家全国卫星频道仍敢于采用招标形式 [5]。

曾经无限风光的"拓荒者"亚视就此消失，正如许多评论所言，香港电视业从此只剩TVB"独孤求败"。回首过去，虽然TVB整体也在走下坡路，但它们坚持将香港作为主战场，依旧维系着大批粉丝。那么失去老对手的TVB是否能独扛香港电视业大旗，还是会遭遇更强劲的抗衡，也成为人们讨论的话题。TVB电视剧几乎已经成了港剧的代名词，《射雕英雄传》《上海滩》等都是至今仍在重播和翻拍的剧集。邵逸夫开创的商业模式让TVB走上了辉煌，巅

---

1 李雁争. 广电业寒冬：广告收入萎缩 华娱卫视年底停播. 腾讯财经，2016-12-05. http://stock.qq.com/a/20161205/002709.htm.

2 卢扬，陈丽君. 凤凰卫视盈利同比降八成 .北京商报，2016-04-01(04).

3 鸿渐.电视频道相继传来关停消息，这发出了什么信号？微信公众号：广电独家，2016-10-19.

4 崔隽.地面频道十年兴衰简史. 微信公众号：三声，2016-10-09.

5 明年电视招标仅央视湖南 芒果台广告招标12.5亿. 搜狐公众号：金融界网站，2016-11-07. http://mt.sohu.com/20161107/n472524896.shtml.

峰之时固定拥有香港80%的电视观众，广告业务份额占到75% [1]。

当然，无论是亚视的辉煌，还是TVB的鼎盛，都得益于当时香港的大环境影响。20世纪七八十年代的香港，正是经济腾飞的时候，各行各业都飞速发展，电视传媒行业更是如此。商业环境形势一片大好，大众精神世界正亟待丰富，那么拥有原创内容和较为先锋的商业经营模式的电视台，能够做出一番成绩似乎也是应了顺水推舟之势。然而随着改革开放的进程，更多文化选择进入了我们的视野，新加坡剧、美剧、日剧、韩剧、泰剧纷纷涌入，加之内地电视剧产业的崛起，港剧的地位被深深撼动，它的市场很快被瓜分得只留片甲。随着盗版光碟的崛起，电视台已经很难从这些剧集的收视中获取利益，因此就算是“港剧老大”的TVB电视剧质量也是每况愈下。许多艺人来到内地演艺圈淘金，因此不少人悲观地得出结论“港剧已死”。

面对内部的管理及人才的流失，加之近十几年来观众口味的不断变化，以及网络时代引入大批制作精良的剧集，TVB的制作已呈疲软之态，剧作质量连年下滑，观众量不断萎缩，收视率以及好评率都逐步走低。但正是因为互联网的快速发展，不少过去经典的港剧又被再度流传发酵，引发了一大部分人对“港剧”时光的怀念和回味。因此也有声音认为这也是绝处逢生的好机会，与内地优势资源合作，并利用发达的网络传播平台，或许会为香港电视行业重注新鲜血液。

辉煌的历史就像难以重蹈的车辙，无法复制。历史是一个又一个轮回，亚视的最终结局如何，TVB还能走多远，只有历史能够宣布答案。而在华语电视业的历史长河中，亚视起落浮沉的60年，成为难以磨灭的时代标签。

（文/张鑫瑶）

1 牛角.亚视停播了，TVB还能走多远？新文化报，2016-03-13(A06).

“视频热”席卷纸媒网媒

2015年9月22～25日，习近平就任国家主席后首次对美国进行国事访问，人民日报微博第一时间发布出访动态的视频稿件，由记者温宪、张朋辉拍摄的秒拍视频《揭秘：美国的国宴是怎么安排的？》在网络上迅速传播。这正从一个侧面反映出，不论是电视还是报纸，抑或网络媒体，都为在移动传播中顺应视频化的趋势而做出积极努力，这也是媒体融合的大势所趋[1]。

人民日报微博截图

秒拍网站截图

---

1 关伟娜. 2015中国媒体移动传播指数报告：报纸客户端“冰火两重天”. 人民网–人民日报，2016–03–24. http://media.people.com.cn/n1/2016/0324/c14677–28223034.html.

自有传播以来，人类越来越趋向接触具象的、可感的信息。在新闻信息高度网络化的今天，视觉沟通变得越来越重要。随着越来越多年轻用户更加青睐于直观、动态的视听信息，视频化传播或者全息化传播便成了大势所趋。视频使传统的印刷媒体的信息资源得到更充分的利用、变得更视觉化和立体化。

随着网络和数字技术裂变式的发展，新兴媒体发展迅猛，而传统纸媒的发行量和广告收入却接近冰点。为谋出路，传统纸媒在生存压力下，纷纷布局网络视频阵地，试图通过切入视频，强化互联网传播的影响力和传播力。在如今的时代，不仅仅是信息，媒介本身也逐渐视觉化，视频新闻是实现新闻资源多次开发和市场增值的必然选择，也必将成为报业数字化战略突围的重要路径[1]。

一、传统纸媒纷纷布局网络视频

随着传播技术的飞速发展，人们获取信息变得更加便利，信息来源也更加丰富广泛，这使得用户消费信息和阅读的习惯发生着巨大转变，越来越多的人更倾向于选择视频化的信息。这对传统由报纸、广播、电视主导的传播格局产生极大冲击，形成了全新的传播生态格局[2]。传统纸媒进军网络视频领域，正是在信息消费习惯发生巨大转变这一时代背景下诞生发展的。

美国哥伦比亚新闻学院教授迈克尔·舒德森（Michael Schudson）曾提到，如今在美国读报纸的人无论是否上过大学都在锐减。人们在网站上浏览的新闻大都源自传统媒体，以什么形式阅读新闻，其实没那么重要。那么这也为传统媒体选择视频产品作为突围提供了很好的依据，因为传统媒体在内容创作方面更具优势，也更为深刻，而传统媒体参与视频新闻创作，布局新闻视频领域，则帮助纸媒打破产品的形式界限，使优质的内容与合理的形式结合，这也是媒体融合的重要一步[3]。

---

1 纸媒视频化传播. 传媒评论，2015(8).

2 邬建红. 纸媒可视化之路探索——以杭州日报报业集团视频业务为例. 传媒评论，2015(12).

3 何苗. 借势发展：以视频新闻探索纸媒融合之路. 传媒评论，2015(8).

CNN在2006年最早推出了新闻平台CNN iReport，并在2011年升级开发出了移动设备上的客户端，还与社交网站、视频网站等新媒体积极合作，在2013年波士顿爆炸案中发动全球民众展开实时搜索，汇总、整理、公布图片和视频等信息，收视率则飙升了200% [1]。《纽约时报》《赫芬顿邮报》也于2012年开始便推出自己的视频、直播业务，《洛杉矶时报》《华盛顿邮报》等也随之进军视频和直播领域，报纸如同电视一样，也能够发布视频流，开始给受众以更多的选择 [2]。

普遍认为我国较早尝试涉足视频新闻的纸媒是南方都市报、潇湘晨报与新京报 [3]。南方都市报在2011年便开始尝试成立视频制作部，开始自制视频新闻报道，后来出品的《南都深呼吸》《南都人物志》使得其在视频布局上也基本定型，其中《南都深呼吸》在2013年首届中国网络视听大会上，被评为“网络视频十佳品牌栏目”。但是每周一期24分钟的深度人物纪录片，在如今碎片化的移动网络社会里，既难保证高质量高产量的输出，又逐渐失去了用户黏性，因此于2015年基本停止更新。

某视频网站《南都深呼吸》专辑网页截图

1 刘笑盈，康秋洁. 迎战数字化，没有完成时 ——三大媒体的数字化转型. 新华网，2014-04-17. http://news.xinhuanet.com/zgjx/2014-07/17/c_133490213.htm.

2 斯年.《纽约时报》等印刷媒体发展视频报道方式. 新浪传媒，2012-02-24.http://news.sina.com.cn/m/2012-02-24/111023986097.shtml.

3 纸媒做视频:绝地反击还是垂死挣扎? 微信公众号：解救纸媒，2016-01-24.

某视频网站《南都深呼吸》专辑网页截图

《潇湘晨报》则不同于南都视频新闻的专题片性质，而是保证每天更新1～2分钟的快报短新闻，但视频新闻数量虽多却缺少吸引力，因此同样也在2015年停止了更新；而《新京报》的《动新闻》系列采用分钟级的短新闻，题材就更为广泛有趣，而且除了新闻现场和新闻采访的画面，还采用了漫画以及3D动画技术，一定程度上增强了趣味性，选题也较接地气，形式的多样、紧跟热点问题、持续稳定的高效产出，使得《动新闻》直至今日仍然态势良好。

新京报新媒体——“动新闻”专栏

《动亲闻》采用3D动画技术为新闻配图

“互联网+”成为传媒产业转型升级的风口，而网络视频也成为传统媒体和新媒体融合发展的一个突破口。自2015年的全国“两会”报道中，人民日报全媒体平台、新华社、中国青年报、光明日报等推出的“秒拍两会”的全媒体制作也是抢尽风头。之后越来越多的传统媒体纷纷将视频新闻作为媒体融合关键的一步棋，越来越多的传统媒体着力打造自己的视频内容和视频平台。这些视频新闻的生产与传播实践，拓宽了纸媒原有的内容形式，丰富了产品类型，延伸了纸媒的品牌价值，也扩大了媒体的传播力与影响力[1]。

因此，切入视频领域，显然就是现阶段融媒体最切实际和最易接近的目标了，在新媒体终端，新闻、资讯等内容的呈现方式如果照搬纸媒“文字+图片”的形式呈现，那么就谈不上传统媒体“转型”，而只是简单粗暴地更换了传播渠道而已，更无法享受新媒体渠道为新闻报道和传播所带来的巨大优势。而通过稍早期新闻视频的实践，我们也不难发现，“短视频”在新闻报道中的影响力，似乎日益剧增。

二、移动短视频成江湖新宠

2016年7月，原东方早报社长兼澎湃新闻CEO邱兵宣布正式离职东早和澎湃，与东方早报副总编李鑫团队一起投入短视频创作。这又一次引爆了业界对“短视频”的讨论。

《亚军》系列短片——“梨视频”的一档子栏目《冷面》发布

“梨视频”正在测试阶段的栏目，除了定位为“中国首档新闻人物回访

1 纸媒视频化传播，传媒评论，2015(8).

类视频”的《冷面》，还有在秒拍传播的资讯短视频栏目《微辣》，以及互联网原创调查栏目《风声》等。李鑫曾在采访中透露：“测试反应良好的栏目会保留在日后的旗舰平台上，表现不尽如人意的栏目可能会在上线前被淘汰。[1]”随着智能手机的普及和手机流量的高速廉价化，视频的网络传播渠道在移动端逐渐地壮大。现实表明，在互联网移动端，碎片化、易懂、有趣的视频更容易获得用户的青睐和分享。短视频更能契合现在大部分受众的阅读兴趣和习惯，因此也就有像《亚军》这样将30个小时素材剪出5分钟来传播的短视频，这对媒体来说是个极大的挑战。

移动短视频应用最早是在国外兴起的。2005年，YouTube首创视频UGC平台；Viddy于2011年推出短视频分享应用软件；2013年Twitter发布Vine，可以支持用户拍摄6秒的迷你视频并即时分享；2013年6月，Facebook增添Instagram视频分享功能等。短视频在国外也较早地介入新闻领域，因为它所具有的媒体属性使其在新闻领域的发展前景颇为可观。因此国外一些新闻机构在播报时逐渐采用来自 Viddy、Instagram 等平台的视频信息，或者将完整的视频新闻剪辑成短视频投放移动社交平台播放。例如早在2013年超强台风“海燕”袭击菲律宾之时，BBC 广播公司就将相关视频新闻做成短片在 Instagram 播放，带来了受众数量的极大攀升。此外，《赫芬兰邮报》以及《华盛顿邮报》等媒体也开始通过 Instagram 来展开短视频尝试，大大丰富了新闻的报道样式[2]。

除此之外，国外传统媒体还在推出短视频新闻栏目，BBC 在2014年推出由其电子创新实验室发起的短视频新闻服务“Instafax”，专制作15秒视频资讯，并于同年在社交应用Line开通账号，主要传播短视频新闻。国外已经出现主打移动短视频新闻服务的专业机构，专门生产短视频新闻，并且还开设了短视频通讯员的岗位，例如美国的 Now This News和Newsy，其生产的新闻可能是传统视频新闻的重新剪辑，也可能是自主拍摄的视频讯息，并且可以通过

1 一颗澎湃味的梨子会怎样诞生？专访李鑫：梨视频正经历残酷的内部淘汰. 微信公众号：全媒观，2016-08-29.

2 严小芳. 移动短视频的传播特性和媒体机遇. 东南传播，2016(02).

加工各类媒体报道提供新闻分析服务[1]。类似Vine 等移动短视频公司还曾推出“微视频新闻奖”，鼓励专业机构和普通用户利用Vine 随时捕捉身边新闻信息，发挥移动短视频社交应用参与新闻报道的价值[2]。

短视频应用的热潮大概于2014年左右进入国内，对于这一新兴事物，学界和业界暂时并无统一定义。有人认为，短视频是一种视频长度以秒计数，主要依托于移动智能终端实现快速拍摄与美化编辑，可在社交媒体平台上实时分享和无缝对接的一种新型视频形式[3]。也有人认为它是基于移动智能终端，允许用户利用智能手机或平板电脑这些移动终端设备来拍摄时长极短（一般为8～30秒）的移动社交视频[4]。实际无论具体描述如何，我们都可以看出，有关短视频的定义主要集中在视频长度、移动智能终端、快速编辑美化、社交分享这样几个要素，也因此有“移动社交视频”“短视频”“小视频”“移动短视频”等不同称谓[5]。

在国内，2013年，腾讯、新浪等互联网公司开始进行移动短视频的探索与尝试。新浪微博8月发布内置“秒拍”功能的新版客户端，下载安装应用后可在手机微博上实时分享长度为10秒的短视频；腾讯“微视”于同年9月上线，支持2～8秒的短视频拍摄及分享；2014年4月，美拍推出，在短短一个月时间里就成为国内最受欢迎的移动短视频应用之一；2014年10月，腾讯微信在更新的版本中加入了“小视频”功能，可以在聊天和朋友圈中发布小视频，由此移动短视频的发展进入高潮期[6]。

国内短视频起步虽晚，但发展速度很快，新闻领域也迅速引进了短视频应用。目前，国内传统媒体在重大事件的专题报道中纷纷引入短视频，用以聚合报道新闻专题，例如对全国“两会”的报道；另外多家媒体、公司又纷纷推出短视频新闻客户端，例如2014 年底新华网络电视推出了“15秒”，是国内首个短新闻视频客户端；中央电视台推出“CCTVNEWS APP”，是国内

1 程征，胡启林. 国外短视频新闻机构发展现状与启示. 中国记者，2015(02).
2 张梓轩，王海，徐丹. “移动短视频社交应用”的兴起及趋势. 中国记者，2014(02).
3 赵昱，王勇泽. 短视频的传播现状分析. 数字传媒研究，2015(05).
4 张梓轩，王海，徐丹. “移动短视频社交应用”的兴起及趋势. 中国记者，2014(02).
5 丁毓. 短视频，怎样玩得更好？上海信息化，2016(04).
6 王国芳. 浅析自媒体时代下移动短视频的发展. 新闻研究导刊，2016(02).

首个英语新闻短视频客户端；此外还有主打短视频新闻聚合的APP“第一视频”“视频头条”等；2016年初奇虎360也宣布将联合北京电视台打造一款短视频聚合产品“北京时间”，采用PGC与UGC相结合的内容生产模式，让用户自己上传视频，还引入直播功能[1]。除此之外，相关媒体开始逐步开通在视频社交平台上的官方账号，例如在秒拍平台就有很多媒体的官方账号。截至目前，央视新闻粉丝5065万、人民日报粉丝5019万，这些平台发布的大多是媒体视频新闻的“迷你版”[2]。值得一提的是，新京报与腾讯合作推出的视频新闻项目——“我们视频”在2016年9月上线，两者提供内容质量与渠道的双重保证，并强调坚定地坚持“只做新闻，不做其他”。

《湄公河惨案货船停泊泰国 弹孔累累锈迹斑驳》——“我们视频”

短视频因为相对于传统视频的生产和上传简单许多，而且成本低、硬件要求低也让使用门槛大大降低，拍摄后可快速分享至社交媒体，更加利于传播和分享，更加满足当下人们的阅读习惯和社交需求，这种更加自由的信息生产和上传方式使得短视频更为流行。在当前注意力稀缺的时代，快节奏、高压力使得多数人更偏向在轻松和简单的心情中摄取信息。短视频依然具有视频的场景化属性，能够方便快捷地还原现场真实情况，挤压虚假信息传播

1 丁毓.短视频，怎样玩得更好？上海信息化，2016(04).
2 严小芳.移动短视频的传播特性和媒体机遇.东南传播，2016(02).

空间，在一定程度上可为求证新闻真实性提供一些素材，为新闻报道工作提供了更多内容和获取信息资源的途径。

短视频的发展才刚刚开始，在国内技术不是很成熟的情况下，它未来还有很长的路要走。有学者认为目前关于短视频，各界的观点主要还是集中在市场规模和行业竞争方面，对于媒体与之结合大多持观望态度。对于用户来说，在自媒体时代，移动短视频的出现确实重构了我们的生活，但这种重构是好是坏，还需要社会不断摸索[1]。虽然大多数网民使用移动短视频发布的是日常生活中的片段，但也难免充斥着为搏眼球而制作的色情、暴力等内容，方便快捷的媒介平台也使这些内容的传播变得更容易，监管难度变大；视频中涉及的人物隐私难以得到保护，被迫暴露在大庭广众之下，隐私权受到了极大威胁；此外短视频因为时间限制，通常只有几秒到几十秒的时长，很容易造成人们通过碎片化的内容断章取义，真假难辨。因此也有学者提出未来的短视频平台要做好“把关”工作，为用户建立身份认证机制和信息甄别机制，担负作为媒体的社会责任[2]。短视频给信息监管和隐私安全等方面也带来了很大的挑战，技术的进步和制度的完善将为移动短视频健康发展铺平道路[3]。

从2015 年开始，东方之星沉船事件、天津港爆炸等几乎每一次重大热点事件的背后，都能找到移动短视频的影子。实际上短视频已经自下而上地成为突发事件新闻报道的重要来源。许多学者认为，随着未来网络环境优化，网络基础设施成熟，用户将扫除流量和网速带来的忧虑，用户数量将极大攀升，并且越来越接受短视频新闻这种新形式，短视频与媒体深化融合便更有可为。美国市场研究公司Strategy Analytics分析预测，2017年全球移动数据流量将比2013年增长三倍之多，且三分之二的流量将来自移动视频，用户观看短视频新闻将越来越流畅和普遍[4]。

1 王国芳. 浅析自媒体时代下移动短视频的发展. 新闻研究导刊，2016(02).

2 万穗. 步入“读秒时代”——移动短视频的发展、存在问题及趋势探析. 人民网，2016-03-09. http://media.people.com.cn/n1/2016/0309/c402793-28185604.html.

3 严小芳. 移动短视频的传播特性和媒体机遇. 东南传播，2016(02).

4 严小芳. 移动短视频的传播特性和媒体机遇. 东南传播，2016(02).

三、互动直播进入传媒行业

在2015年年初Twitter以8600万美元收购视频直播网站Periscope后，一时间视频直播行业被全面引爆。视频直播行业的盈利前景已经得到不少上市企业财报数据的支持，百度、网易、新浪等传统互联网企业也纷纷涉足该领域，以致于当前视频直播领域中豪强林立，且彼此差异仍不明显，未来竞争将日趋激烈[1]。

直播产业有两个核心点：一个是正在发生，直播的内容是正在进行事情；二是参与正在进行的事情，用户可以参与正在进行的事情的互动。这两个核心点恰好都是传媒产业一直以来最核心的竞争力之一。而过去限于技术条件，传统媒体同步传播正在发生的事情的能力相对较弱，更没有能力与用户直接互动。正是基于这样的背景，互动直播出现了，并迅速介入了网络社交平台的激烈争夺之中。在过去几个月里，移动视频直播领域的花椒、映客等都陆续获得了资本的大规模投入[2]。移动视频直播行业已然迎来了春天，各类移动视频直播软件更是骤然涌现。数据显示，国内一共有200多家与直播相关的创业公司。显然在被称为国内网络直播元年的2016年，移动视频直播行业站上了风口[3]。

1 中国传媒产业发展报告（2016），社会科学文献出版社.

2 杨琳. 风口上的移动视频直播：理想很丰满，现实仍骨感. 北京晨报，2016-03-25(B07-08).

3 陆金芸. 移动直播时代的直播新模式浅析. 新媒体研究，2016(16).

网易新闻、天天快报新闻客户端直播专栏

但它对传统广电媒体所带来的冲击是颠覆性的，从普通视频到现场直播、从图文直播到视频直播，随着网络和技术的进步，视频直播正逐渐变为新闻客户端的争夺焦点。直播产业的特点恰恰与新闻客户端所要实现的实时的信息传递、互动高度契合，能够在第一时间传播更生动和丰富的信息。2016年春运期间，腾讯与澎湃联合发起春运直播，启用了2辆直播车和6路直播信号，进行了连续120个小时不间断的视频直播，至启动第100小时，共有超过2100万人次收看，同时在线人数峰值达20万[1]。虽然刚刚兴起不久，国内传统媒体、新闻客户端纷纷借势移动直播，这在2015年的国庆大阅兵以及2016年的“两会”和黄金周，包括对某明星离婚案开庭等新闻报道中都得到

1 腾讯+澎湃. 为何我们要联手做一场120小时春运公路大直播？微信公众号：全媒观，2016-02-04.

了很好的印证，在线观看人数经常可达几百万人。

有学者认为，互动直播是电视等传统媒体在互联网时代进行弯道超车的最佳历史机遇，因为目前电视互联网化、互联网视频化指向的具体业务只有实时的直播和非实时的点播两种。虽然视频网站的点播已经较为成熟，基本完成了对电视频道的替代性颠覆，但是直播才刚刚开始，互联网也一样要从图文向视频移动升级，因此和传统电视台站在同一起跑线上[1]。另外，全国性的直播平台还非常少见，因此直播对于省市地方电视台来说，同样也是巨大的历史机遇，要抓住本地化的优势，主要以本地的新闻内容为本地受众服务[2]。

快速发展的背后面临着市场需求的泡沫和政策法规的有待完善。但就目前而言，直播行业规模仍在快速扩张。如清华大学彭兰教授在“2016腾讯网媒体高峰论坛”上所言，“和未来的媒体表现形式相关的，我们非常注意视频，特别是短视频”，投资和用户的数量稳定增长，“从今年的第一季度，到今年的第三季度，整个短视频的消费增长差不多是14倍左右”。此外相关的行业监管规则也在逐步完善，例如提出了“网络直播主播实名制”等一系列规定。

互联网新媒体一方面将传统纸媒内容进行有效地传播、放大和转化，通过改进内容生产方式和传播形式，实现传统媒体品牌的多次传播；同时新媒体与传统媒体的融合力度也逐渐加强，不仅是新媒体提供渠道、传统媒体沉淀内容这样单一的方式，而更多的是优势互补、相互借力，“反哺”传统媒体并推动其改革创新，以此巩固加强主流媒体的话语权和影响力，构建适应移动互联网发展的主流媒体生态圈[3]。对于传统纸媒来说，在通往风口的道路上，还需要更多的探索，例如怎样整合用户资源、让注意力和流量变现成为更大的挑战。因此有学者认为，对于纸媒来说，首要的问题是打通不同媒体单位之间的用户数据平台，整合一体化的用户数据中心，基于用户大数据

---

1 尤文奎. 互动直播时代的广电突围策略. 南方电视学刊，2016(04).

2 高勇. 地方电视台的直播转型路径. 微信号：广电实战，2016-08-11.

3 瞿维妙. 县级报纸视频化的尝试与实践——以乐清日报为例. 传媒评论，2015(12).

的深入挖掘[1]。

总之，无论是网络视频、短视频还是移动直播，都正对传统广播电视产业产生颠覆性的影响，而国内的视听新媒体发展仍然处在变动不安的状态中，成为新媒体领域富有活力和潜力的增长极[2]。

（文/张鑫瑶）

1 邬建红.纸媒可视化之路探索——以杭州日报报业集团视频业务为例.传媒评论，2015(12).

2 王晓红，谢妍.中国网络视频产业：历史、现状及挑战.现代传播（中国传媒大学学报），2016(06).

媒体争相踏足VR领域

2016年可谓VR技术在中国爆发式井喷的一年，在国家“互联网+”政策的号召下，各行各业纷纷搭乘“VR+”号顺风车，无论是游戏、视频直播、电影，还是医学、旅游、购物，都迅速打上了VR的标签，大力布局VR计划。依托政策的支持，福建、江西、青岛、长沙等地也都相继建立起了VR产业基地。据了解，中国VR行业应用的投融资从2015年的2.4151亿飙升至2016年3月的24.429亿，2016前3个月的融资数额已是前3年融资之和的9倍，VR产业的发展大有燎原之势[1]。

一、什么是VR

新的技术同样在刷新媒介的变革，VR时代的来临也推进了媒介生态圈的又一轮进化。“虚拟现实”“浸入式体验”极大突破了人们的感官限制，带来了一种全新的传播方式，为新闻的生产与传播方式注入了一剂新鲜血液。短短一两年时间里，各大主流媒体不可避免地卷入了这一浪潮之中，从央媒到地方媒体，VR视频、VR直播、VR新闻等形式层出不穷，VR+媒体成为很多新闻机构的标配。门户网站及新媒体公司同样雄心勃勃，纷纷摩拳擦掌，斥巨资引进和开发VR资源，全方位挖掘VR与媒体的无限发展空间。

现如今人人都在说VR，那么VR究竟是什么呢？VR即虚拟现实技术，是由美国VPL公司创建人拉尼尔（Jaron Lanier）在20世纪80年代初提出的。其具

1 刘志刚. VR元年即寒冬：“短命鬼”背后的商业逻辑？微信公众号：互联网江湖，2016.

体内涵是：综合利用计算机图形系统和各种现实及控制等接口设备，在计算机上生成的、可交互的三维环境中提供沉浸感觉的技术[1]。“虚拟现实”这一概念在20世纪30年代就已萌芽，但当时这一概念只停留在小说里，并未涉及任何技术研发，在经过几十年的研发初创期和技术积累期后，2012年VR产品才开始进入消费市场。2014年Facebook、三星、谷歌、索尼等科技巨头均推出了VR设备计划，越来越多的资本涌入VR市场，VR产业进入加速发展时期[2]。

二、VR在国外的发展

在媒体与VR的结合方面，国外许多媒体都走在了前列。《纽约时报》在2015年11月推出了一款名为NYT VR的APP，并在客户端中推出一些结合虚拟现实技术的影片。这些影片的观看需要借助VR设备，因此《纽约时报》与谷歌进行合作，给每一个《纽约时报》的订户派送了Google Cardboard——低廉版的纸质3D VR头套。近日，《纽约时报》更有大动作，推出了每日更新的VR视频新闻项目“每日360”，使360° 视频像文字报道、图像报道一样，成为日常新闻报道的一部分，这也是世界主流新闻媒体第一次日常360° 沉浸式报道的尝试。这一项目由《纽约时报》总编辑部的VR团队负责运行，驻世界各地的时报记者和摄影师将会创建每日360° 视频报道。首支视频拍摄选址在饱受战争蹂躏的也门，时长70秒，展现了也门萨那的一个高档接待大厅被沙特发起的空袭摧毁的惨烈情境[3]。BBC较早涉足过VR领域，在2011年时推出过360° 的全景视频，在2014年生产的一款手机应用程序中曾对诗歌部分进行了可视化处理，2015年则与虚拟现实内容开发商REWIND工作室合作，推出了一档360° 全景VR技术拍摄的真人秀《Strictly Come Dancing》。2016年3月，BBC正式宣布涉足VR技术领域，将推出一系列VR类节目，6月BBC推出了3部360° 视频《We Wait》《Easter Rising: Voice of a Rebel》以及《HOME》。

---

1 侯长海. 速途研究院：2015年VR产业发展报告. 微信公众号: 速途研究院，2016.

2 清博大数据. 新媒沈阳：中国首个VR发展报告《VR的新浪潮》. http://mt.sohu.com/20160328/n442563913.shtml.

3 邵琦. 每天一篇360° VR新闻报道，《纽约时报》这下玩真的！微信公众号: 百度新闻实验室，2016.

ABC News于2015年9月开通了名为“ABC News VR”的频道，利用虚拟现实的技术，只要戴上简易的VR装备，观众就如同置身于新闻现场 [1]。《今日美国》则在2016年春季上线了一个名为“VRtually”的专门VR新闻网站，读者可以在浏览专门网页或是应用时看到VR内容，其形式既包括图文也有视频 [2]。

根据2016年美国奈特基金会发布的《美国新闻业中的“虚拟现实”》调查报告，2016年虚拟现实技术（VR）在美国新闻业进入了“深度测试”阶段。美国媒体不仅普遍尝试“VR+沉浸式报道”，也开始探索“VR+数字原生广告”盈利模式。这种新型的广告盈利模式是在VR新闻中植入原生广告，《纽约时报》《华盛顿邮报》和甘尼特集团都已经开始提供这类广告服务，这被认为可能是VR新闻最佳的商业模式 [3]。

三、国内媒体热捧VR

对于中国传统媒体来说，目前正处于一个急速衰落且亟须转型的关键时刻，许多传统媒体选择向互联网、新媒体靠拢。在尚未找到向新媒体转型的明朗之路前，也有一批传统媒体另辟蹊径，选择与科技联姻，而VR的兴起正提供了这一契机。

因此VR技术在近一年来成为国内传统媒体的热捧对象，“VR+新闻”“VR+纪录片”等全新新闻形式相继上线。在纸媒方面，2015年“9·3胜利日大阅兵”期间，人民日报全媒体平台首次引进全景VR视频设备全程记录盛大的阅兵现场 [4]。在手机上观看阅兵全景视频的观众只要用手指在屏幕上轻轻滑动，就可以从任一角度观看阅兵现场任意方位的场景。2016年的两会期间，人民日报再次动用VR黑科技，在人民日报客户端发布了VR作品《VR

1 泽传媒.《纽约时报》、BBC、ABC，国外媒体如何用VR报道新闻. 微信公众号：泽传媒，2016.

2 VR观察.《今日美国》推出VR新闻网站，VR将如何颠覆媒体行业. 微信公众号：VR观察，2016.

3 余婷. 美国媒体如何用VR报道与盈利. http://tech.gmw.cn/2016-10/29/content_22715228.htm.

4 人民网. 交互式全景视频回顾9.3阅兵精彩瞬间. http://politics.people.com.cn/n/2015/0904/c1001-27544924.html.

带你进会场·政协大会这样开幕》，用户足不出户便可如亲临现场般看到大会开幕、大会堂内景，以及政协委员们起立唱国歌、听报告的场景[1]。2016年8月17日，“VR新闻实验室”在北京成立，包括《广州日报》《辽沈晚报》《潇湘晨报》《大连晚报》《郑州晚报》《青岛晚报》《重庆商报》《沈阳晚报》《海南日报》《生活报》《重庆晚报》《法制晚报》共12家主流报纸成为“VR实验室”首批成员。该实验室由“虫洞”VR公司发起，通过与成员们分享VR新闻拍摄、剪辑及后期的技巧，推进VR技术与媒体新闻生产的结合，全国各地的VR新闻视频可在VR虫洞网上浏览到[2]。

在VR+媒体的发展大潮中，财新传媒算得上是先驱者。2015年9月10日，财新传媒推出我国首部VR纪录片——《山村里的幼儿园》。这个纪录片关注的是留守儿童问题，它以旁观者的形式记录了留守儿童的日常家庭和幼儿园生活。相比过去的固定镜头，在这个全景纪录片中，所有镜头都可以滑动观看360° 的周边场景。用财新视频部总监邱嘉秋的话说，留守儿童问题本身就是一个很富有感染力、冲击力的社会焦点问题。财新的这部纪录片，希望能够从留守儿童、进城务工父母、乡村教师的角度，真实讲述留守儿童的现状，向世界各国决策者展现中国全社会为解决留守儿童问题所作出的努力。此后财新传媒又推出了另一部与春运相关VR社会纪实片《离·聚》[3]。2016年5月18日，《南方周末》推出了一支跑步VR纪录片，以全景视频的形式讲述了5位跑步爱好者的故事。

VR与视频有着天然的内在联系，因而VR在广电节目中的运用也有着无限的空间。2016年4月27日，湖北广电与光线传媒、当虹科技签署VR合作协议，宣布推出国内首家“广电VR节目”。6月1日，湖北广电在第七届“世界华人炎帝故里寻根节暨拜谒炎帝神农大典”上进行360° VR全景全程同步直播，这在我国有线电视中属于首例。此外像CCTV、深圳卫视等都有推出与 VR 内容团队合作录制 VR 电视节目。2016年5月31日，SMG（上海东方传

---

1 人民网. 人民日报新媒体创意传播两微一端传递两会正能量. http://media.people.com.cn/n1/2016/0316/c40606-28202060.html.

2 陈茵. “VR新闻实验室”在京成立. 光明日报，2016-08-19.

3 小石头. “VR+新闻”是一种怎样的体验？财新这一年的尝试给你答案. 微信公众号: 36氪，2016.

媒集团有限公司，原上海文广新闻传媒集团）宣布战略投资美国顶级VR公司JAUNT，未来将涉及VR影视、VR体验空间和VR游戏三大板块。此外，SMG联手JAUNT、微鲸合资成立JAUNT中国，未来将组建一支国际化、专业化的VR制作团队。外部顶尖技术与设备的支撑加上SMG优质的原创内容制作能力，可见作为广电系企业的SMG在VR战略上的勃勃野心。

客户端方面，2016年6月6日《重庆晨报》上游新闻APP客户端推出了全国首个VR新闻频道。通过自主的技术研发，记者和用户可以在几分钟内将拍摄的新闻场景以VR视频或图片的形式上传。点开视频与图片，滑动手机屏幕便可全方位查看整个场景，就如同置身于新闻现场一般。目前上游新闻VR频道已发布了多条VR新闻，每条新闻都保持上千的点击率，报道较多的是文体活动类新闻。由于目前的VR新闻尚未有明确的商业模式，上游新闻的负责人表示，希望通过这一项新的技术，增加APP的流量，扩大上游新闻的影响力，在技术成熟后将其逐渐应用于广告推广领域[1]。2016年4月底，ZAKER发布了全国首个新闻VR资讯平台“威芽”。5月3日，封面传媒联合暴风科技打造新型VR资讯平台，两者将在VR新闻、VR直播以及VR商业化运营等领域展开深度的合作。此外封面传媒还将联合北京师范大学新闻学院共同打造首个“VR新闻实验室”，深入研发前沿技术的发展趋势，制作相应的行业报告，为VR新闻的发展提供方向性指导。

近一年来，各大门户网站也陆续打出了VR牌。从各大门户具体情况来看，2016年5月10日，新浪VR媒体中心新版正式上线，并打出“我们不只是媒体”的口号，意在涉足更广泛的VR领域，而不只满足于做一个VR媒体。新浪VR不仅提供最新的虚拟现实应用资讯、视频、资源下载，还将通过与新浪科技、新浪视频、新浪娱乐联手打造VR行业投融资、VR影视平台、原创VR泛娱乐平台等产品[2]。4月28日，新浪新闻联合国内多家VR制作公司，打造VR内容聚合平台——VR视频频道，同时，新浪新闻宣布与北京师范大学、中国传

1 吴翠翠.对话上游新闻推VR频道，VR新闻是潮流还是“花瓶”？微信公众号:蓝媒汇，2016.

2 新浪游戏.新浪VR正式上线：我们不只是媒体.http://games.sina.com.cn/y/n/2016-05-09/fxryhhi8555943.shtml.

媒大学等多所高校合作，共同建立VR实验室，将VR课程正式带入相关专业课堂，与学分挂钩。在新浪新闻提供的VR设备、技术、策划能力的支持之下，此举会让更多传播学相关专业的学生在VR元年认识VR，了解VR，掌握VR拍摄的方法[1]。

2016年4月28日，网易推出了关于切尔诺贝利核事故的VR报道《不要惊慌，没有辐射》，是国内首个大型沉浸式体验新闻。在切尔诺贝利核事故30周年纪念日到来之前，网易的3名记者耗时2个月到当地采访、拍摄，这部作品同样采取360° 全景视频的形式，一经推出成为舆论的热点。在新闻报道上，网易致力于通过VR技术为用户传递更精准更有效的信息，给用户多重感官的新闻体验。6月28日的网易未来科技峰会上，网易新闻宣布将联合清华大学、AMD以及网易杭州研究院、网易游戏等共同发起成立VR领域实验室——“VR Dream Lab”，打造连接平台、孵化VR内容。实验室一方面将VR专业领域的顶尖研发机构汇聚到一个平台上，提供交流的机会，另一方面网易将与AMD合作共建VR体验馆，参与策划、创作和推广VR内容作品[2]。8月8日，网易作为最大投资方之一参与投资了美国顶级VR公司——NextVR。2016年8月25日，搜狐宣布打造国内第一的VR视频自媒体平台，计划打通VR内容生产制作和发行推广渠道[3]。早在6月份时，搜狐视频自媒体VR全景频道已经上线。

视频门户当然也不甘落后。早在2015年12月，乐视正式宣布进军VR领域，将与各平台合作打造VR内容，如与新东方合作推出VR教育频道，与财新传媒合作推出VR新闻纪实，与土巴兔共建在线家装VR展示平台[4]。爱奇艺是在2016年5月份宣布进军VR领域，并从影视和游戏两方面切入市场，将热门IP实现VR化，并授权自有IP给游戏公司制作VR游戏。目前爱奇艺已推出了全景

1 媒记. 新浪新闻上线VR视频频道，携手多所高校设立VR实验室. 微信公众号:媒记，2016.

2 网易科技频道. 网易宣布联合清华大学、AMD等成立VR实验室. http://tech.163.com/16/0628/17/BQLP6RJF00097V52.html.

3 姚科技. 搜狐视频宣布打造第一VR内容平台. http://mt.sohu.com/20160825/n466048688.shtml.

4 网易科技频道.乐视进军VR背后：资本布局大潮将至. http://tech.163.com/15/1224/09/BBJCHSJL00094P0U.html.

影院APP、全景游戏中心APP及爱奇艺APP的VR双屏模式和全景专区[1]。随后优酷土豆也公布了自己的VR发展计划，将与80%国内优质VR内容制作团队签约，与50多家海外战略合作伙伴预计年产1000条优质海外自制合制VR视频[2]。

国内互联网公司的三大巨头——BAT必然是紧跟时代潮流，早早布局其VR计划。在2015年底，百度视频VR频道上线，成为国内VR内容聚合平台的先驱，也是BAT三巨头中首家大力布局虚拟现实的。2016年7月，百度还推出了国内首款VR浏览器。同样是2015年12月底，腾讯公布了一整套的VR全平台计划。2016年3月17日，阿里巴巴宣布成立VR实验室，并首次公布VR战略。

在VR技术与媒体的深度融合下，人们不禁思考VR可以作为传统媒体转型的一根救命稻草吗？VR与新闻的结合将是对传统新闻业一个彻底颠覆，还是新闻业发展的一个未来趋势呢？

持乐观态度的人指出，新闻与VR的结合将使新闻的呈现更加生动、真实。不仅可以帮助受众从新闻信息的接受者变为新闻现场的目击者，还能够带领受众穿越时间与空间的限制，再次亲临过去的新闻事件所发生的情景[3]。另有人指出，传统媒体借助最新的技术和媒介形态来占领下一代潜在用户的市场和心智，借助VR技术来实现对现在网络新媒体的跨越或是弯道超车，不失为一个具有前瞻性和预言性的布局与行动。传统媒体与其被动等死或被动革自己的命，不如主动出击，率先垂范[4]。

然而被许多人所诟病的是，VR所侧重的是身临其境所带来的感官刺激，这样必然会削弱强调以“内容为王”的新闻报道，而将人们的眼光更多地吸引到内容的呈现方式上面去。另有人指出，由于VR报道是对新闻现场的全景呈现，新闻媒体作为专业“把关人”的角色将进一步被削弱，但VR的性能也决定了无法对新闻事件及其背后所隐含的东西作出更为深刻、细致的报道，这也使得新闻细节有了更为多元化的解读空间，被“误读”的可能性随之上升，

---

1 腾讯科技.爱奇艺布局VR 他们要从影视和游戏领域切入. http://tech.qq.com/a/20160505/030126.htm.

2 电商头条.爱奇艺 VS 优酷土豆，VR战略哪家强？微信公众号：电商头条，2016.

3 钛媒体.不只是VR，这四种技术也正在成为新闻业变革的驱动力. http://www.tmtpost.com/1695814.html.

4 迪普市场研究.VR会是媒体的拯救者吗.微信公众号：迪普市场研究，2016.

由此或可导致舆论“失焦”，为正面价值的舆论引导带来了新挑战[1]。假如“VR+新闻”成为未来新闻报道的主流趋势，势必会削弱深度报道与调查性报道的地位。

事实上，并不是所有新闻报道均适合VR，大多数场景并无必要采取VR报道，制作和阅读成本更高，VR报道无法体现优势。比如需要快速高效获取信息的一般的城市新闻、时政动态、社会新闻，还有类似于经济政策动向等都不适合做成VR。而诸如强调“现场感”的视觉奇观类的新闻题材更适合做VR新闻[2]。财新传媒视频总监制邱嘉秋曾提出VR报道选题三步走的路径：选题的第一轮评估会从题目的价值、典型性、重要性、稀缺性、社会焦点、新闻热点、趣味性及报道对象影响力，结合其背后意义、自身资源与可操作性来判断合格选题，之后挑选可以进行视频报道的，最后从中聚焦于最适合VR呈现的题目进行讨论。综合来说，他认为环境类较大场面的事故或灾难突发事件是VR新闻报道必考虑的选项，还有像春运这种感染力较强的社会焦点以及一些展现一般人不易于到达环境的选题也较为适合VR报道[3]。未来不只是VR，还有AR（增强现实）、MR（混合现实）都可能与传统媒体碰撞出不一样的火花，而此类科技的兴起不只为新闻报道带来了便利，也对记者编辑提出更高的业务要求。当然，最重要的是，我们不能盲目地“科技崇拜”，而忽略了新闻的真正内涵与价值。

（文/徐蔓）

---

1 刘国杰. VR新闻报道把你带到新闻现场. 微信公众号：刘国杰，2016.

2 钛媒体.不只是VR，这四种技术也正在成为新闻业变革的驱动力. http://www.tmtpost.com/1695814.html.

3 邱嘉秋. 财新视频：利用虚拟现实技术（VR）报道新闻的过程及可能遇到问题辨析. 中国记者，2016(4).

内容创业渐成气候

当各大媒体还在为微薄的广告收入日夜发愁时，内容创业的市场却是一片红海，持续走高，以亿为单位的资本滚滚而来。它究竟有何魅力引得如此热捧？

随着传统媒体、门户网站日渐式微，新媒体平台被几大巨头牢牢把握，自媒体时代业已来临。当传统媒体人和草根文人放下手头的笔杆子，纷纷涌入互联网大军的人潮时，他们发现，要在日渐饱和的互联网市场分得一杯羹并不容易，而门槛低、成本低的内容创业成为他们的最佳选择。秦朔、邱兵、罗振宇等过去的传统媒体人纷纷投身内容创业，而诸如papi酱、同道大叔、咪蒙等网络红人在内容创业中捞了一大笔金。有人说现在正是内容创业的风口，在人口红利褪尽、流量成本激增的今天，好的内容终将凌驾于各平台和社交网络之上，成为崭新的“流量红利”来源[1]。

内容创业者如雨后春笋

今日头条的CEO张一鸣曾说，短视频是内容创业的下一个风口。那么站在这一风口的代表人物之一便是网络红人papi酱。在2016年春节以来，名为papi酱的网络草根凭借着在美拍上发布的自编自导自演短视频一夜成名，在视频中她以“集美貌与智慧于一身”自诩，凭借着对各种日常生活现象幽默毒舌的吐槽得到了众多网友的追捧，一时间在美拍的粉丝激增到98.9万，视频日

1 辩手李慕阳. papi、咪蒙、罗胖之后，内容创业的机会在哪儿. 微信公众号: 虎嗅网，2016.

均播放量也达到了15万次。在开通微博、微信平台后，微博粉丝以百万计地增长，微信文章也篇篇10万+阅读量。至此，papi酱已不再仅仅是一个网络红人，而成为一个现象级事件[1]。在走红的背后，巨大的商业利益也随之而来。2016年3月papi酱获得了由真格基金、罗辑思维、光源资本和星图资本联合注资的1200万融资，估值3亿人民币。在4月的视频广告贴片拍卖会上，papi酱的视频广告最终以2200万成交。7月份papi酱首次试水视频直播领域，同时在优酷、花椒等八大直播平台进行，获得了近2000万人数的围观和1亿的点赞量，而在短短一个半小时的直播时间里，她所收到的礼物折合近90万人民币。

除了像papi酱这类草根形式的UGC短视频内容创业，不少短视频内容创业从一开始便有专业团队来打造出品，即所谓的PGC（专业内容生产）生产模式。如较早涉及短视频内容创业的前《外滩画报》主编徐沪生，如今他已经是原创视频自媒体“一条”的掌门人。2014年9月驻扎于微信公众号的“一条”发出了第一条视频，跟名字一样，“一条”视频每天只更新一条视频，但凭借着优质的原创内容和杂志的美学标准，“一条”迅速笼络了一大批粉丝，每条推送的阅读数都突破了10万[2]。截至2016年7月，“一条” 已完成 1 亿人民币B+ 轮融资，基础用户已到达 2000 万，日收入近 100 万。在累积了一定的粉丝量后，“一条”已不满足单纯的广告变现之路。2016年5月，“一条”开始在公众号上推出电商新品，半个多月，电商销售额突破了1000万。8月，一条旗下APP“一条生活馆”正式上线，它所标榜的中产阶级生活方式正与“一条”本身的定位紧密相关。

与徐沪生走上同样的短视频内容创业之路的传统媒体人还有前澎湃新闻CEO邱兵。在沉寂了一年多的时间后，2016年11 月邱兵率领他的团队正式将酝酿已久的短视频项目“梨视频”推向公众视线。“梨视频”获得了黎瑞刚所在的华人文化6亿元的注资。与“一条”不同的是，“梨视频”的生产模式为PUGC，即专业内容生产与用户内容生产相结合的形式，除常规的栏目设置，

1 罗超.短视频成内容创业风口，想要飞上天却不容易.微信公众号:罗超，2016.

2 刘璐.创业一年，屯粉600万，估值1亿美金，他每天只拍一条视频，5分钟的片子拍摄13小时.解放日报，2015-11-24.

还设有专门的“拍客”栏目鼓励用户上传视频[1]。据悉，仅上线一个月的梨视频旗下栏目的全网播放量超132亿，日均全网播放量在5亿左右，所推出的“洛阳火车站真钞换假钞”“为成全儿女，老人离家流浪”等短视频都引起了剧烈的反响，在社交媒体上引发了裂变式传播[2]。

虽然短视频更具有视觉冲击力和引爆人群的属性，单凭文字与图片内容创业成功的案例也不在少数。例如靠在微博上发布星座吐槽漫画而一路走红的同道大叔，截至2016年8月，他在各大平台的粉丝量总计超过3000万人。凭借着超高人气，同道大叔已发展为一个团队，并在2016年通过12星座咖啡厅、同道文化衍生品等周边产品结合多种内容形态来发展自己的IP品牌战略。12月“同道大叔”通过转让股权，直接套现2亿元，令人咋舌[3]。被称作“媚俗女皇”的咪蒙原本职业是编辑、作家，转型自媒体后，2015年9月她在微信公众号发表了第一篇文章《女友对你作？你应该谢天谢地，因为她爱你》。随后她以两篇大胆吐槽文狂涨粉丝几十万，尽管文章的字里行间随处可见粗鄙的话语，但咪蒙的文章仍受到大量粉丝的追捧，篇篇阅读量突破10万，单日阅读数达200万。被称“毒鸡汤”的咪蒙文章表面上看起来与心灵鸡汤文别无二异，但其中暗含了许多营销内容，这种软文也因居高不下的阅读量与转发量为咪蒙带来了不菲的收入[4]。

当然，随着社交平台的发展日趋稳定与成熟，通过优质内容的导流在社交平台上打造一个自己的圈子，组建自己的社群成为各内容创业者的另一选择。罗振宇正是这一社群经济的领军人物，从最初凭借着人格魅力在微信公众号上积累用户到发展为国内影响力较大的互联网知识社群，“罗辑思维”目前主要包括微信公众订阅号、知识类脱口秀视频及音频产品等，微信订阅号用户已超过600万人次。2015年10月，罗辑思维宣布完成B轮融资，估值达13.2亿。

---

1 詹万承，二维酱. 梨视频明天上线，邱兵谈梨之味. 微信公众号：新榜，2016.

2 程实. 梨视频首月成绩单：全网播放超132亿，最高单片点击超过亿. 微信公众号：传媒大观察，2016.

3 oneway. 同道大叔靠吐槽套现2亿，内容创业唤醒第二春. 微信公众号：金融之家，2016.

4 娱乐独角兽. 深扒咪蒙10万+：从败光500万到月入百万，是“毒鸡汤”，更是社会实验场. 微信公众号：钛媒体，2016.

2014年5月在爱奇艺财经频道上线的《吴晓波频道》是由著名财经作家吴晓波打造的自媒体节目，节目的主要内容为企业家们的创业之路、财经热点新闻背后的故事、梳理与商业相关的八卦绯闻。目前《吴晓波频道》已成为国内目前较大的互联网财经社群，包括微信公众订阅号、财经类脱口秀视频及音频、书友会等多种产品。2015年10月，吴晓波频道正式进军电商行业，旗下电商“美好的店”正式上线，第一个贩卖的产品是由他本人亲自设计的“吴酒”，仅一天时间就卖出了6000多瓶。社群的诞生都与创办者本人人格魅力密不可分，无论是媒体的命名还是内容都打上了本人深深的烙印。秦朔在2015年10月所推出的内容创业项目《秦朔朋友圈Chin@ Moments》也是如此，并立志将其打造为一个移动互联网媒体和社群服务品牌。

IT巨头斥巨资扶持

内容创业者的发展势如破竹，各大互联网巨头也将眼光瞄准到了这块大蛋糕上，并利用本身的平台优势为各大内容创业者“修路搭桥”。2015年在今日头条举办第一届头条号创作者大会上，今日头条创始人、CEO 张一鸣提出千人万元计划，即在未来一年时间内拿出至少10亿人民币，分给头条号上的短视频创作者。一年后，头条号的数量从3.5万变成了30万个。而这30万个账号月分账3000万元，每个月有超过50000个头条号获得收入。有1020个创作者，每月在头条号上获得超过10000元。此后，今日头条又投下10亿成立内容扶持基金，用于扶持优质内容创业者[1]。在2016年11月23日百家号2016内容生态大会上，百度副总裁陆复斌宣布：2017年百度将累计向内容生产者分成100亿元，所有个人和机构内容生产者都可以入驻百家号，分享这百亿现金。自9月28日上线以来，仅50天时间百家号作者入驻账户达56,267个，单个账号累积最高收入超72,012元，单个账号最高月收入达40,003元，单篇文章最高收益超过24,425元。丰厚的收入和强大技术保障成为内容创业者蜂拥而上的主要

---

1 梅丸君. 内容创业的“兴奋剂”，今日头条这次要拿出10亿！微信公众号：媒玩，2016.

原因[1]。在此之前，腾讯也推出了“芒种计划”，即为自媒体打造的一个自媒体发展扶植计划。该计划提出：入驻媒体、自媒体在文章页面上获得的所有广告收入，将100%归其所有；对于那些坚守原创、深耕优质内容的媒体和自媒体，腾讯还将给予全年共计2亿元预算补贴给原创作者，鼓励更高质量的原创文章进入[2]。阿里巴巴也未闲着，其旗下UC订阅号于近日推出了“W+”量子计划，宣布要投入10亿元的专项资金，对优秀内容创业者进行创作和广告分成两方面的奖励。每个月内，优秀内容创作者将获得万元奖励，并推出内容评定标准[3]。有了强大平台加持，内容生态的打造变得更为重要，内容创业者的春天似乎已来临。

内容创业冷思考：繁华背后是泡沫？

然而，对于内容创业，我们大多数人看到的只是那些无论是在数量级还是品牌级都已经相对成功的案例，但这并不代表创业的门槛低或者容易形成优质的内容就可以达到能够进入我们视线中的“明星”，对“内容创业”还存在太多的疑问，这个词上面萦绕了太多的“光芒”，或者是“泡沫”[4]。

2016年11月23日，轰轰烈烈地“恋爱”近8个月的罗辑思维宣布撤资papi酱团队，两者分道扬镳，两个内容领域资源的合作就此画上句号。尽管其间存在种种原因，但papi酱的热度下滑确是显而易见的事情。papi酱视频呈现整体走低的趋势，早在8月后，papi酱视频播放量低于均值。打赏数量从3月份的3000次左右下降至7月份的1000次左右，最近的几期，打赏人数甚至不足百人。不仅如此，papi酱的其他变现途径也不通畅：广告的形式依然是单一的贴片广告；虽然开了网店，但因为其形象和内容有别于单纯意义的网红，电商变现还停留在浅尝辄止的阶段；新推出的表情包也不如其

1 王长胜. 内容创业的风口之上，BAT谁能长出翅膀？微信公众号：科技观察，2016.

2 王吉伟. 腾讯推“芒种计划” 自媒体如何才能拿到2亿元的补贴？微信公众号：王吉伟，2016.

3 郝少颖. UC订阅号投10亿资金鼓励创作者. 京华时报，2016.

4 自媒体浆糊. 内容创业是个什么鬼？微信公众号：自媒体浆糊，2016.

他经典表情包反响热烈[1]。难道到了2016年的下半年，热度消退之后内容创业也迎来了低谷？虽然无法判断低谷期是否到来，但在内容创业中的确存在以下问题：

1.流量为王，内容质量低下。有人指出，内容创业虽已到了风口，但这种风口行业却容易让人一头扎进去便深陷其中。由于内容创业的准入门槛很低，初期成本也低，一个团队可以做，一个人也可以做，因而导致所生产出的内容水平参差不齐[2]。在这个“流量为王”的竞逐中，内容创业背后的逻辑就是，内容的目的就是为了带来流量，流量才是商业化的关键，内容创作者们都惊喜地发现“内容—流量—变现”这条路子。内容创作者之所以如此依赖流量，是因为他们获取回报两个主要途径——广告与电商都极度依赖流量。由此，内容似乎沦为了一个工具，内容的好坏不再是品质的优劣而是阅读数的多少[3]。正因如此，咪蒙的文章里才充满了各种诸如“贱人”“绿茶婊”等词汇，因为这样出格的词汇才能抓人眼球，才能为她带来可观的流量。

2. 平台流量下滑，竞争更加激烈。信息过载时代，用户的注意力显得更为珍贵，根据相关数据统计，微信流量已呈现下滑的趋势。与此相对应的是，网民的新媒体素养逐渐提升，内容创作者不能再妄想靠标题骗取流量，这样只会搬起石头砸自己的脚。因此，内容创业的市场竞争只会越来越激烈，准入门槛虽低，盈利却越来越难[4]。

3. 版权被贱卖，利益分配不公。版权问题也是内容创业绕不掉的一个话题。此前，有多家内容聚合平台被指未经授权使用自媒体内容，甚至被诉上法庭。目前许多平台与内容生产者的利益分配方式是平台抱住了大蛋糕，切出一小块给内容生产者分享，这样不少内容生产者有种被“贱卖”的感觉。因此平

1 白金蕾. 罗辑思维撤资papi酱 内容创业寒冬将至？经济观察报，2016-11-24.

2 Mr · De. 微信超1000万公众号，为什么内容创业却成了一个伪命题？微信公众号: 创客100，2016.

3 newrank. 内容创业的下半场是什么？新榜开始做版权. 微信公众号: 新榜，2016.

4 newrank. 上半年已过，下半年内容创业将走向何方？10个判断. 微信公众号: 新榜，2016.

台与内容创业者间亟待建立起一套符合市场价值的分配模式[1]。

“内容创业”概念提出者之一的魏武挥指出，内容创业已经步入深水区，它的春天已经结束，现在已是炙夏。那么诸多蜂拥而上的内容创业者是否要冷静下来也给自己降降温呢[2]？

（文/徐蔓、张鑫瑶）

---

1 刘峣. 内容创业：平台之争愈演愈烈，版权问题仍待解. 人民日报海外版，2016-12-12.

2 newrank. 魏武挥. 内容创业的春天已经结束了.微信公众号: 新榜，2016.

自媒体进入转型期

近两年来，“自媒体”成为国内传媒领域一个炙手可热的词语。2015年普遍被业内人士认为是自媒体投资元年，2016年则更是迎来自媒体价值增长的爆发期。

一、缘起缘灭：papi酱与罗辑思维

2016年3月，“网红第一人papi酱”——一个自称“集美貌与才华于一身的女子”，获得真格基金、罗辑思维、光源资本和星图资本联合注资，总投资额达1200万元人民币，估值3亿左右。这被号称为“新媒体营销史上的第一大事件”一出，便有大量以“网红papi酱怎么就值1200万？”“有了1200万融资，papi酱还能火多久？”等质疑声为标题的文章迅速涌现，成为现象级话题，红遍网络。此次跻身于投资方的“罗辑思维”在此前半年内宣布完成B轮融资，估值13.2亿，由中国文化产业基金领投，启明创投等跟投，有许多传媒圈中大佬参与投资[1]。4月，罗辑思维为papi酱策划了一场视频贴片广告拍卖，被称作“中国新媒体的第一次广告拍卖会”，最终成交价达2200万，堪称“天价”[2]。

然而时间刚过半年，大家还在讨论风口上的“短视频”“网红经济”以及“自媒体”融资等，papi酱和罗辑思维“分手”的消息却不胫而走。虽然

---

1 罗辑思维完成B轮融资 估值13.2亿人民币. 腾讯科技，http://tech.qq.com/a/20151020/016537.htm.

2 夏德元，杨海军，石力月. papi酱，何以成为“2016年第一网红”？传媒评论，2016(05).

papi酱方面表示罗辑思维的撤资不会对papi酱造成任何影响[1]，但这使很多人开始感知到这个行业的风向转变。自媒体生存环境变化如此之快，自媒体转型势在必行。许多自媒体生存时间可能很长，但往往只是“红”极一时，难以有持续热度。在国内自媒体变现的实践中，尤其在网红经济领域，到目前为止，能够在成名之后成功转型，并实现“可持续发展”的例子少之又少。

二、资本竞逐：自媒体发展新阶段

从自媒体萌芽到兴起再到繁荣，自媒体的形态日益多元，数量也呈现爆发式增长[2]。近两年来，大大小小的自媒体账号迎来了合作、融资的全新鼎盛时期，与此同时，也有不少人感知到危险的信号：资本的不断介入和迅速膨胀，使得自媒体行业已经开始踏入资本竞逐时代，进入了一个全新的发展阶段。

1. 聚焦内容创业

2016年在新浪新闻举行的“《自媒体+》——制造现象级传播与商业化转型的运维秘籍”主题的沙龙中，多位受邀参加的新媒体、学界知名大咖和学者，围绕着自媒体如何延续制造现象级传播热点、实现商业化的转型之路进行了讨论。讨论形成最大的共识即“未来自媒体的生存环境无论怎么变化，要想生存下去并且走得更为长远，保证持续生产有价值的内容是最关键的因素[3]。”

虽然自媒体时代的“网红经济”十分“短命”，且常被快速收割成果，“一次性提现”以预支未来收益，但是自媒体内容创业热度却依然只增不减。近日，畅销书作家李筱懿和搭档的内容创业产品——自媒体公号“灵魂有香气的女子”，继2015年年底获300万元首轮投资后，再度获得1500万元投资。截至2016年10月底，该公众号已经是拥有50万粉丝的情感类女性大号，它的受众

---

1 东方头条. papi酱被分手：罗辑思维在最初就带着“一次性消费”的影子. http://mini.eastday.com/a/161125100558550.html.

2 张意轩，尚丹. 中国自媒体融资现状、问题及前景分析. 青年记者，2016(28).

3 中国新闻网. 自媒体转型时代来临 沉淀出更具价值的内容是关键. http://www.chinanews.com/it/2016/09-30/8019901.shtml.

定位在中产阶级的城市女性，瞄准具有万亿规模的“闺蜜经济”市场[1]。自媒体发展的过程表明，“内容为王”在新媒体时代依旧是应该奉行的金科玉律。当注意力、渠道和资本纷纷聚焦在自媒体身上时，其最重要的是保持持续的内容创作和创新，只有不断努力打造精品内容，才能维持现有热度。“互联网寒冬”也好，“资本寒冬”也罢，自媒体优质的内容创业依然是吸引资本、突破瓶颈的“尚方宝剑”。

2. 行业新平台涌现

随着行业的不断发展，自媒体新平台类型不断出现。经历过博客、社区、社交网络、公众号等，自媒体在近两年呈现了向“富媒体”和“新兴载体”平台的转变趋势。

2016年6月19日，“2016首届华南新媒体领袖论坛暨自媒体粉丝节”在深圳召开，期间WeMedia联合TalkingData共同发布了《2016年自媒体行业洞察报告》。该报告为我们梳理了自媒体行业演进方面发展的几个过程。

（1）单一载体平台：最初的自媒体形式以个人参与者为主，形式多为“文字+图片”，是包括博客、社区在内的单一载体平台，如新浪博客、天涯社区、猫扑、豆瓣等。

（2）社交网络载体平台：随着社交网络的兴起，社交网路平台用户量激增，自媒体形式也发生改变，以个人、群体参与者为主，形式多为“文字+图片”，形成社交网络为载体的平台，比如新浪、腾讯、网易微博、知乎等。

（3）门户／公众号平台：强关系社交网络以及新闻门户迅速发展，自媒体进入了公众号时代，自媒体由更多群体参与者参加，形式多为“文字+图片”，形成包括门户、公众号在内的门户载体平台，如微信公众号、今日头条、网易、搜狐等公众号。

（4）多元载体平台：综合类视频、短视频、电台类自媒体平台纷纷搭建后，自媒体形式演变为“富媒体”，有更多专业组织参与者参与，形式多为“文字+图片+音频+视频”，形成以社交为核心的多元载体平台，例如哔哩哔哩动画、美拍、秒拍、唱吧等。

---

1 张恒，新榜. 自媒体IP时代来临？吴晓波给这个号估值3000万！微信公众号：新榜，2016.

（5）跨界新兴载体平台：随着视频直播平台的兴起，电商等非媒体平台正在转变为新的自媒体平台，形式多为“内容+关系+服务”，是非媒体的跨界新兴载体平台，比如映客、花椒等直播平台，以及淘宝等电商平台等。

这是自媒体不断探索形式创新和变现路径中的演变过程[1]，近两年国内自媒体行业向富媒体以及新兴载体方面演进，至少在现在看来，短视频和直播平台为代表的载体平台方兴未艾。

3. 新媒体的内容转向

在内容为王的观点被普遍认可之后，不少学者认为自媒体的内容应转向平民化、人格化、场景化、娱乐化。

人民网把微信公众号的粉丝从十几万做到300万，平民化便是其成功主要原因之一[2]，接地气的内容和表达形式更适合大众化自媒体，心理上的接近性使得受众更愿意认同和接收媒体所传达的信息，这种信任和依赖的关系是自媒体时代十分重要的稀缺资源。

人格化的自媒体更容易在个人公众号上实现其价值，个人或小团队有更鲜明的风格特色，具有更高辨识度，更容易形成IP。它们往往替“异样”观点发声，甚至引发讨论甚至争论，这在注意力经济时代更容易吸引眼球，更具商业价值，例如“咪蒙”。

场景化则体现在近两年来多次事件报道中，自媒体将各种高科技运用在信息传播中，相较传统媒体更为灵活和更有趣味。全媒体时代的自媒体传播，不仅仅局限于文字、图片、音频和视频等，更在于善于利用大数据、VR、H5等技术，比如新浪头条两会报道采用过虚拟演播室，天宫发射运用了H5技术，以及许多自媒体结合H5和VR等技术制作了密室逃脱等类型的小测试、小游戏，一次又一次引起了朋友圈等社交网络的刷屏。

这里提及的娱乐化，并非指的是泛娱乐化或是内容娱乐化，它更注重一种传播形式，哪怕是枯燥平淡的历史、常识等知识也能采用轻松的方式表达。

1 Bianews，百度百家. 2016年自媒体行业洞察报告. http://bianews.baijia.baidu.com/article/507829.

2 中国新闻网.自媒体转型时代来临 沉淀出更具价值的内容是关键. http://www.chinanews.com/it/2016/09-30/8019901.shtml.

正如原创视频自媒体“飞碟说”所强调的“知识从未如此感性”。目前的“娱乐化”仍然是以娱乐信息的传播为主，这类自媒体的确有更多的粉丝，且用户黏度强，例如“关爱八卦成长协会”“同道大叔”“papi酱”等。

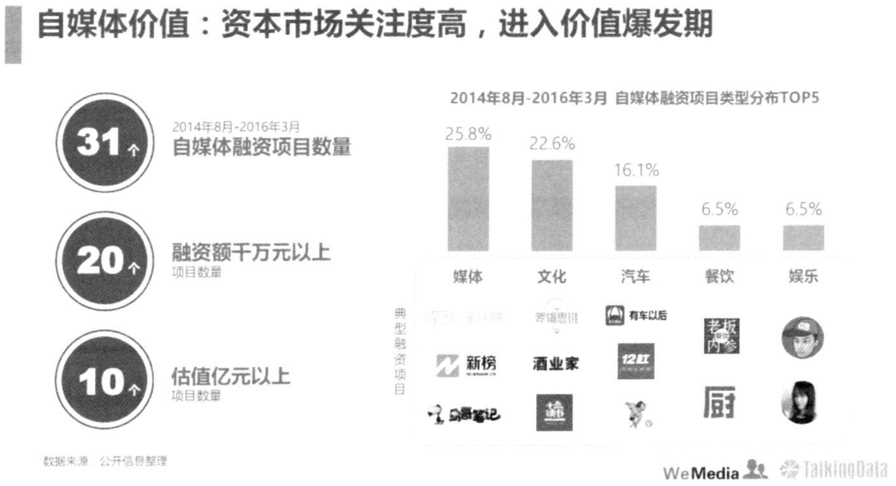

（来源：《2016年自媒体行业洞察报告》，WeMedia、TalkingData，2016.06）

另外，与定位于普通大众的自媒体不同，有学者认为专业化内容才更值得自媒体深挖。专业化包含了行业垂直化的内容、组织结构公司化以及投资常规化等。行业的垂直有利于内容生产和开发更具深度和长尾效应，尤其在自媒体时代，公信力是必争之宝，专业化的原创内容生产将会比整合、文摘类的生产方式更加受到信赖，也更容易形成细分市场领域，减少竞争压力，更容易获得资本的青睐，以此获得更高的估值。专业化自媒体更易营造完整的产业链和生态圈，例如“秦朔朋友圈”“餐饮老板内参”“Ayawawa”等。此外，专业团队能够以机构化的方式进行运作，这种公司化的转变有利于为自媒体成功向公司转型提供路径、奠定基础，以便为后期的商业化提供各种组织接口，在组织形态上朝公司化的方向转变[1]，以保证可持续性的内容生产。自媒体要想实现根本的转型和发展，最离不开的仍然是资本的介入。

---

1 腾讯研究院，虎嗅网.中国自媒体商业化的集体烦恼：从广告到电商，到底该如何变现？https://www.huxiu.com/article/154803/1.html？f=wangzhan.

三、抱团取暖：转型期的困境与出路

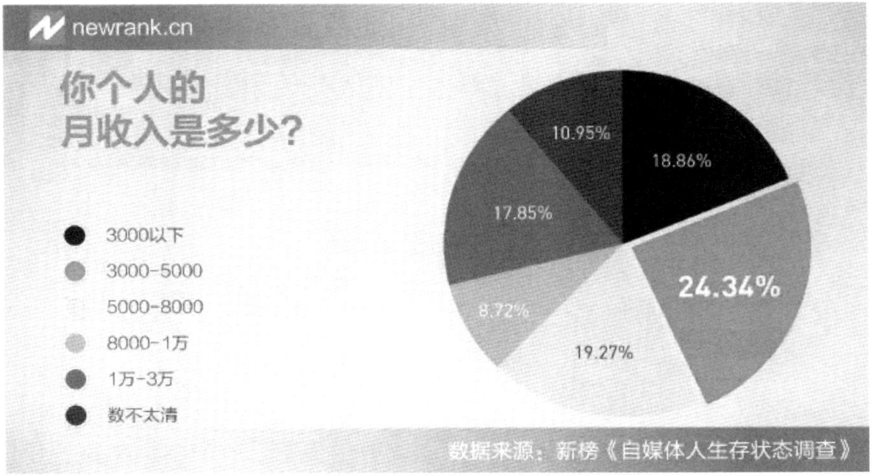

（来源：《自媒体人生存状态调查》，新榜，2015.11）

从总体上看，投资界对自媒体的投资虽然进入了所谓的“爆发期”，但是自媒体行业的“马太效应”已经显现出来：大量资本涌入已成规模的自媒体，已具有影响力的自媒体愈发炙手可热，而其他绝大多数普通的中小自媒体则将越来越难吸引注意力，生存状态不容乐观。

从新榜2015年11月《自媒体人生存状态调查报告》显示的情况来看，大量的自媒体面临极大的盈利压力。已经实现盈利的自媒体不到半数，有超过60%的自媒体每月营收不足1万元，约37%的自媒体人日均工作时间超过了11小时，近80%的被访者表示加班是工作常态，32%的人经常需要在双休日加班工作[1]。然而这种情况到了2016年似乎更为严峻，收入不足一万的从业者比例增至80%，收入在5000元以下的自媒体人占比高达70.8%[2]。

普通自媒体人最大的痛点，莫过于其工作强度明显高于其他行业平均水

1 新榜，百度百家.自媒体人生存状态调查报告：超60%月营收不足万元. http://xudanei.baijia.baidu.com/article/234012.

2 2016自媒体人生存状态调查报告：超80%月收入不足万元？微信公众号：新榜，2017-01-05.

平，以及与高强度所不匹配的低收入。真正像罗辑思维、papi酱等受到资本青睐的自媒体创业者毕竟屈指可数。在信息爆炸时代，注意力被海量的信息分割，到目前为止，资本的介入反而进一步压缩了草根自媒体成长的空间。对于中小自媒体人或自媒体品牌而言，有限的影响力使得他们不得不抱团取暖——结成联盟。但即便如此，当前自媒体行业还不足以挑战互联网巨头们所把持的平台，自媒体与平台之间的协作关系还将长期维系[1]。自媒体在发展过程中暴露出了许多问题，这些也正是自媒体在转型期所需要解决和完善的。

历史的车轮从未停止，时代总是要不停往前发展。昔日的“新媒体”就是明日的“传统媒体”，在如今这个瞬息万变的时代，不仅是传统媒体急于走转型之路，曾经作为新媒体的门户网站、博客，甚至微博、微信公众号也同样面临转型问题，并且随着更新换代越来越快，问题会更为严峻。

未雨绸缪的自媒体更需要考虑的是如何转型，这种转型不仅仅是一种平台、渠道的升级优化或者形式转变，还涉及内容授权付费机制的完善、内容创业变现的方式、价值输出、个人与公共属性的结合，以及打造特有的生态环境等等，这些都无疑成为未来需要不断探索和思考的问题[2]。

（文/张鑫瑶）

---

1 孙海悦.《中国传媒产业发展报告（2016）》发布网络新媒体呈现六大态势. 中国新闻出版广电报，2016-05-26(08).

2 自媒体内容创业如何变现？听听这几位给出的意见. 腾讯科技，2016-06-30.http://tech.qq.com/a/20160630/042455.htm.

传统媒体融合创新　花样百出

为应对新媒体时代下媒介格局的洗牌以及即将到来的“报业寒冬”“广电寒冬”，传统媒体的融合之路纷纷提上日程。除了陆续上线的新闻客户端和中央厨房，不少传统媒体另辟蹊径、剑走偏锋，依托新技术，从产品形式和媒介平台上转变新思路，成为传媒融合创新的典范。

一、形式创新

（一）H5成香饽饽

过去，各大媒体纷纷搭乘“互联网+”的快车，积极探索媒介融合之路，如人民日报社、南方报业集团、上海报业集团等主流媒体的微博、微信和新闻客户端陆续上线，力图打造“两微一端”全方位格局。随着新兴媒体形式的兴起与新兴科技在新闻媒体中的应用，各媒体又开辟了“VR+新闻”“大数据新闻”的新领域。在以用户为中心、追求可视化的互联网环境下，HTML5（简称H5）技术应运而生。由于H5技术的交互性特征与近年来社交平台的兴起，用于宣传与营销的H5作品逐渐得到广泛的传播。随着H5的制作技术的简易化和制作成本的低廉化，基于H5技术的动态交互式新闻开始步入大众视线。

2016年两会期间《人民日报》相继推出了多个H5作品：《回声！习近平去年两会“督办”的七件事》《两会朋友圈》《“十三五”摇一摇》等。3月5日上午，李克强总理作政府工作报告。报告结束仅两小时，H5产品《原声回放！一起来听总理的工作报告》上线《人民日报》客户端，在朋友圈形成裂变式传播，当日点击量超过200万次。手机用户只要点击感兴趣的关键词，就可以看着文字实录，倾听总理的现场语音，只要10分钟就可以“听完”总理报告的亮点内容。此外，《人民日报》移动客户端的H5产品“实时云直播·两会记者的朋友圈”，打破了H5产品的“半分钟热度”困境。在十几天时间内，这个承载数百条新闻内容、展示上千张图片、引入视频直播流和音视频点播的H5作品获得800万以上浏览量，在诸多H5产品中异军突起[1]。2016年7月26日，凤凰出版传媒集团《现代快报》精心制作的H5作品《无人区·52载守边人》一经推出便火爆网络。这个作品的主角是在中哈边境无人区，协助边防官兵守护边境线，一守就是52年的老人魏德友。他的事迹深深打动了网友，仅3天时间单条H5的总阅读量就超过1000万次，点赞量近100万次，短短两周，总阅读量和点赞量分别达到1693万、127.6万，取得了良好的传播效果[2]。

（二）“电子号外”新亮相

“号外”一般是指定期出版的报刊，在前一期已出版，下一期尚未出版的一段时间内，对发生的重大新闻和特殊事件，为迅速及时地向读者报道而临时编印的报刊[3]。曾经是为了弥补速度的缺憾而被“发明”出来的号外到了速度以秒在计算的新媒体时代时，某种程度上成为纯形式的存在[4]。而在2016年8月7日里约奥运会期间，《人民日报》为庆祝中国首金的诞生，在公众号里推送了首金运动员张梦雪鞠躬的动图，并配以标题“号外！里约奥运中国首金诞生”。这一号外完全区别于过去《人民日报》推出的号外或是其他报纸所推出的电子版号外，这是《人民日报》首次推出的新媒体版号外，正弥补了过去已失去时效优势的传统号外的不足。姜璇指出，电子号外的出现，是纸媒进一步融合创新的新形式，但是否能给媒体带来预期中的效果，则取决于媒体的影响力和新媒体渠道的构建。从已面世的报纸电子版号外来看，优秀的创意远远比

1 人民网.人民日报新媒体创意传播 两微一端传递两会正能量. http://media.people.com.cn/n1/2016/0316/c40606-28202060.html.

2 中国记协网.现代快报H5作品报道正面典型引爆网络. http://news.xinhuanet.com/zgjx/2016-08/24/c_135629099.htm.

3 姜璇.电子号外，也许是纸媒的另一片待垦疆土 .微信公众号：传媒大观察，2016.

4 张耀升.号外！《人民日报》推出史上首个新媒体号外.微信公众号：传媒狐，2016.

抢夺时效重要得多[1]。

（三）报纸初试众筹新闻

众筹新闻代表了一个由公众兴趣和激情驱动的新的、细分的反传统的新闻领域，并开辟了公众参与新闻项目创新、资助、传播的有效途径，也为新闻业苦苦追寻的新的盈利路径提供了一种新的选择[2]。在国外，众筹新闻早已不是个陌生的名词，2008年第一个新闻众筹网Spot.us 创办，这是一家非营利组织，主要是通过众筹或众包的方法集中评论家、新闻记者和新闻出版商[3]。2014年由国际新闻协会及卫报媒体集团赞助，卫报记者莎拉·哈特利创办的新闻众筹网站Contributoria正式上线，它的出版周期主要分为策划、生产和发表三个阶段。第一阶段，记者首先撰写调查报道的策划书，简述自己希望撰写的报道内容。网站会员可以在网站上浏览已有的选题，在自己喜欢的选题下点击进行支持。达到募集标的后，就进入第二阶段。第二阶段，记者开始撰写新闻报道，同时在网站上公开各个阶段的草稿。这些草稿只有会员可以看到，会员也可以根据草稿内容交换意见。第三阶段，网站会把所有的定稿整合在当月的期刊中一起发布，同时记者获得相应的稿酬。该网站共运营了21个月，于2015年9月宣告关闭。在这21个月里Contributoria成功聚集了5,327名作者，一共支付了26.853万英镑的稿酬，发表了近800篇文章。此后莎拉·哈特利团队又打造了另一个新闻众筹平台——Publish.org，并将集中关注具有话题性的深度报道[4]。

在国内，众筹网在2013年开通国内第一个新闻众筹平台。2015年10月，《南方都市报》改版，在珠海读本中推出了“业界首创”的“众筹新闻”版面。其主题为“探访珠海公共WIFI”，通过微信扫码付费即可参与众筹，众筹金额分为5元、10元两档，参与众筹的读者可以收获一份详尽的公共WiFi地图宝典和众筹分红。此外，还有许多记者个人进行了新闻众筹的尝试，如

---

1 姜璇. 电子号外，也许是纸媒的另一片待垦疆土 . 微信公众号: 传媒大观察，2016.

2 余婷，陈实. 美国众筹新闻内容盈利的启示. 光明日报，2016(06).

3 袁毅.Spot.us——最早的众筹新闻平台.http://www.zhongchoujia.com/zhuanlan/article/17bc0ffb-7194-45a5-95f6-b0077159ad55.html.

4 韩雨辰. 英国卫报打造新闻众筹网站Publish.org，新闻众筹的春天要来了？微信公众号: 百度新闻实验室，2015.

《新京报》记者巫倩姿在众筹网发起的《揭秘金钱左右下的时尚圈》，《21世纪经济报道》记者侯继勇发起的《成都创业者生存环境调查》，《21世纪商业评论》记者罗东发起的《杭州：动漫之都的升级与转型调查》等项目，都已经筹款成功。除了众筹新闻，众筹广播的出现也革新了广播节目制作的方式。2015年2月，广东广播电视台珠江经济台一档只在周六晚上播出一小时的财经广播节目——《风云再汇》，用了13天，通过众筹方式成功吸引1,410位用户付款，募集到了节目一年的制作费用888,976元，开创中国广播节目众筹成功的先河[1]。

新闻众筹的出现迎合了当代市场化背景下消费者对新闻产品高度分众化的取向。中山大学传播与设计学院讲师周如南认为，众筹新闻最大的问题在于，众筹新闻可能变成迎合资助者的新闻生产方式。此外，还存在运作模式和合法性边界尚不清晰、公众新闻消费习惯尚待改变等问题[2]。

二、平台创新

（一）携手网媒，借船出海

近年来有一些传统媒体选择与网络移动媒体或互联网公司强强联手，深度合作，共同打造全新的新媒体产品，如深圳晚报一直积极探索媒介融合的新道路。与各个报纸争相开发自己的移动新闻客户端不同，深圳晚报选择与移动客户端ZAKER合作，将“深圳ZAKER”作为自己的移动端口，开辟了融媒体的“第三条路”。两者基于各自原创内容与海量用户的优势，将进行从内容技术到经营营销的全方位深度合作，这也是中国传统区域纸媒第一次真正意义上与互联网强势媒体实现全领域的融合。如今自建APP并形成超级平台的最佳时间窗口已经关闭，“两微一端”的模式受所在新浪腾讯等端口的“去媒体化”限制，影响力也极其有限。深圳晚报与ZAKER的这次合作

1 广东电台.珠江经济台“众筹广播——风云再汇”入选2014～2016中国广电媒体融合创新案例20佳.微信公众号：广东电台，2016.

2 何苗.新闻众筹，会是未来新闻的新模式吗？.微信公众号：看传媒，2015.

正是考虑到这样的原因，与其砸出巨额资金和大量的人力、物力，不如与顶尖的移动端平台合作，直接进入移动端一线阵营。双方的合作互利互惠，并开辟融合媒体的新模式[1]。2015年6月新京报与腾讯网合作，联合创办了面向京津冀一体化的生活互动门户——腾讯•大燕网。一年后新京报再次携手腾讯，合作推出视频新闻项目——“我们视频”。这两次合作证明了传统媒体与互联网公司的联合将是未来媒介融合的大热趋势。

（二）O2O：线上线下互动频繁

O2O（Online To Offline）是一个电子商务的名词，指将线下的商务机会与互联网结合，让互联网成为线下交易的平台。现在只要业务既涉及线上又涉及线下都可以统称为O2O。近年来，不少传统媒体开始涉足电子商务领域，组建自己的O2O平台，在广告利润持续下滑的时候另辟新的盈利点。

2016年7月28日，东方卫报“全城动”融媒体O2O服务平台正式启动。这一平台是由传统媒体、网络新媒体、跨境贸易和文创产业的跨界、跨境、跨业合作共同打造完成，实体店面位于南京路地铁站，为有多元消费需求的人们现场展示了各类跨境商品，既有食品还有美妆和服装类商品，并提供了现场体验的机会。除提供商品外，现场还采用了灵活多变的展示形式，利用传统媒体与网络等新媒体资源，以用户为中心，运用图文、音频、视频等传播手段进行立体传播[2]。北京青年报选择通过社区报和驿站抢占入口，建立OK家移动互联网平台，在1500个社区进行综合服务。为真正走入社区，实现线上线下融合，北京青年报通过旗下的北青社区传媒公司在北京1500个社区低调布局，重点打造社区综合服务平台。北青社区报是北京青年报搭建社区综合服务平台的基础，承担各项社区活动的宣传、推广和落实，并且免费赠阅给社区居民，由投递人员入户发行。此外，社区报还会发起不同主题的社区活动、评选，开办线下实体社区驿站，更好地为社区居民服务，提高居民黏性。在线上，北京青年报则推出微信公众号、APP，与线下环节相

1　夏献法. 一次真正意义上的媒体融合——深圳晚报与ZAKER合作的深度解读. 微信公众号: 新传播，2016.

2　夏竹筠，杜伟. 好消息！东方卫报“全城动”融媒体O2O服务平台，今天正式启动！！ 微信公众号: 东方卫报，2016.

补充，为居民提供更个性化的信息以及商业服务，最终成为集资讯、新闻、服务、社交、购物等各种功能的综合性社区服务平台[1]。《潇湘晨报》同样以社区为入口，将全省发行站升级改造为社区服务店，构建城市社区综合服务O2O平台，并将社区服务站打造为集社区超市、社区电商、社区家政、社区物流、社区推广平台的“社区综合服务提供商”。其功能包括报纸的发行、物流配送、第三方便民服务、上门推销产品等，并在进行服务的过程中将用户转换为线上微信、APP的粉丝[2]。

（三）跨界经营，多渠道营收

与其依靠日益下滑的微薄广告收入苦苦支撑媒体的经营，不少传统媒体选择依托自身强大的传播平台开辟新的创收领域，走多元化经营道路，建立多个经济支柱。羊城晚报将羊城创意园作为报纸转型的一个重要根据地。过去羊城创意园曾是广州化学纤维厂旧厂房，经过羊城晚报历时9年的改造，目前羊城创意园已有羊城晚报报业中心、华多科技、酷狗音乐、金山西山居等近100多家文化传媒、信息科技、艺术设计企业入驻。羊城创意园打造了一个文化产业创意集群，不仅带来了良好的经济效益，还为各企业和人士提供了多样性的创意展示平台，强化了整个报纸的品牌价值[3]。重庆日报报业集团将一手抓会展旅游、文化创意、体育健康、资本资产经营等多元产业发展作为其2017年媒介融合的新计划。在文化创意产业方面，重报集团将发挥在策划、创意、资源整合等方面的优势，围绕文化园区的建设，为入驻企业提供良好服务。目前，重报集团已成立了文化产业展览有限公司，承办了重庆的文博会与车交会；与乐视体育合资成立重庆乐视体育公司，先后举办了网球对抗赛和女子马拉松等大型赛事[4]。2015年9月，深圳晶报传媒有限公

---

1 吴鑫，赵媛媛. 媒体转型的北青实践——北青社区传媒打造京城社区服务综合平台. 新闻战线，2015 (13).

2 龙博. 潇湘晨报的O2O社区综合服务商做法. http://www.bianji.org/news/2015/04/3410.html.

3 小五. 羊城创意产业园：报业集团“蝶变”上路. 微信公众号：泺尚文化产业规划，2016.

4 社长. 重报集团、南方传媒大动作，多元跨界发展成媒体融合未来？. 微信公众号：重庆马路社，2016.

司正式揭牌。这是深圳《晶报》创办14年后，迈向多元化经营的转型探索。晶报传媒公司将涉足文化产业投资、影视投资、文化艺术交流活动策划、数字媒体技术咨询、电子产品、文化用品、工艺品、日用品的销售等多方面的业务。经营报纸成为公司诸多业务之一，打造多元经营平台是晶报探索转型的一个方向[1]。这样跨界经营的传统媒体已不胜枚举，跨界的领域与范围也更加广泛，正如广州日报报业集团社长顾涧清所认为的："融合不仅是媒体间的融合，要融进各行各业"。

（四）融媒新平台——涌现

2015年湖南卫视整合了旗下所有的新媒体业务，用互联网的办法做自己的平台，一云多屏，打造以芒果TV为品牌的新媒体。芒果TV一经推出就成为互联网视频业中的一匹"黑马"，依托湖南卫视强大的内容制作能力，芒果TV采取完全独立公司运作的形式，以独播策略和优质内容吸引了大量用户下载。除了互联网视频，芒果TV通过投资、并购等方式开发影游互动、视频购物等新领域，以打造完整生态圈[2]。目前，芒果TV的全终端日活跃用户已达到4700万，其估值已超过了135亿[3]。2016年6月7日，上海电视业进行重大改革，SMG（上海东方传媒集团有限公司）宣布组建融媒体中心，同时该中心生产的融媒体新闻产品"看看新闻Knews"正式上线。据其负责人介绍，新成立的融媒体中心将打破传统媒体与新媒体的壁垒，其内容将覆盖传统媒体渠道和互联网传播渠道。"看看新闻Knews"将承担传统的东方卫视电视频道上的各档新闻产出，并在百视通的OTT和IPTV中开出新闻应用专区，既有一个命名为Knews24的24小时新闻直播流，又有符合互联网特性的视频新闻点播服务，团队还将打造一个"看看新闻"客户端，覆盖移动传播终端[4]。由于近年来网络新媒体电台的冲击，传统广播电台开始积极开发自己的电台移动客户端，如上海东方广播电台推出的阿基米德FM、佛山广播电台推出的

---

1 刘文骁. 深圳晶报开起了公司，他们打的什么算盘？. 微信公众号: 媒记，2015.

2 郭全中，胡洁. 平静中听风雷：2015年传媒业发展盘点. 现代传播，2016 (2).

3 盖源源，杜蔚. 湖南广播电视台党委书记、台长吕焕斌：芒果TV估值135亿 已进入媒体融合深水区. http://www.nbd.com.cn/articles/2016-12-08/1060006.html.

4 宣克炅. 看看新闻Knews今上线. 微信公众号: 宣克炅，2016.

“畅驾”APP等，为自己构筑新的传播平台。

三、问题与挑战

对于层出不穷的媒介融合创新现象，也有专家学者指出了可能会出现的问题。曹轲认为现在传媒试错的成本很高，希望媒体融合的项目不要瞎折腾，走太多弯路和险路。蔡伟指出了媒体融合的两大问题，一是目前一些媒体融合项目中正在走的弯路和险路，即一些项目投资者缺乏预判，在未来将会遇到资金和继续运营的风险；二是大多数项目都是业务模式创新，而非以技术创新为主[1]。李宝善认为，媒体融合不能拉郎配。融合发展既要尊重新闻传播规律，也要尊重新技术发展规律、新业态演进规律，既不能简单混合，也不能机械结合，更不能生硬捏合。刘思扬表示，新闻产品是检验媒体融合的重要标准。牢牢坚持“内容为王”，是新闻舆论工作的本质特征，也是主流媒体履行职责使命的必然要求。没有留得住、传得开、叫得响的创新性内容产品，媒体融合就是本末倒置[2]。郭全中点出了一些更深层次的问题。由于媒体融合后的媒体竞争对手是完全市场化的互联网媒体，这就要求深化媒体体制改革，建立真正适应市场化环境的体制机制。而在公司化运作方面，很多融合案例仍然采取的是项目制方式，尚未成为真正面向市场的公司制企业，这样必然会导致很多行为非市场化。在长期激励制度方面，绝大多数尚未建立起该项制度，这样难以调动员工的积极性和主动性[3]。

（文/徐蔓）

1 杜一娜. 专家评全国报刊媒体融合创新案例 哪些项目被看好？中国新闻出版广电报，2016-09-06.

2 社长. 重报集团、南方传媒大动作，多元跨界发展成媒体融合未来？. 微信公众号: 重庆马路社，2016.

3 杜一娜. 专家评全国报刊媒体融合创新案例 哪些项目被看好？. 中国新闻出版广电报，2016-09-06.

网络巨头向传统媒体招手：“倒融合”渐成潮流

“阿里又动手了！”2015年年底，阿里巴巴在香港宣布收购《南华早报》以及南华早报集团旗下的其他媒体资产，同时还透露未来将会完全免费开放《南华早报》的网络付费内容，以此作为数字转型的第一步，让读者在网上和移动端随时随地免费获得新闻[1]。这一计划已于2016年4月变为现实。

创办于1903年的《南华早报》百年来在业内享负盛名，常被认作香港、内地以至亚洲最具公信力的报纸，也是当时香港销量最大的英文报纸。公开资料显示，在收购协议中，除《南华早报》之外，阿里巴巴还收购包括杂志、招聘、户外媒体、活动与会议业务以及教育和数字媒体业务，如《星期日南华早报》、电子平台SCMP.com、Nanzao.com及Nanzaozhinan.com，以及旗下的一些杂志、媒体相关业务和相关知识产权等，交易总价达20.6亿港元之高。

20.6亿港元是什么概念？美国媒体“石英网”就将其与亚马逊创始人兼CEO杰夫·贝佐斯（Jeff Bezos）在2013年10月收购《华盛顿邮报》进行比较，贝佐斯以2.5亿美元（约19.4亿港元）将有着近 140年历史的美国“报界翘楚”收入自己的名下[2]，价钱竟然都比《南华早报》还要低，《南华早报》收购前一年发行量约为10万份，而《华盛顿邮报》则接近50万份。单单从影响力和收益比较，《华盛顿邮报》肯定不逊色于《南华早报》，但这在收购价上却没有反映

1 常江，杨奇光. 资本的力量:聚焦阿里巴巴收购《南华早报》. 新闻界，2016，02:2～8.

2 李俊雄. 从亚马逊收购《华盛顿邮报》看传统媒体的价值和出路. 传媒，2014，08:26～27.

出来，因此认为阿里此次收购更多是出于政治考虑，而非单纯的金融因素[1]。

《南华早报》官网截图

这早已不是阿里巴巴第一次涉足传统媒体了。就在2015年6月，阿里刚刚投资了12亿元，成为了第一财经传媒的第二大股东。而近两年间，阿里通过直接、间接、关联公司、个人入股等方式，已经涉足20余家媒体，其中就包括了京华时报、北京青年报、第一财经日报、南华早报等[2]。因此有人认为阿里在构建一个自己的“传媒帝国”，但更多业界人士认为其传媒布局主要旨在完善生态系统，除此之外，这样的“倒融合”也在很大程度上促进了传统媒体的转型。

说起“倒融合”就不得不提到，媒介融合中“谁融合谁”的问题。媒介融合自概念伊始就是从传统媒体的角度出发的，一般情况下被认为是传统媒体与网络新兴媒体之间的融合，融合的过程是传统媒体将自己的优势资源向新兴媒体市场转移[3]。而自2015年之后，一种“倒融合”的趋势逐渐形成，主要表

1 凌德，任重，邢晓婧. 美媒：政治考虑大于金融因素 20.6亿港元对阿里是小数目. 环球网，2015-12-15.http://world.huanqiu.com/exclusive/2015-12/8176860.html.

2 钛媒体.阿里再扩媒体版图：《南华早报》收入囊中. http://www.tmtpost.com/1487656.html.

3 崔保国. 媒介融合的趋势:谁融合谁？西部学刊（新闻与传播），2016(06).

现为互联网企业对传统媒体进行收购兼并。

此举也非阿里巴巴首创，国外也有商人收购媒体的先例。除贝佐斯收购《华盛顿邮报》之外，Facebook联合创始人克里斯·休斯（Chris Hughes）也曾在一片争议声中，收购了当时正处于财务窘迫境地，有着近百年历史的老牌杂志《新共和》，担任发行人兼总编辑[1]。

近年来国内互联网公司投资传媒行业的案例并不少。腾讯早在2012年7月入股财经传媒，并在重庆、湖北、广东等地区分别和当地的重庆商报、楚天都市报、南方都市报等传统媒体合作成立了大渝网、大楚网、大粤网等媒体；2013年底，百度与上海报业集团正式签署协议，共同运营百度新闻“上海频道”；2014年3月，阿里巴巴便被指通过投资文化中国传播集团，曲线收购《京华时报》；而自2015年开始，在传统媒体深陷困境之后，越来越多的互联网巨头反而将目光重新投回到了传统媒体身上。

乐视网在2015年6月宣布未来3年投资60亿港元，争当香港第二大收费电视台。另外，根据联交所股权资料显示，乐视还于同年7月购入了北青传媒约35.58%的股份，涉资9591万港元[2]。公开资料显示，北青传媒是北京青年报社控制的香港上市实体，北京青年报持股达63.27%[3]，旗下有最为知名的北京青年报、重庆青年报、法制晚报等为主的报纸、杂志等平面媒体资源以及其他方面媒介业务。除此之外，2015年4月22日，香港通讯事务管理局发布公告，内地华人文化产业投资基金的创始人和董事长黎瑞刚，以其旗下的投资公司成为TVB大股东，无线电视董事局主席陈国强透露，是他邀请黎瑞刚加入，希望他能帮助TVB进一步扩展核心业务华语节目制作、电影制作，以及互联网新媒体等领域的发展[4]。

互联网企业为何一次次向传统媒体抛出橄榄枝？在传统媒体普遍被认为是

---

1 杨鑫倢，澎湃新闻网.不知不觉，马云已经手握24家媒体：即将拿下南华早报.http://www.thepaper.cn/newsDetail_forward_1401407.

2 钱瑜，陈维.乐视入股北青传媒图体育板块上市？北京商报，2015-07-15.

3 杨刚，覃敏.【独家】乐视入股北青传媒僵局.财新网，2015-07-14. http://companies.caixin.com/2015-07-14/100828882.html.

4 师琰.黎瑞刚入股香港TVB母公司.网易新闻：21世纪经济报道，2015-04-23. http://news.163.com/15/0423/00/ANRL0SKG00014SEH.html.

“夕阳产业”的当下，随着新兴媒体的迅速崛起，越来越多的传统媒体遭遇了不同程度的运营危机，尤其是纸媒。为什么互联网公司却选择收购普遍陷入困境的传统媒体呢？阿里巴巴集团执行副主席蔡崇信在公开信里就回答道：“我们不这么看。”他谈及为什么相信两家公司能很好地互补，实现倒融合的最大互惠时提到，“就像很多纸媒一样，在新闻报道和发行的剧烈变化过程中，《南华早报》遭遇了挑战。但这种挑战，恰恰是数字时代的阿里巴巴的优势所在。”另外也有学者认为，收购《南华早报》这样一家英文报纸对于饱受国外媒体负面报道的阿里来说，对形象维护和形象宣传来说确实会有一定帮助，以此来拓展阿里对西方投资者表述自己的渠道[1]。有评论指出，纸媒被互联网企业收购的现象，说明传统媒体品牌的力量和专业精神具有独特的魅力[2]，而这一点或许恰恰是许多互联网企业所欠缺的，传统媒体应该把握住自己的优势并继续强化。

显然互联网企业对传统媒体是有需求的，有声音认为传统的大报有成熟的新闻采编队伍，有独到的新闻采集能力，有着行之有效、践行已久的新闻采编流程[3]，而在可见的互联网未来竞争形态以及信息需求中，传统媒体的严肃报道将会成为稀缺的价值资源；当然，更多的声音抛开传统报纸的核心业务和功能，而是更集中于看好传统媒体仍然存在的市场需求、数据资源、政治影响以及积淀多年的品牌力量。目前互联网企业以及互联网媒体所欠缺的，无论从历史人文、情感记忆，还是在传统的政治生活等方面，都恰好是传统媒体所特有的优势资源所在。包括如今网络上有许多“大咖”，就是行使着我们常说的“意见领袖”作用的人物，也有许多是来自于传统媒体的，多年的媒体从业经验使得他们拥有更高的公信力以及传播智慧。这些都是传统媒体所具有的独特价值，也被许多人视作互联网企业收购传统媒体的主要原因。

“倒融合”之所以能够成为媒介融合的一种新趋势，本质是因为在数字

1 央广网．阿里收购《南华早报》：打造让英语世界了解中国的优质窗口.http://china.cnr.cn/yaowen/20151213/t20151213_520776433.shtml.

2 搜狐资讯．《华盛顿邮报》被收购 互联网重塑纸媒引关注.http://roll.sohu.com/20130814/n384128716.shtml.

3 任昌辉，郑智斌．自媒体时代下传统媒体新闻生产的嬗变与发展．新闻采编，2014(05).

科技时代，互联网企业迅速发展，许多巨头公司如今无论在资金、技术、用户还是市场方面都拥有极其丰富的资源，因此相对于在媒介融合中势单力薄、资源短缺的传统媒介[1]，互联网企业在融合上有着更大的主动权。而互联网领域具有丰富的实践经验和杰出才能，使得许多人看好互联网企业对传统媒体的渗透甚至收购，因为这将有望帮助传统媒体摆脱经营困境，搭建起能够分析用户需求的以互联网平台为基础的融合媒体数据平台，从而全面进入互联网时代的运作模式[2]。

传统媒体在网络时代，相当于“自力更生”，也更需要借助互联网公司寻找出路，从互联网的角度来看，抢占注意力资源，重新创造集中阅读，是传统媒体解决经营问题的主要出路。因为传统媒体的内容和价值实际上在网络时代还是稀缺和具有优势的，但仅仅通过简单的传媒电子化，很难有实际上的变革，而要依靠与互联网企业合作，“借船出海”，像深圳晚报与国内移动客户端领ZAKER联手一样，即开辟所谓的“第三条路”。

然而也有学者认为，尽管现在传统媒体在媒介融合中越来越处于弱势地位，逐渐成为互联网巨头在战略布局中的重要一环，但这种媒介融合现象恐怕不会长远，因为“这很快会触及中国传媒制度和体系的底线，成为很大的社会问题和政治问题[3]。”毕竟有着数十年甚至百余年的传统媒体易主，无论是从媒体的性质还是未来新闻业的发展前景，多少难免让人担忧。贝佐斯就曾在给华盛顿邮报全体员工的公开信中明确表示他不会负责华盛顿邮报的日常事务，被收购以后的《华盛顿邮报》的价值不需要做任何改变，仍然保持对读者的忠诚，而不是满足其所有者的私欲。在未来的前进道路上，仍将坚持求真的精神，将尽力避免犯错[4]。但也有声音表示，实际上互联网巨头的介入，决定并改变着我们看待和理解世界的方式，传统媒体的影响力更多地来源于其对于人类信息长久的垄断，而并非仅仅是其所奉行的新闻规律和原则。

---

1 周宇豪. 传统媒体与新媒体融合的现状与困境. 青年记者，2014(28).

2 郭全中. 媒体融合：现状、问题及策略. 新闻记者，2015(03).

3 崔保国. 媒介融合的趋势：谁融合谁？. 西部学刊(新闻与传播)，2016(06).

4 陈玲玲. 亚马逊创始人杰夫. 贝索斯收购《华盛顿邮报》“《华盛顿邮报》的价值观不需要做任何改变”. 南方周末，http://www.infzm.com/content/93172.

在传媒行业快速变化的时代，谁都难以准确预测未来传媒形态和受众兴趣的走向。但是可以看到的是，传统媒体所面临的一个很大的挑战便是在互联网时代如何有效地向受众传播内容。而这正是互联网公司在近年来，通过在社交媒体和移动互联网等数字传播领域上实践而来的优势所在。而媒体市场在互联网企业眼中也并不容易，一切从零开始将要付出巨大的成本，那么这就给了传统媒体很大的生存空间。通过多年来有质量的内容生产以及建立的公信力，也将为互联网增加流量、强化用户黏性、开拓市场、完善生态布局等打下基础。

通过近年来许多互联网企业对传统媒体的注资和收购，许多人都从中窥探出一些端倪，即传统媒体更加注重信息生产的环节，而逐渐削弱把关、渠道以及平台的角色[1]；而聚合信息、传播渠道等功能，则要更多依靠互联网企业，以及在科技更新换代下不断推出的“新”媒体。至于目前这种，由互联网企业纷纷向传统媒体伸出橄榄枝，甚至斥巨资将传统媒体收为麾下的“倒融合”之潮，能够翻腾多久，自然还要看互联网与传统媒体各自的发展前景，以及媒介融合进程的浪潮能够推进多远了。

（文/张鑫瑶）

---

1 孙幸晨. 新媒体时代传统媒体的危机传播策略研究. 视听，2016(09).

报纸创意广告成“网红”

2015年传统媒体广告市场可谓经历了“断崖式的跳水”，传统媒体广告整体降幅超过7%，报业广告降幅就超过了35%[1]。这已经是中国报业广告经营额第三年以两位数下滑。与报业广告下滑相对应的是，目前报纸的读者在居民总体中所分布的比例低于20%，并且其读者群的平均年龄大于50岁，报纸读者的流失愈发严重，年轻的受众大都已没有阅读纸媒的习惯。有人推测，如果不借助于外来的资金支持，仅凭报社自身的经营能力，不出24个月报业就会呈现全行业亏损。喻国明教授不禁感叹，中国报业已经到了生死存亡的“最危急时刻”[2]。

然而在报业广告整体下滑的趋势下，有一家报纸却呈现出逆势生长的姿态，并在2016年达到了爆发局面。根据央视市场研究（CTR）2016年10月的全媒体广告数据显示，2016年10月报纸的广告费用同比下降了近43.5%，广告资源同比下降了近41%，是各大媒体中广告费用下降幅度最大的媒体，也是近三个月最大一次降幅[3]。而2016年《深圳晚报》凭借着创意头版广告成为人们热议的话题，从5月份的初次创意头版广告开始到11月份，《深圳晚报》的头版广告已经实现了1000多万的创收，报纸其他版面的广告费用也随之水涨船高。

---

1 姚林. 报业广告：2015断崖！2016触底？. 中国报业，2016(01).

2 喻国明. 喻国明：中国报业已经到了生死存亡的最危急时刻. 微信公众号：喻国明，2016.

3 CTR动量君. CTR媒体广告2015年10月分析. 微信公众号：CTR媒介动量，2016.

线上线下：纸媒广告二次传播显神效

从“不懂体”到“低调体”，《深圳晚报》的创意性头版持续走红网络，这些广告不仅在朋友圈中被疯狂转发，形成裂变式的传播，还引发了网民的集体效仿。从单纯的信息传播者到互联网热门话题的制造者，《深圳晚报》带来了一场由传统媒体点燃的互联网“集体狂欢”。

创刊于1994年初的《深圳晚报》是深圳经济特区唯一的大型综合性晚报，也是国内第一家全程电脑化的报纸，被誉为“最具有互联网长相的报纸”。《深圳晚报》的创意头版就是从2016年5月25日那期红遍网络的“不懂体”开始的。那天，两个自媒体“南宁圈”和“熊猫自媒体联盟”分别占据了头版的一半版面，以诙谐调皮的语气刊出“不懂为什么，就是突然想打个广告——南宁圈”和“我也不懂为什么，见楼上打了我也想打一个——熊猫自媒体联盟”两句广告词（见图1）。自媒体在传统媒体上打出如此无厘头的广告，一时间迅速传遍各大社交媒体，网民们集体模仿“不懂体”的样式“不懂为什么，就是……”写出各种搞笑段子。还有商家也仿照“不懂体”为自己打广告，甚至将原版报纸头版的品牌字样PS成自己的品牌名称。这样的广告好评如潮，赢得了许多受众的青睐，网友们不禁感叹道“我也不懂为什么，这种广告不抵触！”“这创意我给打99分，多一分是怕他们骄傲！”专家评论指出，《深圳晚报》的创新头版是“一场新老媒体融合的典范之作，更是共赢之策”，“媒体格局的变革，已不再是谁吃掉谁的问题，而是多种形态共存，彼此砥砺前行。当双方一旦携手合作，取得的效果也就是1+1＞2”[1]。

---

1 赵治国. 自媒体包下纸媒头版，赢得的是各自的尊严. 微信公众号：传媒大观察，2016.

图1 “不懂体”广告

此后，《深圳晚报》的头版成为广告主争抢的“热饽饽”。5月30日，《深圳晚报》的头版再次被承包，文案是向一名被骗85万元公款的李女士喊话“我们想说，在我们这里，无论‘蒋总’董事长还是同事们，都是真的，您不会再上当受骗”。这正是阿里巴巴旗下的企业应用——阿里钉钉通过广告向微信发起攻击，所针对的是近期所发生的在微信群被诈骗85万元的李女士事件，这一广告巧借事件带来了相应的营销热度。当天《南方都市报》和《晶报》也在头版刊登了一样的广告。7月8日，一家深圳本地的互联网营销研究公司为其目前运营的微信公众号“深圳全接触”在《深圳晚报》的头版投放广告。广告中将“深圳全接触”与深圳现在的两个网络热词“马上办”“东进战略”结合在一起，以彰显这一公众号的特点。该公司负责人朱贵彩表示，尽管传统媒体在下滑，但是它的公信力、品牌价值还在那里，目前而言，传统媒体和新媒体有很多的合作空间，而现在正是合作的最佳时机，新媒体不能抛弃传统媒体，而传统媒体同样也需要转型。至于为何选择在《深圳晚报》投放广告，他表示《深圳晚报》能在创意上突破常规，打破僵化思维，而新媒体人也喜欢新鲜、创意的内容，两者正好在此达到一个契合点[1]。

7月11日，继上次的“不懂体”后，深晚头版再次爆红，推出“低调体”。原来是东方网新上线的新闻客户端——东方头条在深晚头版上自称“低调”，红色的背景上方赫然写着“我要让全世界都知道——我很低调”，中央位置则放着一个硕大的东方头条二维码（见图2）。此后，东方头条在深晚头版上追加刊放广告，共刊载了7天，并且每一次的广告内容都不一样，形成了一系列的创意广告。值得注意的是，13日东方头条在《深圳晚报》刊登的原广告文案是“今日的头条，就是东方头条”，而因为南海仲裁案一事，双方临时决定更改广告文案为“今日的头条是南海仲裁案结果非法无效”。由此可见两个新闻媒体在面对重大新闻事件时所表现出的新闻敏感和新闻责任。正如《深圳晚报》常务副总编辑周智琛在回答如何平衡客户需要和读者需求、商业利润和媒体责任时所说：“我们的态度是，有所为有所不为。价值观不符的不接，传播品相不高的不接，投入与产出比不高的不接，与特重大新闻事件情绪冲突的不接[2]”。

作为一家上海媒体，为何会选择在深圳传统媒体上为自己做文章呢？东方网总裁徐世平认为“这是要打响东方网在上海以外地区知名度的第一枪”。而为何选择《深圳晚报》，徐世平表示正是“不懂体”的创意引起了他们的注意。他们所看中的是广告刊出后的二次传播效应：“报纸用户扫描二维码只是一方面，我们还希望通过口口相传，引发互联网用户的好奇心，来使用我们的产品[3]”。

---

1 程安逸. 又一家自媒体在《深圳晚报》头版打广告刷屏了. 深圳晚报，2016-07-08.

2 观媒.纸媒里的“网红”深圳晚报，把头版变成了大“IP”. http://www.guanmedia.com/news/detail_2815.html.

3 东方网. 东方网“玩坏”深圳晚报头版 打响“江湖地位”第一枪. http://news.163.com/16/0711/14/BRMTN1A800014SEH.html.

图2 “低调体”广告

从“不懂体”到“低调体”，《深圳晚报》一跃成为“网红”，投放广告的客户也更加多样化，创意的火花一触即发。7月29日，腾讯QQ包下深晚头版，刊出一幅蒙娜丽莎画像，用户只要用最新版的手机QQ的扫一扫入口对蒙娜丽莎画像进行扫码，就能出现奥运主题的AR场景。这种AR式的头版创意广告为以后的创意头版与科技的结合拓展了无限的空间。8月28日，深晚头版又被中国建设银行承包，不仅刊出广告词“中国建设很行”，同时为深圳经济特区建立36周年致以祝福。此后《深圳晚报》还陆续与平安银行、天猫超市、中国福彩等合作推出头版创意广告。近日，周智琛在接受采访时透露：《深圳晚报》的头版广告已经预定到2017年1月，2016年以来的广告利润增长超千万[1]。

长期处于竞争关系的传统媒体与新媒体向来是水火不容的，传统媒体更是处于相对弱势的一个位置，因而新媒体斥巨资在传统媒体上做广告实属新鲜，对此《深圳晚报》总编辑丁时照认为：“这正是媒体融合进入一个新阶段的必然结果。融合，不是谁‘吃’掉谁这么简单，从对抗到融合的过程中，传

1 李后祥. ZAKER首席执行官周智琛：“ZAKER合肥”呼应时代未来可期. 合肥晚报，2016-09-22.

统媒体与新媒体不断发现对方的价值，不断放大对方的价值，这种互利和共赢，才是我们进行媒体融合转型发展的题中应有之义。[1]”

从5月25日的初次尝试到11月25日整整半年时间，《深圳晚报》已推出了43次整版头版广告，其所涵盖的广告主种类范围非常大，除新媒体类的APP、微信公众号等外，还包括政府相关部门、教育类以及各大企业如房地产、汽车、食品药品等，也不乏一些活动盛事相关广告。从广告的形式来看，受制于纸媒这一载体，大部分头版广告是以大幅创意图片和诙谐文字为主，如一些网络流行语“厉害了”“小目标”等，还有书信体形式如“致所有深圳企业家朋友的一封信”“石头投书问晚报，我的爸爸在哪儿”等。二维码成为扩展广告形式、流量导向的一个接口，几乎是所有新媒体类广告的“标配”，不少二维码除链接到APP下载渠道或是微信公众号名片外，还有一些是呈现在手机移动端的HTML5游戏广告。

头版IP化：融合创新的独家法宝

其实，在报纸头版上出现广告早已不是新鲜事，在国外已有不少先例。在19世纪末期的美国，报纸头版广告已属于相当普遍的现象。经过近一个世纪的沉寂，21世纪初的美国各大主流报纸如《今日美国》《华尔街日报》《纽约时报》等都陆续开始在头版上投放广告，挖掘其商业价值。而国内对于头版广告的宽容程度更加高，不仅是晚报、都市报这类刊登广告较多的报纸，党报、专业报在头版刊登广告的现象都非常普遍[2]。1993年《文汇报》首创先河，在头版刊出整版电器广告，并引发了各大新闻媒体的竞相报道和国内其他纸媒的纷纷效仿。近几年来，国内头版广告已出现了“创意化”的趋势，如《南方都市报》的“寻物启事”广告、《南方周末》的“开普勒密码”等。无论是头版广告还是头版创意广告，都在报业实践中由来已久，但从未有一家报纸如《深圳晚报》的创意头版广告一般激起巨大的水花，并打上极其鲜明的“深晚”烙

1 贾茹.“最有互联网长相的报纸”成为“网红”《深圳晚报》用最传统的头版打动最现代的互联网.中国改革报，2016-09-22(12).

2 蔡雯.美国报纸的头版广告.新闻战线，2005 (4).

印。这除了与开放的本土环境以及深耕创新基因的团队分不开外，将头版IP化也是深晚的一大特色之一。

IP（Intellectual Property）原指知识产权，而现在它的内涵已无限外延，被引申为“可供多维度开发的文化产业产品”。IP的形态多种多样，它可以是文学作品、游戏、电视、电影，甚至是一个概念，而将报纸头版作为一个IP来运营，可以说是《深圳晚报》在内容营销上的一个开创之举[1]。对IP来说，其特点之一就是具有大量的粉丝，并自带成为热门话题的属性。近半年来，深晚所推出的“不懂体”“低调体”等创意头版广告就如同投掷于新媒体的炸药包一般，在网络上持续走红，引发了社交媒体的裂变式传播，完成了一个由单纯的信息制造者向互联网热门话题制造者的转变。正如周智琛所说：“《深圳晚报》过去的头版广告都没有像今年那么火，这是因为我们赋予了头版新的时代的IP意义。”

IP作为无形资产，它的另一大特色在于其商业价值的开发，IP的变现是形成一套上下游产业链，最大限度地挖掘IP商业价值，因此当一个IP在一个个领域崛起，再接二连三地将其衍生到其他领域，从一个单独的IP发展成为一个IP体系，能最大程度地发挥品牌效应[2]。《深圳晚报》不是单纯地做一个创意头版，在报业转型的路上，他们不仅承办了许多活动，构建自己的影响力与品牌，还开辟了许多阵地，与ZAKER、淘宝、网易、腾讯等新媒体进行合作，打通了媒介融合的“第三条路”。借助头版这一IP价值，深圳晚报已着手进军更多领域，构建自己的融合新生态。而头版只是深晚在生态重构、生态建设中的产品之一。

业内人士：关键看是否可持续

头版广告从诞生之初就争议不断，其中最被人所诟病的便是头版广告破坏了新闻编辑的完整性。在美国，报纸头版一直被认为是神圣而不受侵犯的净

1 郭文. IP时代是什么？看完这个你就都知道了！. http://net.chinabyte.com/120/13521120.shtml.

2 同注1.

士，它是新闻编辑所特有的一个权利。《洛杉矶时报》曾因为两次刊登比较大胆出格的头版广告，饱受读者与专家的批判。

对于《深圳晚报》的头版现象，许多业内专家提出了自己的看法。资深传媒观察人士郭全中认为，当前纸媒因受众大量流失，广告收入仍在继续下滑，《深圳晚报》头版系列创意广告是一次很好的尝试，实现了传统媒体和网络媒体的良性互动。蓝色光标数字营销机构副总裁、北京蓝标研究院院长陈阳认为，《深圳晚报》的头版整版创意广告，恰恰符合今天互联网语言沟通方式，是一个大胆的创意和突破，大众对新兴事物的出现应该给予肯定和支持。针对部分网友提出的“深晚头版广告是杀鸡取卵，伤害纸媒尊严，消解纸媒权威”，中山大学传播与设计学院院长张志安认为，这组创意广告不大会伤害纸媒的“尊严”，偶尔尝试会是求新求变的亮点，常态化实践有些难度[1]。

当然，也有对《深圳晚报》的做法提出质疑与批评的。评论人曹林曾撰写《媒体转型别像<深圳晚报>透支自己的脸，营销超过实力必死无疑》一文将炮火直指《深圳晚报》。曹林认为，头版是一家媒体的脸面，从头版的新闻和头版头条的分量就能看出一家媒体的气质和品味——这是媒体安身立命的东西。像《深圳晚报》这种玩法，把头版完全拱手让给广告，让新闻纸完全沦为广告传单，把营销头版当主业，急于变现，就是不要“脸”的表现。并提出三点看法：1.头版突然火了只是偶然，把这种偶然的流行和红火当成救命稻草，表现了传统媒体在转型中的焦虑，利润下滑下急于转型饥不择食。2.转型要避免爆发的网红陷阱，无论如何转型，传统媒体还得靠自己的核心内容。3.媒体营销永远不能超越实力，如果营销影响不能转化为报道内容的影响，总靠营销而不是自己的报道，对媒体不是一件好事[2]。对于曹林的批评，媒体研究人薛陈子撰文一一提出了反驳。他认为“头版不再是都市报唯一的脸面”，“《深圳晚报》所创造的流行并非偶然，而是经过深思熟虑的策划过程和精准推广安排的”，“报纸营销的影响力则说明了报纸的实力，没有生存压力的报纸才

---

1 陈浩洲，姜璇. 专家点评深晚近期头版：创意广告无损纸媒“尊严”. 微信公众号：传媒大观察，2016.

2 曹林. 媒体转型别像深圳晚报透支自己的脸，营销超过实力必死无疑. 微信公众号：吐槽青年：曹林的时政观察，2016.

能继续沉静地去生产深度报道等优质内容”[1]。这场争议也正代表了学者们在《深圳晚报》这一创新型媒介转型之举中看到的希望与担忧，正如张志安院长所认为的，创意广告亟须解决头版是“新闻至上”还是“营销至上”的问题，因此应学会平衡两者的关系[2]。

（文/徐蔓）

---

1 薛陈子. 薛陈子驳曹林：头版不再是都市报唯一的脸面. 微信公众号：传媒大观察，2016.

2 陈浩洲，姜璇. 专家点评深晚近期头版：创意广告无损纸媒“尊严”. 微信公众号：传媒大观察，2016.

一批报纸“逆流”创刊

创刊，一个在当下似乎并不合时宜的字眼，却在这两年传媒业界和学界普遍唱衰纸媒的光景下时不时出现。笔者经过收集和整理资料也发现，即便是在2015～2016年这样“断崖跳水”的报业“寒冬”中，仍然有不少家报纸“逆流”创刊。

不看好纸媒的声音认为，顺势而昌，逆势而亡，目前的创刊只是一种“回光返照”，而也有乐观的声音力挺纸媒，认为这种逆势为之表现了一种“春暖花开”；有人对纸媒的未来充满信心和希望，认为毕竟在这个网络时代诞生的媒体，生而具有融媒的“血统”，可以找到适应这个时代的发展方式；也有人等着看纸媒自己打脸，短命夭折。国外也的确有这样的例子，如英国镜报集团主办的《新的一天》（*The New Day*）于2016年2月29日创刊，是英国30年来首次发行付费阅读的全国性报纸，且不设网站，想要把读者“拉回纸媒”[1]，但销量远远低于预期，只出版到了第50期，近9个星期后便停刊。

而在国内，目前总体看来2015～2016年期间创刊的报纸，暂时并没有出现如此“短命”的现象，当然，形势也未必乐观。因为无论如何，就目前纸媒发展的形势看，整体处于低谷期，如何能够在宏观经济下行，面对传统媒体经营加速下滑的剧烈变局，寻找机遇，主动创新，破冰而出，是许多老牌纸媒和新生纸媒都在积极探索的。笔者整理了2015～2016年中国内公开创刊的部分报纸，大致情况如下表所示。

1　英国新报纸《新的一天》创刊 纸媒逆袭盼拉回读者. 新闻记者，2016(04).

表1 2015～2016年部分报纸的创刊情况

序号	报纸名称	主办单位	种类	报纸类型	创刊时间	备注
1	《中国书法报》	中国书法家协会、中国书法出版传媒集团	周报 对开8版 半彩印	专业类	2015.1.1	立足于民族传统文化，引领书坛
2	《今日邓州》	中共邓州市委宣传部	周报 对开4版	机关报	2015.1.1	
3	《南都晨报》	南阳南都晨报社	周五报 4开16版 8个彩版	都市类	2015.1.4	《南阳广播电视报》更名而来
4	《滇中新区报》	滇中产业新区、云南日报报业集团	周报 对开8版 全彩色	政经类	2015.3.12	云南日报报业集团《云南科技报》更名而来
5	《地铁时报》	大连报业集团	周五报 至少16版	都市类	2015.5.21	免费赠阅
6	《华夏文明导报》	甘肃省广播电影电视总台	周报 对开 瘦报 20版	文化产经类	2015.8.6	由《甘肃广播电视报》变更而来
7	《北京文摘》	北京日报社	周报 4开16版	都市类	2015.10.22	填补了北京本土文摘报的空白
8	《胞波（缅文）》	中共德宏州委宣传部	周报 对开4版	综合类	2015.12.4	中国第一份有独立刊号、统一连续出版的缅文报纸
9	《青岛地铁晨报》	青岛地铁文化传媒有限公司	周报 4开16版 （后期增至周五报）	都市类	2015.12.16	山东首份地铁报

续表

序号	报纸名称	主办单位	种类	报纸类型	创刊时间	备注
10	《中国美术报》	中国国家画院	周报 4开40版 彩色胶印	专业类	2016. 1. 4	推动当代中国美术发展，展示国内外美术创作、研究的最新成果
11	《万宁时讯》	中共万宁市委宣传部	周二报 8开4版 彩印	机关报	2016. 1. 9	市内11报亭免费赠阅
12	《近报》	山东广电网络集团与大众报业集团	周报 56版 彩色胶印	生活服务类	2016. 4. 8	《蓝色快报》变更主办和出版单位，更名而来
13	《幸福老人报》	辽宁报业传媒集团	周报 4开16版	专业类	2016. 5. 8	宗旨——“关注老人幸福，专注品质服务”
14	《人民陆军》	陆军政治工作部	周五报 对开4版 全彩印	机关报	2016. 5. 28	陆军唯一一张面向基层部队发行的报纸
15	《云南旅游文化时报》	云南报业文化投资发展有限公司	半月刊 4开48页	专业类	2016. 6. 13	填补了云南本土英语类报刊的空白
16	《大湘菜报》	华声在线股份有限公司	周报 4开12版	专业类	2016. 8. 9	新湖南客户端湘菜频道，大湘菜微信公众号同步上线
17	《贵安新区报》	贵州日报报业集团、贵安新区	周报 对开4版 全彩印	机关报	2016. 9. 28	第7份国家级新区报

续表

序号	报纸名称	主办单位	种类	报纸类型	创刊时间	备注
18	《海丝商报》	福建日报社	周五报 对开8版	综合类	2016. 11. 1	全国第一份以海丝命名的报纸，推出《海丝商报·菲律宾版》
19	《合肥地铁报》	合肥报业传媒集团	暂时未知	都市类	2016. 12. 26（预计）	安徽第一张免费阅读报纸

（来源：笔者据网上公开信息不完全统计）

通过近两年国内报纸创刊情况的梳理，其实可以发现，创刊的报纸主要集中在专业类（6家）、都市生活类（6家，包括3家地铁报）、机关报（4家）中，出刊频率为周报（12家）、周五报（4家）、周二报（1家）以及半月刊（1家），没有日报。此外，根据笔者搜索，在上表所列的19份报纸中，有14家开通了微信公众号，其中《中国书法报》《南都晨报》《华夏文明导报》《中国美术报》《万宁时讯》《近报》《幸福老人报》《大湘菜报》《海丝商报》等9份报纸通过了认证；《滇中新区报》《地铁时报》《北京文摘》《贵安新区报》《云南旅游文化时报》5份报纸暂未认证或以个人公众号开通；《今日邓州》《胞波》《青岛地铁晨报》《人民陆军》《合肥地铁报》等5份报纸暂未开通微信公众号，但《青岛地铁晨报》电子版在“地铁新生活”微信公众号中发布。开微博账号的仅有《中国书法报》《南都晨报》《华夏文明导报》《近报》《地铁时报》等5家，《海丝商报》账号暂未获微博认证。

可见，专业类周报成为创刊的主流选择，除此之外，整体还有地方性机关报、地铁报等主要类型，加之特殊类型报纸和原有报纸变更等几种主要情况。

大湘菜报

有味道的报纸

让湘菜成为地球菜

——大湘菜报创刊词

毛氏红烧肉还原度 99%

名厨石万荣
最爱湖南小炒肉

老湘西腊肉
助龙清泉卷土重来

凭本报
享受打折、送菜

专业类、行业性周报《大湘菜报》创刊号

专业类报

首先，专业类、行业性抓住了现在媒体市场两个较容易锁定读者范畴、提高读者黏度的市场。专业的不可替代性、行业的垂直性相比于都市报、时政报、机关报等报纸，更为小众化。例如《中国书法报》《中国美术报》等艺术类专业报纸，对纸、油墨、印刷机等材料设备的要求格外高，也比较在意纸质的厚重和庄重感，更加专注于行业深度挖掘垂直领域，而且外界的环境宽松，竞争压力相对较小，有着稳定可观的受众和读者群。

另外，每周一期的周报和传统的每天出版的日报、晚报等报纸相比，出版周期较长，即便是专业要求的纸张质量较高，全版彩印，周报的采编和印刷成本也大大减少，人力和资源都大幅减少，如关注老年人问题的《幸福老人报》、定位做“有味道的报纸”的《大湘菜报》等。许多报纸的离开正是因为成本高难以维系，而印刷成本正是其中不可小觑的一部分，这或许也是它们选择周报的形式来逆势创刊的一个较为重要的原因。

这些属于对象性的报纸，这些专业性报纸自有其较为雄厚和稳固的读者群，而且该受众群体相较于整体的市民而言，习惯于纸质阅读的比率较大。除此之外还有一些较为远僻的，但在表格中未提到的作为副刊的行业报以周刊、半月刊、月刊等形式创刊。

地方性机关报

地方性机关报抓住了报纸地缘性的地区优势，比如邓州市委机关报《今日邓州》、万宁市委新机关报《万宁时讯》、贵安新区的党工委机关报《贵安新区报》等。有学者认为类似于《贵安新区报》这种创办模式，即"由省级党报集团聚合办报资源"（如贵州日报报业集团），"地方政府以政府购买服务方式提供办报基础条件、创新体制机制"（如贵安新区党工委、管委会），打造以"内容为本、渠道为主"的全媒体传播平台，是一种非常值得许多地方性政府学习借鉴的做法。实际上报业集团与地方政府集中各自的优势资源，有利于打造在内容、渠道俱优的新闻传播结构。

由于纸质媒介的特殊性，它最终形成的文字更带有责任性与使命性，那么对于作为党委机关声音的喉舌，在发挥舆论引导的作用时仍然更具有公信力，即使在新媒体的强势冲击之下，一时之间党委机关报的作用仍旧难以替代。

地铁报、机场报

第三种类型便是免费地铁报以及机场报的创刊。《地铁时报》于2015年5月22日随大连地铁的通车而问世，工作日每天出版；山东省第一份免费地铁报《青岛地铁晨报》创刊号也于同年12月16日正式发行，作为青岛唯一免费赠阅的报刊读物，根据地铁线路开通数量增加，从初期每周一期，后期逐步增至每周五期；安徽省第一份免费阅读报纸《合肥地铁报》也于2016年4月26日举行了发行签约，将于年底伴随合肥地铁1号线的开通正式创刊。实际上地铁报在我国内地几乎已经成了免费报纸的代名词。世界第一份地铁报是瑞典斯德哥尔摩的《Metro》，1995年诞生，之后地铁报迅速发展，至今为止，世界上已有20多个国家出现了地铁报[1]。而自我国内地首张地铁报《I时代报》于2003年于上海创刊后，至今已有23座城市创办了地铁报。另外，重庆日报报业集团与渝北区委区政府联合主办的《临空都市报》也于2014年7月30日创刊，成为全国首份航空机场报，除双休日外每天免费赠送。

地铁时报

周一至周五
免费派发!
2015年5月
22
星期五
农历乙未年四月初五
今日32版
总第1期
大连报业集团主办
2015年5月22日创刊
CN 21-0101
www.dlxww.com

贺信

所有的愿望都是为了你而存在

创刊词

《地铁时报》编辑部

《地铁时报》创刊号

地铁报之所以能在全球迅速成长壮大，并且在目前竞争尤为激烈的纸媒生存空间中，仍然有持续扩大的趋势，主要也基于其先天存在的优势。首先地铁报是伴随着一座城市进入“地铁时代”应运而生的，它的基数和增长速度都具有一定的规模并且可以控制，因此地铁报的发行量也就有了比较大规模的基础，并且可以随着城市地铁化不断地完善和加深，继续扩大规模[2]。另外就是地铁报具有天然的渠道优势，并且同样具有清晰精准的目标读者群。地铁报可

1　彭小年. 浅析我国免费报纸的生存发展之路. 新闻知识，2014（05）.

2　陈筱莹. 城镇化背景下我国地铁报的生存空间与发展策略研究. 重庆大学，2014.

以每日在地铁内向乘客免费派送，在每个地铁站的站点供乘客免费阅读。因为地铁乘客的主要群体是上班族，购买能力和消费欲望兼具，因此也对日用、电子、旅游等消费品广告商具有吸引力。因此，以“阅读快餐”“营养文化早餐”定位的免费地铁报在近两年仍然呈涨势。

特殊类型报纸

首先最引人关注的当属作为中国人民解放军陆军党委机关报的《人民陆军》的创刊。而在此之前的2016年2月1日，解放军五大战区正式成立，原七大军区成为历史，广州军区《战士报》、济南军区《前卫报》、沈阳军区《前进报》、成都军区《战旗报》、南京军区《人民前线》、兰州军区《人民军队》、北京军区《战友报》等七份党委机关报，均完成历史使命，于2016年1月15日停刊。因此作为陆军唯一一张面向基层部队发行的党委机关报，《人民陆军》的创刊也可谓势在必行。另外，为了适应新媒体时代，该报还设立网站和“两微一端”，为实现“一条新闻、多个出口”搭建了融媒体新闻制作平台以及信息终端系统[1]。

除此之外，云南省新创刊的两份外文报纸也较为惹人关注，即中国第一份缅文报刊《胞波（缅文）》和云南首份英文报纸《云南旅游文化时报》。《胞波（缅文）》是一份以中缅边境居民为读者的综合类报刊。据公开数据显示，目前云南德宏州共有常住和临时居留缅籍人员5万余人，并且出入境的缅籍人员呈快速增长之势，因此该报的创刊不仅弥补了我国没有缅文报的空白，而且将为缅甸读者提供了解德宏、了解中国的窗口作为目标[2]。中英文双语报纸《云南旅游文化时报》也把向全世界，尤其是向南亚、东南亚读者展示云南魅力、推介云南优势旅游文化资源作为目标。因为云南自由的旅游资源以及多民族文化的独特优势，使得具有特定阅读目标群的对象性的外文报纸有着较大的创刊空间、较小的竞争压力和得天独厚的传播渠道。另外还有全国第一份

1 张锋，朱金平.《人民陆军》报在改革强军的征途上诞生——访该报社负责人张长春.军事记者，2016(07).

2 杨子庄.中国第一份缅文报创刊.云南法制网，2015-12-11.http://www.ynfzb.cn/Ynfzb/ZhouFuKuaiXun/201512222369.shtml.

以海丝命名的报纸——《海丝商报》、北京本土第一份生活类文摘周报《北京文摘》等其他有填补某方面空白性质，且颇具独特性，瞄准一部分特殊读者的报纸于近两年陆续创刊。当然，小众化报纸的逆势创刊是否能够收获预想的成功，仍然需要一段时间的实践和探索。

海丝商报

海丝起点 魅力南安

立足海丝起点 放眼"一带一路"

《海丝商报》今日正式创刊

著名书法家曹宝麟为《海丝商报》题写报名

创刊词

五年积淀 再次扬帆

——从《南安商报》到《海丝商报》

南安市政协机关召开会议

学习贯彻十八届六中全会精神

百版创刊号 诚意百分百

我省选派优秀退休教师

赴扶贫开发重点县支教

近报

近点，近点，再近点……

INEWS

携你手，去体验一切美好！

让孩子的梦想

借音乐的翅膀拾级而上

招商银行

《海丝商报》《近报》创刊号

原有报纸变更

除了以上几种情况之外，近两年逆势创刊的报纸还有另外值得一提的现象：在原有的报纸基础之上，通过“改头换面”，即更改主管主办单位、名称、性质、内容定位等，重新创刊。例如由南阳电视台、广播电台主管的行业报《南阳广播电视报》更名而来，变为南阳日报社主管的综合性都市报《南都晨报》；云南日报报业集团主管主办的《云南科技报》更名为与滇中产业新区合作的政经类报纸《滇中新区报》；由甘肃省广播电影电视总台主管的《甘肃广播电视报》更名而来的文化、产经类新闻周报《华夏文明导报》；以及大众报业集团主办主管的《蓝色快报》更名而来的山东广电网络集团与大众报业集团主办的《近报》等。这些报纸都有一个共同的特点，便是在原有报纸的基础上，在不同程度和方向上进行了变更，在一个新的起点上重新创刊。这就使它们相比于其他全新筹备创刊的报纸，在人工、设备、材料以及渠道资源等方面都有了先决优势，站在前人的肩膀上，做"有米之炊"，并且在新媒体时代融入了新的理念和血液，这样的重生也的确让人期待。

我们可以看到，例如像《近报》一样，出生便是"融媒"的定位，是将报纸、电视和新媒体融合在一起的新兴媒体，组成新媒体矩阵——"1+5"为架构，即"1"是《近报》，定位为生活服务类报纸，每周一期，每期56个版，周五出版。"5"分别是新视听网站、好看APP、官方微博、微信矩阵和手机报[1]。这样的全新融媒体铺路，也使得众人对这份新生报纸难以适应新媒体环境的担心稍显多余。但是很多报纸诞生后对现在的媒介环境还是稍显不适，至少在数字报、"两微一端"等领域的布局还是十分薄弱，唯独部分微信公众号覆盖面还比较大。除《近报》之外几乎新创刊报纸的微信、微博消息发布量、阅读量和关注量等都不容乐观。

总体而言，2015~2016年创刊的报纸情况如上所述。当然，实际上可能还会有更多、更细致、更科学的分类，这或许也能为我们对于报纸冷时期的逆势创刊现象提供一些思考的材料和例证。无论是采用何种频率、种类、形式，既然在这样严峻的大环境下选择了创刊，那么其实每一份新报纸自诞生起，都已经对自己的生存与发展前景有了足够的思想准备。就像短命的《新的一天》，"我们仍然现实，如果我们2017年不能实现盈利，就不会继续办下去[2]。"只不过这个底线提前到来得太早。实际上不管以上哪种类型的报纸，既然敢于在竞争如此激烈的环境中逆势创刊，那么无论在报纸的定位、理念、内容、渠道还是受众等方面都有着自己的优势所在。当然，存在的问题依然不可忽视。比如专业类报纸如何稳固读者群，形成专业生态，走向市场；免费地铁报要如何

1 刘蓓蓓. 有报纸"归故乡" 有报纸"赶科场" 看《近报》如何逆势而上. 中国新闻出版广电报，2016-04-15（1）.

2 英国新报纸《新的一天》创刊 纸媒逆袭盼拉回读者. 新闻记者，2016(04).

合理地控制成本、保证自己渠道内的唯一性；社区报如何做到真正的下沉；机关报如何在互联网时代有效地传递声音；更名的报纸如何在原有的基础上真正地推陈出新，打造出新的传媒格局，对这些的探索，依然还不能停止。

（文/张鑫瑶）

“东方头条”、ZAKER布局全国市场

“我要让全世界都知道——我很低调。”在《深圳晚报》上号称“低调”的东方头条其实并不低调，从上线以来便“动作不断”。2015年12月18日，由上海东方网打造的新闻类APP“东方头条”正式上线，经过6月“东方头条”客户端的试运行和11月测试版上架以及进一步收集、完善用户模型，“东方头条”已经累积了可观的影响力。截至2015年11月底，每天通过各类移动终端访问“东方头条”的活跃用户超过了300万。此次正式版本将实现用户注册以及各类用户图谱分析，并能根据用户画像实现个性化推送，并将以东方头条客户端为核心，整合东方输入法、mini东方等多款产品，形成移动端产品矩阵。东方头条改变原有的重人力成本生产模式，依靠技术手段自动采集、大数据计算、智能传播，以实现新闻采集、分发和传播的低成本化。通过分析日常文字输入，用户主动评论、咨询阅读习惯、浏览行为特征等生成用户画像，在产品线上整体进行资讯和广告的精准推送，达到吸引用户和实现商业价值的双赢。除了有技术手段加持，东方头条还有另一大动作，即正式展开了与全国各地方纸媒与新闻网站的合作之路，拟与全国各地方新闻网站合建地方站和特色新闻频道，力图把“东方头条”打造成为一款跨地域、集合地方新闻网站力量的全国性新闻行业品牌、服务各省市地方传统媒体集团融合发展的移动平台[1]。

2016年8月28日，在“东方头条”的基础上，东方网联手《新快报》打造的“广东头条”正式上线。“广东头条”将借力东方网的品牌优势和技术优势，同时充分发挥新快报自身的内容优势和运营优势，立足广东，根据用户的

---

1 东方网.东东给你好看，“东方头条”上线！微信公众号：东方网，2015.

浏览喜好，适时推送新闻资讯[1]。9月28日，东方网又携手中国甘肃网，推出甘肃本土类综合性APP“甘肃头条”，基于个性化推荐引擎技术，根据用户的兴趣、位置等多个维度为本地用户提供本土化资讯[2]。

腾讯、新浪率先切分地方蛋糕

其实像这种互联网、新媒体公司与地方媒体强强联合的模式并非首次亮相，从2006年开始到2013年，腾讯先后与各地方传统报纸合作推出大渝网（重庆站）、大秦网（陕西站）、大成网（成都站）、大楚网（湖北站）、大粤网（广东站）等12家区域门户网站，展开区域门户网站布局。同样地，新浪网也在上海、广东、四川、湖北等地陆续建立起了地方频道，一改过去“一家独大”的局面。在当时各大传统媒体一股脑建立的地方新闻门户网站存在同质化严重、点击量低下等问题的情况下，这种主流门户与区域性纸媒合作的模式有效地利用了双方的优势，促进了双方的发展。一方面，诸如腾讯、新浪这些门户网站所生产的网络新闻存在可信度较低的问题，并缺乏新闻优先采访权，而传统报业长期所建立的权威性与公信力正好弥补了这一缺陷；另一方面，随着报纸广告的持续下滑，传统报业面临着盈利模式比较单一的问题，而选择与主流门户合作便可为报业带来更稳定的广告收入。例如腾讯就是与区域性报业共享广告的运营，两者协同营销，实现广告的多元化传播[3]。但随着门户网站的式微，腾讯、新浪也逐步转型，区域门户网站的布局策略也逐渐边缘化。然而这样一种双赢模式却为近两年所兴起的“移动化区域融合”奠定了基础。

---

1 观媒君. 东方网霸气联手新快报 广东头条APP隆重上线. 微信公众号：传媒大观察，2016.

2 中国甘肃网.中国甘肃网与东方网携手 合力打造“甘肃头条”. http://gansu.gscn.com.cn/system/2016/09/21/011485958.shtml.

3 杨曙. 区域性报纸与商业网站融合模式研究——以腾讯的区域性网站为例. 传媒，2016(19).

ZAKER成移动化区域融合先驱

东方头条此次所开启的全国各地方合作计划与ZAKER于2015年率先提出的“区域融媒体战略”有着异曲同工之妙。上线于2010年的ZAKER是国内首款移动互联网平台社会化阅读软件，也是国内最早一批兴起的新闻聚合类平台，凭借着它个性化定制和分享阅读的特点聚集了一大批用户。到了2013年，异军突起的今日头条和后来居上的一点资讯，成为ZAKER的强劲对手。而随后门户网站客户端的兴起也给ZAKER带来了极大的冲击。为了在群雄逐鹿的竞争格局下突出重围，ZAKER选择以区域性媒体作为切入进行合作，将用户下沉到地区，布局本地生活服务，另辟蹊径[1]。ZAKER的“区域融媒体战略”所借助的是ZAKER搭台，合作媒体唱戏的方式：由后者进驻ZAKER，凭借内容生产以及线下资源优势，运营ZAKER当地频道，并享受相关收益。而ZAKER则充分利用自身优势，为传统媒体转型提供庞大的受众基础、完善的互联网资讯生产流程，并提供优质的线上技术服务，帮助传统媒体完成互联网系统架构以及运作思维的改造，最终让区域用户享受到更加接地气的资讯与服务[2]。

从2015年初，ZAKER便开始区域融媒体之路，在与广州本地的一家报社合作遭遇体制壁垒而失败之后，ZAKER与《深圳晚报》达成了第一次的合作，并于2015年8月20日共同推出深圳版ZAKER。ZAKER将现有300万深圳用户和1.4亿全平台用户数据、产品技术框架、内容编辑和数据统计后台全面共享给《深圳晚报》，由《深圳晚报》管理深圳的内容和数据后台。深圳ZAKER不是只发布《深圳晚报》的稿件，而是由深圳晚报来统合全平台的深圳资讯[3]。成立8个月时间，“深圳ZAKER”资讯日推送量已达500条，本地用户从300万增加到500万[4]。

1 高洪浩，李森和. 不拼爹 ZAKER突围要剑走偏锋. 新闻客户端: 无界新闻，2015.

2 中国经济新闻网.南方媒体融合基金投资ZAKER的背后逻辑是什么？ http://www.18caijing.com/pinglun/2016/0712/33788.html.

3 夏献法. 一次真正意义上的媒体融合——深圳晚报与ZAKER合作的深度解读. 微信公众号: 新传播，2016.

4 苏常. 新闻客户端融合创新路径——以ZAKER融媒体为例. 青年记者，2016（20）.

ZAKER在接下来合作的媒体选择，更注重双方的合作意愿是否强烈，以及媒体团队的执行力是否更强，它的媒介融合之路也越来越开阔[1]。在一年多的时间里，ZAKER先后与湖北日报传媒集团旗下的《楚天金报》、江西日报报业集团旗下的《江南都市报》、河南日报报业集团旗下的《今日消费》周报、羊城晚报报业集团旗下的《新快报》、南京《现代快报》、重庆华龙网、南宁日报社、《合肥晚报》等纸媒分别展开合作，.建立了一系列地方性资讯平台，还与广东广播电视台共同推出了ZAKER“触电”频道。在“触电”项目中，ZAKER与广东广播电视台打破了过去台网互动中将电视内容直接平移到移动客户端的陈规，而是遵循移动客户端的媒介传播特性及规律，重构整个内容生产流程，包括将新媒体自身的大数据技术优势和互动性强等特点充分运用到“触电”新闻内容的生产中，并力图将“触电”打造成为一个生活服务平台，而不仅是一个电视终端[2]。ZAKER计划在2016年与20个城市达成合作，争取在3年内覆盖50座城市。ZAKER的CEO李森和表示，ZAKER如果能扫过50个城市，做到区域市场的No.1就很好了。此时，他们要做的是略微放慢一下脚步，有意识地去经营一下口碑与品质[3]。

媒介融合的第三条道路?

为什么这种区域性融合模式又会在ZAKER、东方头条这类移动客户端中兴盛起来呢？李森和认为，目前的传统媒体的权威、公信力正在被挑战，新闻和资讯的外沿在不断地被打破，移动端的内容同质化已经相当严重了，一件大新闻一出，全世界几乎都是同样的速度。但从用户体验的角度上说，30%的朋友圈分享的是本地新闻。所以在2015年初，ZAKER确定了一个发展的方向，就是未来移动互联网生活要与线下连接，把同城业务打通。然而ZAKER所面临的一个困境是O2O的本地流量是匮乏的，在线下做内容与运营难度很大。

1 赵治国. ZAKER迈过了四个坑，突破了传统媒体体制壁垒. 微信公众号：传媒大观察，2016.

2 中国经济新闻网. 南方媒体融合基金投资ZAKER的背后逻辑是什么？ http://www.18caijing.com/pinglun/2016/0712/33788.html.

3 苏常. 新闻客户端融合创新路径——以ZAKER融媒体为例. 青年记者，2016(20).

因此对于拥有技术优势的ZAKER来说，与拥有优质内容生产能力的地方传统媒体合作是一个两全的选择[1]。ZAKER总编辑王茜指出，ZAKER客户端一开始更多的是针对全国的内容，真正接地气的、针对本地用户的内容不多，在做线下活动的时候，跟用户发生更深层次服务和连接的时候发现，移动互联网公司非常缺乏落地能力。传统媒体在一个区域内具有强大的影响力、丰富的线下资源和强大的落地能力，新媒体则拥有线上开发技术、完善的资讯生产流程以及刚才说的庞大用户基础，如果将两者的长板与短板相结合，就可能获得一加一大于二的效果[2]。

东方网总裁、总编辑徐世平在题为《风停了，摔死的肯定是猪——关于媒体融合若干问题的思考》的演讲中指出，中国媒体融合大潮是当下的一个趋势、一个风口，中国媒体纷纷融合转型，“标配的‘两微一端’，颇有一种‘大炼钢铁’的味道”。但是许多媒体在融合上存在很多问题：如不愿打破现有发展模式和利益格局；缺少创新精神和用户、产品、服务意识；多数媒体缺少平台型产品，没有找到可持续发展的盈利模式等，新老媒体各不相干，并未实现真正的融合。因而徐世平提出“模式主导应该和影响力主导并重”“技术主导应该和内容主导并重”和“服务主导应该和新闻主导并重”三个“并重”观点。在关于“服务主导”的观点中，徐世平认为，媒介的融合转型必须有互联网观念，坚持新闻产品化，产品服务化，读者用户化。东方网正是通过服务持续增强和固化其社区影响力，利用属地的广大纵深以及公信力和政府资源来深耕本地的媒体品牌[3]。由此可窥见，也是基于这样的“服务”理念，东方网选择展开全国布局，将服务本地资讯作为转型的一大契机，并与本土传统媒介合作共同打造依托数据挖掘、用户算法等技术优势的新闻资讯聚合平台。在此前，东方头条选择在地方纸媒《深圳晚报》上连投7天头版广告为自己造势，这种跨区域跨平台的广告合作实属罕见，这也正说明本地媒体的影响力日渐凸

1 中国经济新闻网. 南方媒体融合基金投资ZAKER的背后逻辑是什么？. http://www.18caijing.com/pinglun/2016/0712/33788.html.

2 侯长青，张勇. 媒体如何跨界与融合？听这八个人说说. 微信公众号：铜仁微报，2016.

3 观媒.徐世平谈融合三“并重”：风停了，摔死的肯定是猪. http://www.guanmedia.com/news/detail_3408.html.

显，新媒体平台开始注意到本地用户和本地流量所带来的巨大效益。

选择与新媒体移动平台合作，对于传统媒体来说既是机遇也是挑战。《深圳晚报》总编辑丁时照就将他们与ZAKER的这次合作称为“媒介融合第三条路”。夏献法指出，现在的传统媒体转型路径分为两种：一种是“造船出海”的澎湃模式，通过政府巨额投资、打造以自采自编为主的新闻客户端。但这一领域跑马圈地的窗口期已过，其内部运行的成本也十分高昂。再有复制者很难成功。一种则是“顺船出海”的蚂蚁军团模式，即所有传统媒体都在推动的“两微一端”。但这种模式受所在新浪腾讯等端口的“去媒体化”限制，影响力有限。因此，传统媒体应该越过借助新媒体来增强传统媒体自身竞争力的早期时代定义，而是要全面融入新媒体。《深圳晚报》正是选择“借船出海”的模式，交出了自己的半条命，从而实现真正意义上的融合[1]。作为老媒体人的武汉ZAKER的副总编张文龙则困惑于如何在数据与新闻价值间寻找平衡，曾经是把关人的传统媒体为读者设置议程，然而从数据来看，这可能并不是用户的兴趣所在。并且，在许多传统媒体人看来，有时数据呈现的传播热点可能只是受众的狂欢、狂躁。正如武汉 ZAKER 副总乔奇所言：“数据成了我们的命根子。”每天编辑们像研究股票一样分析后台数据，数据成为生产流程的指挥棒。其实，技术与内容是来自互联网与传统媒体不同的生命基因，因此这两种基于不同逻辑生长的个体想完全融合，必然还要大量磨合，彼此适应。在湖北日报传媒集团副总编辑胡汉昌看来，传统媒体和新媒体各有所长，每一方都要做自己最擅长的事情，而不是追求虚假的光鲜[2]。

未来：内容为主+新技术驱动

2016年7月8日，广东南方媒体融合发展投资基金将ZAKER列为第一批投资对象，这也代表了政府、市场对ZAKER推行近一年的“区域融媒体战略”

1 夏献法. 一次真正意义上的媒体融合——深圳晚报与ZAKER合作的深度解读. 微信公众号: 新传播，2016.

2 刘畅，张天培. ZAKER打造区域融媒体：技术与内容基因的结合重生. 人民日报，2016-06-30.

的肯定[1]。而这一合作模式也在电商领域得到推广。2016年7月1日，阿里巴巴集团旗下生活消费资讯聚拢平台淘宝头条，宣布正式启动本地化战略——城市斑马计划，并将与各大城市主流媒体合作共建基于用户LBS定位功能的城市频道[2]。目前，淘宝头条已分别与成都商报、重庆晨报、深圳晚报、今晚报、羊城晚报、新闻晨报、扬子晚报、北京青年报达成合作，推出成都、重庆、深圳、天津、广州、上海、南京和北京城市频道。对于接下来的发展，李森和表示，无论时代如何变化，内容始终都是媒体的灵魂，只是媒体同样离不开技术作为内容表现形式以及传播方式的支持[3]。4月，ZAKER上线了全国首个新闻VR资讯平台“威芽”，双创周期间，深圳晚报就利用VR技术360° 全景呈现了双创周的热闹场面。作为技术支持一方的ZAKER也将在VR上下功夫，计划为记者研发傻瓜式技术，30秒可以制作一个VR新闻，就可以上线传播，还可以嵌入ZAKER和微信；并附加录音技术，记者可以做一个解说员，把现场的全景进行呈现。除了VR，ZAKER还涉足了大火的视频直播领域，在南京与现代快报合作上线南京ZAKER时，直播平台“直播现场”也正式推出。ZAKER如此热衷于科技技术的背后并非是对内容的抛弃，而正是看中了传统媒体的内容优势，携手传统媒体开创移动互联网时代有品质的资讯生产与传播模式[4]。目前，像ZAKER这样普遍撒网、建立好左膀右臂的移动客户端，已经迈出了移动化区域融合之路的一大步，而未来如何利用好这些左膀右臂，促进双方的深度融合，则是必须面对的一个重要问题。

（文/徐蔓）

---

1 安丽芬. 区域融媒体模式获南方媒体融合基金认可. 21世纪经济报道，2016-07-10.

2 新浪科技.淘宝头条启动斑马计划 联合内容创作者打造本地生活资讯. http://tech.sina.com.cn/i/2016-07-01/doc-ifxtsatn7928372.shtml.

3 同注1.

4 苏常. 新闻客户端融合创新路径——以ZAKER融媒体为例. 青年记者，2016(20).

门户网站颓势初现　总编辑纷纷出走

“不寻求主动转型，固守传统门户观念，或许是雅虎没落的重要原因之一。”IT行业资深分析师唐欣如实道来[1]。敌不过媒介环境的变迁，这个门户网站的鼻祖最终倒在了搜索引擎之王Google迅猛发展，Twitter、Facebook等社交平台急速崛起的今天。2016年7月25日，美国最大的无线运营商Verizon以48.3亿美元收购雅虎公司的核心资产，这意味着世界上曾经开创互联网第一个门户模式的互联网企业将以另外一种方式寻求突破，因此有人说门户时代将要终结。的确，在新媒体环境的冲击下，门户网站的发展遭遇了瓶颈，移动新闻客户端取代了曾经鼎盛一时的门户新闻阅读模式，社交媒体的崛起和受众阅读习惯的改变导致门户网站不再是人们阅读新闻、获取资讯的主流方式。门户网站的衰落迫使一大批门户网站出身的媒体人选择离开，传统的四大门户近年来皆出现了“高层动荡”的现象。

三大门户网站总编辑换人

2014年10月，在新浪坚守17年，一手开创了门户新闻的商业运作模式的总编辑陈彤提出离职。此后，门户网站媒体人的离职潮一波接着一波，造成高层不稳，人才动荡，有人称“总编辑时代”已经落幕。新浪总编辑陈彤被誉为“中国网络新闻教父”，是互联网时代的标志性人物。在1998年的法国世界杯足球赛上，他采用了全新的新闻播报方式——24小时滚动播出，成为新

1　网易新闻学院. 雅虎48亿美元卖身Verizon，门户网站路在何方？. http://news.163.com/college/16/0725/16/BSR5UOEL00015AE3.html.

浪新闻中心的最大特色之一，并在此后运用于科索沃战争、中国加入WTO以及“9·11”事件等重大事件的报道中，同时吸引了一大批追随新浪新闻的读者。他的离开对新浪乃至各大门户来说无疑是个巨大动荡，也正折射出门户网站在转型过程中所面临的压力。此后，号称在新浪“待得最久”的两位女副总编辑赵添、闻进也双双宣布离职，或是投奔新媒体，或是自立“门户”。网易同样人事变动频繁，2014年8月，网易总编辑赵莹选择离职，由陈峰接手工作。一年后陈峰也宣布离职，网易总编辑“一年走俩”。钭江明、张伟等副总编辑也随后离开了网易。搜狐同样难逃“总编辑”魔咒，2015年4月，搜狐总编辑吴晨光宣布离职并加入“一点资讯”。

“一点资讯”的定位是私人定制，即融合搜索和个性化推荐、基于个人兴趣和交互为用户提供私人定制的内容资讯平台[1]。吴晨光表示“一点资讯”对于算法、用户、技术、产品的理解很先进，超过了门户网站，这正是吸引他之处。来到一点资讯的吴晨光主要负责内容运营，除对稿源进行了选取、清理与分类外，还延续了门户新闻的操作风格，主张将重大突发事件的处理流程与方式作为重点打造对象，同时强调人工编辑与算法技术的相结合。2015年以来一点资讯的用户增长迅速，日活跃用户接近1500万[2]。2016年10月29日，受小米公司委派，陈彤宣布加盟一点资讯担任总裁一职，这也是陈彤两年前离开新浪后首次重返媒体圈。而他此次回归的主要任务是打造一点资讯的内容影响力，同时理顺凤凰网与一点资讯两者之间的内容协同关系，促进二者的高度协同与融合[3]。至此，在一点资讯里，两大门户的前任总编辑达成了会师。

为何近年来门户网站的总编辑频频出走？原《环球企业家》记者谢璞认为这正是门户网站垂直化的影响下，总编辑角色发生变化所致[4]。近年来，各大门户总编辑主管的板块开始减少，如在搜狐，总编辑只负责新闻、财经、

---

1 腾讯科技.前搜狐总编辑吴晨光将离职 加盟一点资讯. http://tech.qq.com/a/20150415/040226.htm.

2 程征.新闻人如何与“算法”共事——对话“一点资讯”副总裁兼总编辑吴晨光.中国记者，2016 (2).

3 肖玉.一点资讯总裁陈彤：重返媒体圈 门户逻辑不一定适用移动端.微信公众号：传媒大观察，2016.

4 谢璞.告别陈彤，或告别一个总编辑的时代. http://zennew.baijia.baidu.com/article/33244.

军事、文化、读书、历史等频道，像汽车、娱乐频道早已独立运营，而搜狐视频早已成为重点打造对象。新浪也同时在加速体育、娱乐、汽车、时尚等板块独立运作的步伐[1]。何铁谦指出门户网站垂直化的目标就是为达到精准而且快速覆盖，从而为细分市场中用户提供体系化解决方案[2]。在谢璞看来，各类垂直领域的板块的独立运作经营是顺应了商业化的大潮，诸如汽车之家、金融界等垂直网站的崛起，让人们意识到，在商业化的压力面前，传统的内容生产模式不得不让位于商业模式。传统的总编辑已不能肩负一个门户网站的兴衰，在新媒体的大潮之下，门户网站要发展，还需要更多技术、营销等多领域的人才[3]。凤凰网近日晋升了三名广告部的高管，这一人事变动也正契合了前面所说的门户网站发展的商业化需要。

公司裁员显疲态

2015年9月1日，凤凰网CEO刘爽发布内部邮件，称凤凰网内部有相当程度的臃肿，并宣布公司要转型，通过精简人员机构，省出人力、资源成本以投入更重要的移动互联网领域。在此之前新浪就曾进行了大规模的裁员，裁员幅度达10%。诺基亚时代陪伴了一代人的3G门户网站同样大量裁员，随后搜狐也传出裁员近2000人的消息[4]。门户网站纷纷裁员的原因不言而喻，营收下滑导致门户网站不得不采取裁员的方式保住自己的地位。如刘爽在信件中所提到，凤凰网股票遭到了很大的估压，完全背离了真实价值，被超卖。目前来看，门户收入极其不乐观，很多门户网站的净收入都来自于移动端。据2016年的Q2财报，搜狐营收为4.2亿美元，同比下滑15%，归属搜狐的净亏损为6300万美元。凤凰网总收入为3.5亿元，而去年同期为4.2亿元，净亏损为250万元。新浪则实现了净营收2.44亿美元，但这部分收入主要来自微博广告和营销营收，门户网站的广告营收较去年减少了970万美元。而转型较为成功的网易第

1 侯继勇. 陈彤去哪里？门户的出路在哪里？ 微信公众号: iBroadcast，2014.

2 何铁谦. 凤凰裁员风波再起！门户真的会死掉吗？ 微信公众号: 5NEWS，2015.

3 谢璞. 告别陈彤，或告别一个总编辑的时代. http://zennew.baijia.baidu.com/article/33244.

4 创投马. 凤凰网宣布裁员，门户们过得还好吗？. 微信公众号: 创投马，2015.

二季度中总营收达89.5亿元，同比增长了96%，净利润为27.21亿元，而这很大一部分的收入归功于在线手游。

同样面临转型压力

“转型”现已成为各大门户网站运营者日日提及的一个词，在新媒体浪潮的席卷之下，各大门户网站纷纷布局，重点突破，试图在互联网公司扎堆的今天为自己争得一片天地。曾号称中国四大门户之一的腾讯成功转型，成为互联网三大巨头——BAT的一分子，近几年来腾讯社交媒体尤其是微信的崛起带来了巨大的流量，从而带动了腾讯多个业务的发展，门户早已变得无关紧要。其他门户网站也在逐步走出“门户”，另寻出路。过去几年，凤凰网便已打造了凤凰新闻客户端、凤凰视频客户端、凤凰FM等移动产品，在2015年大量裁员之后便已开始了真正的转型之路。刘爽在内部信中提出了转型整体思路：移动端加快布局，页面要从纯浏览型向更强的互动性转变，提升内容对年轻人的吸引力。2015年2月，凤凰网重金投资个性化新闻客户端产品“一点资讯”，成为一点资讯最大股东。这正是凤凰网“移动端转型”战略的重要一步。一点资讯作为小米手机唯一预装的新闻类APP，具有强大的产品技术创新基因，而凤凰网具有优质的原创内容和较强的影响力，再加上小米强劲的分发渠道，三者的合作将带来“多赢”的局面[1]。就最近的财报显示，凤凰网的新媒体营收在初期有增长之势，但现在似乎有点后劲不足。2016年8月，凤凰网又有大动作，将财经频道“垂直交易服务领域”这块打包独立出来，授权财经频道核心管理层用内部创业的方式单独运作，这在门户网站中实属先例[2]。搜狐目前的主要盈利点在搜索引擎、搜狐视频广告。虽然已打造了搜狐移动新闻客户端，但搜狐仍决定在内容方面进行大调整，并将全面转型为自媒体平台，向今日头条靠拢。搜狐总编辑陈朝华认为“自媒体确实能成为内容的来源，但搜狐要做的更多的是运营自媒体以及他们所生产的内容，要有所选择与互动，而非仅仅

1 易北辰. 凤凰网投资一点资讯的阳谋：剑指移动互联第一门户. 微信公众号：易北辰，2015.

2 小格子. 重磅！门户转型凤凰创新之举：和员工合资开公司. 微信公众号：格子间物语，2016.

是任由机器抓取文章”[1]。对于搜狐来说，目前转型最大的困难就是缺乏一个亮点产品。就新浪而言，微博成了它的救命稻草，从过去的财报来看，新浪的大部分收入来自微博广告。而实际上微博的商业价值远远未被开发，大部分的广告收入进入了营销号的口袋。2016年1月，新浪与阿里巴巴的合作终止，加上微信的迅猛发展以及各类小众APP的兴起，新浪微博的前景实则堪忧。相比其他门户而言，网易在转型中找到了自己的优势所在，近年来收入处于一个稳定上升的状态。在线手游就是网易的王牌，其旗下所开发的《倩女幽魂》《梦幻西游》等手游一直稳居苹果App Store排行榜前列，而最近新研发的手游《阴阳师》一上线就以高歌猛进的姿态跻身排行榜前三，热度一直居高不下。除了手游外，网易也大量投资与开展了其他布局，如网易考拉海购、网易新闻客户端、网易云音乐等，力图打造以在线游戏为托底，多元化发展的盈利模式。

移动端网络媒体的夹击让门户网站更增添了些许“日薄西山”的沧桑感，未来的门户网站将何去何从？是像腾讯这样彻底转型为一个互联网公司，还是坚守着门户，或是随着“门户”这一称号一起灭亡呢？当人们不禁感叹“门户将死”时，也有学者提出了不一样的看法。易观智库互联网媒体分析师闫宏慧并不认同门户趋于没落的说法，她认为“当前门户网站只是所面临的外部市场环境发生了很大变化，商业模式和产品创新是转型的关键[2]”。在何轶谦看来，门户式微本就是一个伪命题，他认为总编辑这个职位虽会被弱化，但它也不能完全代表门户网站。门户与总编辑并非左膀右臂的关系，仅仅从人事上的调动就认为门户从此一蹶不振过于武断。其次，他指出垂直化、移动化战略只是变革的形式，门户转型的模式在所难免，拥抱变化不是式微也不是放弃，而是自我的造血加强。虽然在碎片化的信息时代衍生了更多的产品形态，门户也会随之改变，但改变的只是门户呈现的形式而已。因此他总结道“门户不死，只不过换了种生存方式”[3]。

（文/徐蔓）

---

1 新浪科技.搜狐总编辑陈朝华否认离职 但自媒体转型的确让他头疼. http://tech.sina.com.cn/i/2016-05-28/doc-ifxsqxxs7821699.shtml.

2 吴晋娜.门户网站转型困局与突破 需要商业模式及产品创新.光明日报，2015-09-09.

3 何轶谦.凤凰裁员风波再起！门户真的会死掉吗？ 微信公众号: 5NEWS，2015.

门户网站媒体人离职时间表（不完全统计）

人物	时间	来自	原职位	去向	原因
徐一龙	2015年1月9日	搜狐	新闻中心总监	今日头条副总编辑	未知
张力奋	2015年1月14日	FT中文网	总编辑	复旦大学任教	专注于写作和研究
赵添	2015年1月24日	新浪	副总编辑	今日头条副总裁	看清未来的方向
闻进	2015年1月24日	新浪	副总编辑	星盟网创始人及CEO	未知
许良杰	2015年2月	新浪	联席总裁兼首席技术官	成立创业投资基金七海资	未知
刘鑫智	2015年2月23日	搜狐	公关与媒体负责人	连尚网络公关副总裁	未知
金玲	2015年4月8日	凤凰网	新媒体首席营销官	小米广告销售部总经理	陪伴家人
贾葭	2015年4月9日	腾讯	《大家》主编	未知	未知
吴晨光	2015年4月17日	搜狐	执行总编辑	一点资讯市场副总裁兼总编辑	考虑到门户发展空间的局限性
颜强	2015年9月6日	网易	副总编（主要负责体育新闻版块）	创业“肆客足球”	门户要重新定位，自己的贡献有限；想自己玩一玩
郑维	2015年9月9日	南华早报中文网	总编辑	创办公众号“郑维视界”	未知
陈峰	2015年9月17日	网易	副总裁兼网站部总编辑	创建Getfun APP	休息
曾雄杰	2015年11月3日	搜狐	移动视频总经理	创办垂直类直播平台米熊科技	未知
徐诗	2015年11月9日	网易	移动经理	创办面向TMT领域投资基金	网易移动客户端数据被今日头条超越
钭江明	2015年11月12日	网易	内容部副总编辑	星光影业CEO	停职
龙志	2015年11月24日	网易	新媒体中心总监	创业	我是一直有做点事的想法

续表

人物	时间	来自	原职位	去向	原因
周伟	2016年4月14日	新浪	游戏主编	创业，电竞和泛游戏领域的内容生产制作	内容创造的好时代
徐进	2016年5月10日	凤凰网	高级副总裁	未知	未知
张伟	2016年6月3日	网易	副总编辑	财经视频直播领域创业	未知
雷建平	2016年6月8日	腾讯	科技首席记者	创办自媒体雷帝触网	中国进入一个内容创业的黄金年代
曾伏虎	2016年6月	搜狐	副总裁	未知	个人原因
周渔	2016年8月5日	凤凰网	原创中心内容主编	未知	未知
杨彬彬	2016年9月1日	凤凰网	副总编辑	网易副总编辑	凤凰网转型
毛启盈	2016年9月	搜狐	IT频道首席记者	蓝鲸传媒总编辑	未知

新闻学界业界流行“大数据”

“大数据”可谓2016年的热门词汇之一，作为先天具有敏感神经的新闻媒体怎能放过这么一个“神奇”的工具？大数据时代的来临迅速催化了“大数据”与新闻业的结合，大数据新闻成为一种新型的新闻生产方式与报道形式，数据采集、分析和可视化工具的应用，为新媒体环境下新闻业的变革注入了一剂新鲜血液。

业界：数据新闻埋下种子

说到大数据与新闻业的结合，就不得不提它的前世——“数据新闻”。近两年不少媒体打出了“大数据新闻”的旗号，并将其作为一个陌生而新鲜的领域进行尝试，殊不知很早之前已有不少媒体浅尝过数据新闻的甜头。作为精确新闻报道和计算机辅助报道的延伸，数据驱动新闻即数据新闻被认为“从根本上改变了新闻生产的思路与流程”。大数据新闻则被认为是数据新闻的更高一级形态，也代表了未来新闻发展的一种趋势[1]。

数据新闻在国内已经热了多年，标志性事件是三位留学生马金馨、崔岸雍和卜书剑在2013年共同创办了“数据新闻网”，并翻译了《数据新闻手册》。此前，国内各类媒体都进行了初步的“数据新闻”尝试。纸媒中，《南方都市报》于2012年开设了“数读”专版，《华商报》也开设了“数之道”专版。此外，《钱江晚报》每周推出 “图视绘”专版，《京华时报》《新京报》也开辟了“京华图解”和“新图纸”专版。电视媒体中，2012年8月21日央视综合频道和新闻频道同步推出《数字十年》系列成就报道，这份报道中使

1 喻国明.新闻传播的大数据时代.北京:中国人民大学出版社，2014.

用了十年数量级的数据，并在可视化方面进行了丰富的呈现。在门户网站和互联网媒体中，有网易的“数读”、腾讯的“数据控”（2013年年底并入“新闻百科”板块）、搜狐的“数字之道”等数据新闻频道。网易于2012年所创立的“数读”栏目被认为是国内媒体最早开辟的数据新闻专栏[1]。新华网和人民网则分别推出了“数据新闻”和“图解新闻”版块。新闻客户端澎湃新闻也设有专门的数据新闻版块“美数课”。

传媒集团“财新传媒”一直走在国内数据新闻的前列。财新传媒于2013年成立了“财新数据新闻组”，在财新网上开辟了“数字说”板块，专门做数据新闻的研究和实践。值得一提的是，财新传媒的数据可视化实验室在2013年成立后一直成绩斐然，2014年6月制作的数据新闻《青岛中石化管道爆炸》获得亚洲出版业协会（SOPA）的卓越新闻奖，11月推出的可视化数据新闻《周永康的人与财》获得腾讯传媒大奖首度设立的“年度数据新闻”奖。比起其他媒体单纯的图解式、数字堆砌式的数据新闻，《青岛中石化管道爆炸》在真正意义上让国内新闻行业内头一次见识到数据新闻的魅力。2013年11月在青岛街区发生的这场城市灾难造成了极其严重的伤亡事件，事后调查结果表明事故原因是中石化东黄输油管道泄漏原油进入市政排水暗渠，在形成密闭空间的暗渠内油气积聚遇火花发生爆炸。财新记者赶赴现场拍下了大量的新闻图片，用一份可视化的新闻作品将事发地输油管道和暗渠位置走向以及所整理出的44位死难者的档案一一呈现，只要点开图上的红点，就可以观看红点所标注位置的现场图片[2]。

诸如《青岛中石化管道爆炸》这样交互式可视化动态数据新闻在国外早有范例。英国《卫报》被认为是数据新闻的先驱者，2009年《卫报》开创了“数据博客”，从2009年1月14日上线至2013年5月，共制作各类数据新闻2500多则，采取的形式有图表、地图以及各种互动效果图，数据类型既有量化数据也有质性数据[3]。数据可视化是《卫报》的长项。2010年10月23日，《卫报》

1 方洁，高璐. 数据新闻：一个亟待确立专业规范的领域——基于国内五个数据新闻栏目的定量研究. 国际新闻界，2015(12).

2 刘晨阳. “中国数据新闻第一人”黄志敏离职，他要抛弃“数据新闻”了吗？微信公众号: 刺猬公社，2016.

3 章戈浩. 作为开放新闻的数据新闻 ——英国《卫报》的数据新闻实践. 新闻记者，2013(06).

的数据博客刊登的《维基百科伊拉克战争日志：每一次死亡地图》使用了谷歌融合图表对地理数据进行可视化，并根据维基解密提供的数据用红点在地图上标注了伊拉克每一起的死伤事件，点击红点便可显示详细数据如死亡人数、人员身份信息等[1]。2015年，BBC数据新闻团队通过BBC Online以及Facebook、Twitter等社交媒体向普通市民收集就诊的数据，同时也向工作在一线的医生护士收集数据资料。在得到原始的资料后，BBC会对其进行分类处理，并在分析后制作成可视化的数据新闻。新闻结果直观地显示寒潮的到来增加了疾病和意外事故的概率，英国国家医疗服务体系正面临严峻的挑战，从而为广大市民和政府提供了重要参考[2]。

业界：大数据新闻崭露头角

随着大数据技术发展的日新月异，国外媒体的数据新闻制作已逐步向大数据新闻进阶，通过编码进行数据挖掘，并将数据新闻与视频、虚拟技术相结合已开始提上日程。2015年《华盛顿邮报》陆续推出了9篇涉及警察开枪致人死亡案的系列深度调查报道，以数据库为基础，从不同角度深入揭示了此类案件发生的原因及此类现象的现状及背景等。除了涉及由警察开枪引发的枪击命案的数量、地区等常规因素外，《华盛顿邮报》提供的数据还会追踪枪击命案的更多细节，如：死者的年龄、性别、种族、所在州、精神病史、持枪与否、逃离现场与否等，以这些数据为基础，从不同角度延展出更多深层次的话题，对此类枪击命案的发生背景、关联因素、不同类型枪击命案的发生率等，作了具体呈现，并获得了一些打破了人们定式思维的发现。该篇报道让《华盛顿邮报》获得了2015年普利策新闻奖[3]。国内部分媒体也同样展开了对“大数据新闻”的探索之路。新近上线的人民日报中央厨房就烹制了不少“大数据”新闻大餐。人民日报中央厨房专门设置了一个部门——数据新闻与可视化实验

1 刘琼. 国外报纸如何做数据新闻. 中国报业，2016 (5).

2 郑国庆. 后来居上！带你看BBC的数据新闻. 微信公众号: 狐说，2016.

3 罗慧雯，刘晨阳.《华盛顿邮报》是如何靠数据新闻拿到普利策奖的. 微信公众号: 刺猬公社，2016.

室，并在部门里设有数据采集员、数据编辑、数据分析师、大数据挖掘团队等岗位。两会期间，这一团队利用大数据从不同的角度总共生产了220多条原创报道[1]。据其负责人介绍，人民日报的大数据团队目前正尝试将“模糊”的难以进行因果关系确认的“大数据”和精确的有明确解读意义的“小数据”都融合到新闻报道当中，并由此推出了5种不同形式的大数据新闻：“大数据+小数据”的新闻组合的即时数据新闻、“大数据+数据库”新闻、“大数据+游戏”新闻、“大数据+标准”新闻及“大数据+热点事件”报道。这些大数据新闻形式在中央厨房所推出的《谁能代表我？》《数说全民旅游时代来临》《2015～2016中国人阅读情况系列报告》等新闻作品中皆有体现[2]。

2014年，中央电视台分别推出“春节大数据”“‘据’说春节”等可视化报道，首次采用百度地图定位大数据、百度指数来解读春运、年货、年夜饭等新闻，开创了国内电视大数据新闻的先河。此后，央视将大数据应用到了更多电视新闻的实践中，并有向常态新闻报道中运用的趋势。2015年、2016年春节央视继续推出了“‘据’说过年”大数据专题新闻栏目和其他“据说”系列，如“据说两会”“据说就业”“据说睡眠”等，这一系列报道的推出体现央视对大数据新闻系统化策划、品牌化运营的中长期考虑。不仅如此，在大数据新闻的呈现方式上，央视也逐步创新，而不是停留在浅尝辄止的阶段。从最开始1月底“据说春运”报道中首次启用的动态迁徙图，到3月间“据说两会”报道中“数据哥”虚拟形象的出现，再到“两会大数据”报道中对立体成像技术和人机互动技术的应用和清明节假期“据说清明”报道中对景区实时热力图的采用，无不体现了央视敢于创新、勇于突破的精神，为中国大数据电视新闻报道树立了典范[3]。

随着大数据新闻与国内媒体的深度结合，大数据还可能应用到前期选题、采访调查、新闻写作等记者工作的多个方面，大数据的价值也日益凸显。

---

1 赵新乐. 探数据新闻大餐“烹制”之法. http://data.chinaxwcb.com/epaper2016/epaper/d6322/d5b/201608/70156.html.

2 叶蓁蓁，关玉霞，戴玉，周祎，魏贺. 人民日报中央厨房：“大数据+”模式推动媒体供给侧改革. 新闻战线，2016，13:10～13.

3 徐琦，宋祺灵. 国内电视媒体大数据新闻实践探析——以央视新闻为例. 新闻界，2014(14).

正如喻国明教授所说，大数据不同于人们以往所认为的海量数据，它真正的价值不在于“大”，而在于“全”，在空间维度上它表现为多角度、多层次信息的交叉复现，在时间维度上表现为与人或社会有机体的活动相关联的信息的持续呈现。因而大数据的价值就在于透过多维度、多层次的数据以及历史的关联数据找到问题的症结，直抵事实的真相[1]。

学界：学术研究与学校教育并进

国外的学界也非常重视数据新闻的教育，2014年开始，美国的15家顶尖新闻学院为适应新闻业的变革修订了教学大纲，大数据新闻就是增加的热门课程之一。哥伦比亚大学新闻学院新开设了一个名为Lede的新闻学硕士学位项目，完成的学生将获得一个数据新闻学位。斯坦福大学和迈阿密大学也设立了针对数据新闻的硕士方向。加州大学伯克利分校、密苏里大学、佛罗里达大学和德克萨斯大学也相继增添了数据新闻课程。此外，内布拉斯加大学林肯分校、加州大学伯克利分校和密苏里大学还增设了数据可视化课程，旨在培养学生更丰富的技能，用可视化来处理复杂的新闻故事。迈阿密大学教授Alberto Cairo 的课程“Infographics and data visualization” 就立足于新闻叙事本身，将数据以简洁易懂的方式可视化。越来越多的新闻学院已经开始培养学生接触、学习编程写代码。在大数据时代，这种复合型人才越来越受欢迎[2]。

再看国内，传媒业界生态的改变也促进了学界研究更加多元化。从 2011年开始，大数据开始成为包括新闻传播学在内的学术界共同讨论的热点话题，国内新闻传播学者对大数据的认识和研究主要集中在认识层面、思维层面和新闻伦理层面这三个维度。他们所进行的研究具体体现在以下4个方面：1.对大数据时代背景下的数据新闻的探索研究；2.对大数据带来的信息安全和信息开放的反思；3.对大数据时代“关系传播”的思考；4.对大数据环境下的舆情分析的探索[3]。

---

1 喻国明，新闻传播的大数据时代. 中国人民大学出版社，2014.

2 吴万伟，艾米丽•沃兹曼. 美国新闻学院近期开了哪些新课程. 青年记者，2015 (01).

3 曾凡斌，李艺. 国内新闻传播学界对大数据的认识和研究. 中国广播，2016(03).

在教育方面，相比国外大学纷纷设立数据新闻专业，国内的数据新闻教育才刚刚起步。中国传媒大学于2012年创办了数据新闻实验班，在2015年正式设立了数据新闻本科专业，也是全国唯一教授数据新闻的本科教育。学生们除了学习一般新闻专业的理论知识，还有不少涉及编程的软件，甚至还会学习互联网的开发[1]。各高校虽未设立专门的数据新闻专业，但是关于数据新闻的课程或技能培训已接连展开。中国人民大学就于2015年正式在本科阶段推出“数据新闻基础”课程。2016年清华大学新闻学院、西北师范大学传媒学院先后与中美教育基金会合作推出了面向高校教师和业界记者的数据新闻教学工作坊。复旦大学与多方进行合作，举办了“高校数据新闻报道大赛”。由复旦大学新闻学院、复旦大学上海新媒体实验中心主办的第二期数据新闻工作坊也已进入报名阶段。2016年10月29日，广东外语外贸大学联手中译语通科技公司成立了国内首个“大数据新闻与国际舆情监测发布联合实验室”，双方将在国际新闻传播理论与实践研究、新闻人才培养、政府传播与危机管理等方面展开战略合作[2]。2016年12月2日，由复旦大学、上海交通大学牵头，29家高等院校、研究所、企事业单位在上海联合成立全国首个“大数据试验场”联盟。“大数据试验场”是面向大数据问题而设计的科学技术研发和试验验证环境，它的建立将为开展大数据科学研究、技术创新与应用示范提供有力支持[3]。

对于中国的数据新闻教育，苏宏元和陈娟指出，数据新闻在当下中国仍遭遇着与其他国家所不一样的诸多文化及政治障碍，国内的新闻传播学界除了引入、介绍数据新闻的概念，还有责任和义务对“数据新闻”项目进行学理探索、思考，给出数据新闻的实践、操作模式，并在此基础上完成数据新闻的课程设计及相关培训。为数据建立的一套共通标准是也应该是新闻传播学界在通

1 付聪.《华盛顿邮报》凭数据新闻获普利策奖 这在中国能实现吗. 时代周报，2016-04-26.

2 第三媒体. 国内首个新闻大数据实验室成立 助力行业新格局. http://www.thethirdmedia.com/Article/201610/show380238c77p1.html.

3 新华社. 上海成立全国首个“大数据试验场”联盟. http://sh.xinhuanet.com/2016-12/02/c_135876586.htm.

向数据新闻的道路上必须解决的重要命题[1]。

大数据新闻成为业界、学界竞相追逐的热点，但在未来的发展中还存在许多不可规避的问题与挑战。陈虹、秦静认为我国数据新闻实践尚处于初级阶段，主要存在以下三个问题：首先，数据源开放程度低，数据监管不力。与国外政府、企业机构向记者公众免费开放数据库不同，国内的政府和企业的数据源开放程度较低，国内大多数媒体尤其是传统媒体还处于被动获取数据阶段。而且由于规范化的数据监管机制的缺乏以及数据监管的不力，当前数据资源的真实性难以判断和把控，势必造成分析结果的偏差。其次是新闻从业者数据素养偏低，数据处理能力有限。国内的新闻从业者由于数据素养偏低和专业技能的缺乏，对于数据的敏感性、热点性以及公众信息需求的把握能力有限，并且对数据价值的深入挖掘与分析还远远不够，对数据的解读仍处在“浅尝辄止”层面。再者，可视化技术滥用问题在媒体数据新闻实践中也很突出。许多媒体盲目追求数据新闻报道的“大而全”，对技术过于依赖，内容流于形式，本末倒置，从而使新闻报道的实用性和价值十分有限。最后，对比国外媒体专业化数据新闻独立平台的相继建立，我国媒体数据新闻团队构建专业化程度较低，只有少数几家媒体如网易、腾讯、财新传媒等建立了专门的数据新闻报道团队[2]。林凌和任孚婷也对数据的客观性提出了质疑。他们认为数据以及用来解释数据的统计模型和挖掘技术并非天然中立的，数据的收集、处理和呈现都是人为的结果，新闻从业者需要对挖掘的数据保持怀疑的态度，并学会分辨“好数据”和“坏数据”。而且，在数据挖掘的背后还涉及一定的隐私问题，新闻从业者利用大数据技术进行网络舆情研究，每一个数据的背后都是一个个体的行为，利用这种精准化的社会测量方式将每个个体的行为都记录下来，大规模的隐私泄露就变得更加轻易。因此，新闻工作者在使用数据时如何避免侵犯受众的网络隐私权依旧是一个亟待解决的问题[3]。钟瑛和李苏则指出盈利模式不清晰将阻碍数据新闻发展，目

---

1 苏宏元，陈娟. 从计算到数据新闻:计算机辅助报道的起源、发展、现状. 新闻与传播研究，2014 (10).

2 陈虹，秦静. 数据新闻的历史、现状与发展趋势. 编辑之友，2016 (01).

3 林凌，任孚婷. 大数据时代的新闻报道. 新闻战线，2015 (19).

前的在线数据新闻仍依赖用户流量，并主要依靠广告获取利润，这种传统的盈利方式将使数据新闻发展明显受市场行为的限制[1]。大数据新闻必然是未来发展的一个趋势，但要做到更好的发展仍有很长的路要走。

（文/徐蔓）

1 钟瑛，李苏. 数据新闻的发展现状、问题及对策. 新闻与写作，2015 (8).

报纸不惜占用头版催款讨债

接二连三的都市报头条催款消息，让传统媒体在移动互联时代的处境倍显尴尬。继《重庆时报》《宁波晚报》等在头版刊发要求房企还钱的广告后，《洛阳晚报》2016年也在头版与房产商直接开撕。

在都市报崛起的黄金时代，房地产扮演十分重要的角色。然而，在时代变化面前，曾经亲密无间的都市报与房企，似乎已经结束热恋，屡屡上演反目成仇的戏码。

洛阳晚报

A01

集中兑付执行款
不让年关成难关 A06

我市各级法院将4亿余元执行款发放到执行申请人手中

大风吹 落叶飞

昨日我市最大风力达6级，网友调侃"出门3分钟，换了7个发型"

大风给人们的生活带来一些不便，不过也净化了空气，预计今天天气逐渐恢复平静 A09B01

置业海南 品质之选 B09

"加州1885、MOCO1885"请还款

催款通知

河南新恒顺地产有限公司开发建设的加州1885、MOCO1885项目于2014年、2015年在《洛阳晚报》刊发广告，应付广告款至今未付清。本报此前已多次委派专人与贵公司进行诚意沟通，但未能解决，特刊发此催款通知，敦请贵公司在本通知见报后7日内结清欠款。若贵公司届时仍未支付，本报将持续在相关媒体刊登该通知，并通过法律途径维护我方的正当权利。

洛阳晚报
2016年12月6日

接二连三的都市报头条催款

12月6日的《洛阳晚报》上，一则"'加州1885.MOCO1885'请还款"的

消息，让这个千年帝都的都市报在传媒圈引发阵阵涟漪。

在这则催款通知里，《洛阳晚报》直接点出老赖房企河南新恒顺地产有限公司，在2014年和2015年的开发建设项目“加州1885.MOCO1885”刊发广告后，一直没有付清广告款，且在报社委派专人多次与其进行诚意沟通后，仍然未能解决，不得已，刊此催款通知，希望对方在7日内结清欠款。“若贵公司届时仍未支付，本报将持续在相关媒体刊登该通知，并通过法律途径维护我方的正当权利。”

这种通过登报让欠款房企上头条的方式，早已经不是第一次出现了。今年11月21日，《宁波晚报》在报纸头版刊发“‘学苑名府’请还钱的催款公告”。这次针对的是房企宁波兴澳置业有限公司，公告称，对方2015年3月25日在《东南商报》发布楼盘“学苑名府”宣传广告（广告费9万元），于2015年11月10日在《宁波晚报》发布楼盘“学苑名府”宣传广告（广告费3万元），一共12万的广告费经过多次催讨未果，对方已经违约。《东南商报》和《宁波晚报》的主管主办单位都是宁波日报报业集团有限公司，与《洛阳晚报》所设期限一样，该公告希望对方在见报后7天付清，逾期将采取法律手段。

《宁波晚报》在头条催款

事实上，这已经是《洛阳晚报》第二次就房企欠款刊发催款通知。11月4日，

《洛阳晚报》在A06版便刊登了一则关于当地另一房企河南国鼎置业有限公司于2014年底在《洛阳晚报》刊发广告，应付广告费至今未付清的“催款通知”。

有分析认为，《洛阳晚报》通过让欠款房企上头条，揭示了当地房地产行业的现象级的毒瘤，即承建商、代理商、推广公司、活动公司及媒体，都处于房企服务链的乙方，提到甲方欠款，都是一把辛酸泪。

时间稍往前推，2015年10月9日，《重庆时报》也曾在头版刊发题为“重庆时报喊你付款！”的催款公告。两家房企——重庆远大置业有限公司和重庆半山一号房地产有限公司被点名，要求其尽快付清欠款。

作为债主的华博传媒属于华商传媒控股子公司，背后的实际控制人为A股市场的华闻传媒。早在2007年11月底，华博传媒与《重庆时报》签订《经营性业务授权协议》，重庆时报社将《重庆时报》的广告、发行、印刷与纸张采购在内的全部经营性业务授权给华博传媒独家经营，独家经营权包括在协议有效期内独家经营及获取相应收益的权利，独家经营权期限为30年，具体截至2036年底。被点名的房企之一——重庆半山一号房地产的广告欠款大概有几万块钱，拖了很长时间。重庆半山一号房地产背后的控制方为港股房企中国地产，其打造的曼哈顿城，项目开发周期在5年以上，销售一直不畅，业绩遭腰斩。据财报显示，中国房地产当年上半年录得收入4300万港元，较去年同期减少83%。

白俄罗斯大婶获诺贝尔文学奖
擅长纪实文学，记录了二战、苏联解体、切尔诺贝利事故等

重庆时报

主城10桥15船 本月底亮新灯
轻轨走、菜园坝大桥、渝澳大桥灯光跟着走

4岁男孩卡电梯扶手带身亡
相关部门
成立联合调查组

黄晓明baby大婚
本报为你解5大疑问

出租车后窗脱落
宝马惨遭“玻璃雨”

重庆时报喊你付款！

重庆远大置业有限公司

重庆半山一号房地产有限公司

重庆时报催款广告

作为被欠款的媒体，为什么没有选择与其打官司，而是通过这样的形式来讨债？有内部人解释，打官司牵涉的问题比较复杂，而且耗时费力。通过让对方上头条的方式，比较吸引眼球。

但其效果究竟如何，几家媒体的欠款是否已经收到，至今没有明确的消息。

接二连三的都市报与房企因为广告欠款上演的撕逼大战，某种程度上，其实也是都市报在移动互联时代无奈境况的写照。

都市报传统广告被分流

随着移动互联网时代的来临，都市报广告下滑的趋势，已经越来越明显。根据中国广告协会2016年2月份发布的《中国报纸广告市场2015年度报告》显示，2015年报纸广告降幅在传统媒体中最大达35.4%，资源量（广告占版面积）降幅达到37.9%。在报纸广告下降的行业中，房地产降幅更是高达44.8%，属报纸广告降幅最大的行业。

这在十多年前，肯定无法想象。那时候的都市报广告版面，一位难求是常事。为了抢占报纸版面，一些广告主，包括房地产企业，还会出现竞价上版的情况。汽车、卖场及房产广告是都市报的传统优势，也是都市报广告的核心。

但随着新媒体的异军突起，新媒体传播的渠道优势和精准性，已经越来越受到投资者、广告主、营销机构的认可。

伴随新媒体冲击而来的，是传统报业的读者普遍流失、盈利降低、广告下滑等事关都市报“生死攸关”的问题。

《21世纪经济报道》的创始人刘洲伟曾经在该报十周年的献词中写道：“如果不出意外，报纸这样的东西断送在我们这一代报人手上，已不是什么悬念。我们还年轻，报纸却老了，挽歌隐隐传来，正是仓皇辞庙日。耶稣失去教堂，世界将会怎样？也许没有比这更糟糕的事情了……但如果失去的只是锁链，你有可能进入一个新的美丽世界，新闻不死，报人涅槃……”

从周报，到日报、都市报，作为最有公信力的媒体质疑，报纸一直为人民群众所认可，但随着新闻传播方式的改变，它与人们生活的联系，开始渐行渐远。

作为都市报一直以来的广告大客户，房企在新的形势面前，也不得不考虑广告投放的渠道。

与新媒体相比，纸媒生产成本高，又受限于传播载体，其与读者的互动性及时效性相对较弱。纸媒没落的另一重要原因，是其内容的同质化。

2003年到2013年，是中国房地产发展的黄金十年，也是报业发展的黄金十年。据资深业内人士分析，在都市报发展的黄金时期，各种产品因为都需要在本地区销售，就要做渠道广告，这些渠道广告，从建材、医疗，到就学、就医各方面……正是这些广告养肥了都市报，其中当然少不了房地产广告。而房地产广告，正是这些渠道广告中最大的客户，然后才是汽车。

业内人士表示，一旦这些广告客户觉得现在没必要再去报纸上登广告，就会向其他地方转移，或者去新媒体投放，这意味着，都市报的苦日子就会接踵而至。在移动互联网时代，都市报传播效率堪忧，甚至存在传播不出去的缺陷，即便很多都市报也有新媒体，但鉴于其点击量太低，也会影响到广告客户的投放意愿。在业内人士看来，在报纸头版催人还钱的事情，某种程度上也反映了，有可能确实对方不愿意给钱，存在对方觉得在报纸上刊登的广告没有价值的可能，“不然人家不得排队登吗。”

说到底，这其实是对传统媒体阅读价值的一个否认。

媒体寅吃卯粮越来越严重

曾经门庭若市的媒体广告部，如今已开始渐渐冷清。以前炙手可热一位难求地登广告，如今也已经演变成了媒体到处“拉广告”。

这，是现实使然。

在纸媒的黄金时代，广告的排版，不是客户说了算，是报社的广告部说了算，原因很简单，没有那么多的地方，版面也不能随便加，而留好的版面位置不能随便动。如果一定要动，只有两个办法，一个是扩版，但必须申请，而且理由需充分；另一个就是压缩内容。简而言之，那个时代的广告和版面，几乎不匹配，版面少，但要登广告的人多，这就是属于媒体的黄金时代。如果有人一定要登广告，那就必须加价，这就是市场经济了，通过把别人的拿下的方式可以实现。而且，那时候的广告业务员也分很多口，各自负责一块。

据业内人士介绍，属于房地产商的广告，大部分是销售广告，它往往很具体，而且都是在本地，甚至恨不得在本地的一个区做广告，这样往往更有效。这种广告往往是直接跟报社的业务员谈。一般大的房地产商，一定都有自己的当年预期，比如5月份开盘，到4月底大家应该都知道了，这些肯定早就已经算计好，什么时候打形象广告，什么时候搞活动，都有一套营销的方案。

这里涉及一个折扣的问题，就是说如果你买我一个版，报社有刊例价，刊例是基准，比如整版10万块钱。加急需要加价，同时也有减价，例如房企一次性要做3个整版，就会涉及是不是打点折扣的问题。如果对方提出给现款，可能折扣会更低。推而广之，如果对方要10个版15个版，并且承诺给现款，对于报社就是一大笔钱。

值得注意的是广告经营公司，可以在客户和媒体之间两边赚。例如客户想在媒体上登广告，但没有渠道，媒体没有广告，又需要吸引大客户进来，这时候广告公司就来了，跟报社要版面折扣。通过预付款等方式，将媒体版面拿下，然后再跟客户进行沟通。一般媒体广告招商很早就已经开始，广告中间商这时就可以将版面买走，拿着版面去招商，带来客户。

有分析认为，鉴于目前纸媒的尴尬现状，很多传统媒体的广告价格都已下沉。而且，存在很多媒体都在大量地吃预付款，也就是寅吃卯粮的情况。

之所以要寅吃卯粮，对于很多报社来说，也是没有办法，主要还是因为没钱了。特别是近几年，这种情况特别突出，媒体的广告费也并不是当年的实收。

媒体之所以没钱，还有一种原因，就是因为死户多。所谓死户，就是报社跟广告公司签协议，你得给我登多少广告，而房地产商，房子盖完了，都卖了，把公司拆了，然后，说钱给广告公司了。广告公司对报纸说我是没给你钱，但是你还欠我的呢，哪年哪年的预付款你还没有还完呢，我在你那里还存了不少钱呢，这就容易乱了。

在业内人士看来，几份都市报头版催款的情况，有很多并不清晰的地方，例如，是在什么情况下签合同的，当时怎么签的，是跟报社的广告部签的，还是有中间商，有没有代理？如果涉讼，那么报社和代理商都是原告，欠账的是被告，这样才能说你还我钱。

值得一提的是，无论《重庆时报》《宁波晚报》还是《洛阳晚报》，都是都市报，在已有的关于头版催款的案例中，很少见到日报或晚报的身影。这是因为都市报处于报业集团的末端，距离市场最近，受到市场的冲击当然也最直接。

有业内人士指出，相信这样的事以后会越来越多，原因很简单，说到底还是传统媒体越来越不行了。

(文/韩辉)

后 记

《中国传媒风云2015-2016》是在中国传媒面对互联网发展浪潮、进入众媒时代并经历巨大震荡与变革机遇的背景下，所策划出版的一本有关传媒业现状与发展的专业读本。

互联网颠覆了传统的信息传播渠道与方式，重塑了信息内容框架，重新分配话语权，进而改变了传媒产业的规模与结构，以及诸多关联产业的生存逻辑和运行规律，甚至对政治与社会结构也产生了潜移默化的影响。互联网企业已成为中国经济发展的重要驱动力，媒体全面迎接数字化。在这样一个新老媒体交融之际，数字、移动互联成为中国传媒图景中重要的特征。在大数据、云计算、物联网、可穿戴设备等数字技术以及高新设备的推动下，媒体已经成为集内容、关系、服务于一身的综合服务体。技术更新、经营创新、融合发展将是传媒产业每一个活跃主体前进的方向。

《中华人民共和国国民经济和社会发展第十三个五年规划纲要》于2016年3月17日正式全文发布。“十三五”规划主要阐明国家战略意图，明确经济社会发展宏伟目标、主要任务和重大举措，规划指出必须认真贯彻党中央战略决策和部署，准确把握国内外发展环境和条件的深刻变化，积极适应把握引领经济发展新常态，全面推进创新发展、协调发展、绿色发展、开放发展、共享发展，确保全面建成小康社会。在建设现代传媒体系方面提出了加强主流媒体建设，提高舆论引导水平，增强传播力公信力影响力。以先进技术为支撑、内容建设为根本，推动传统媒体和新兴媒体在内容、渠道、平台、经营、管理等方面深度融合，建设“内容+平台+终端”的新型传播体系，打造一批新型主流媒体和传播载体。优化媒体结构，规范传播秩序。

时至今日，传媒产业发展已经超出原有的发展框架，其内部融合之深，与关联产业联系之紧密，变化速度之快，不但是业界的重大挑战，也是政府、学术研究机构等社会各界必须面对的课题。因此对传媒业的研究需要更开阔、更高远的视角，将其置于全球化发展格局中，置于跨行业、跨领域的产业融合中，探寻和把握中国传媒的形态、业态、生态以及动态发展。

正是在这样的时代背景下，深圳报业集团出版社基于自身在传媒领域的探索，以及与全国传媒学术界和业界的深入联系和沟通，策划出版传媒实践研究系列图书，以期在广阔的时代背景下，探寻和把握中国传媒的形态、业态、生态以及动态发展。该书计划每两年推出一本。

在本书的编写过程中，我们很有幸地邀请到暨南大学新闻与传播学院的院长范以锦教授和深圳大学传播学院的辜晓进教授担任主编。范以锦教授曾任南方报业传媒集团董事长，辜晓进教授曾任英文《深圳日报》总编辑，他们不仅在业界有丰富的实战经验，在理论界也著述等身，他们都是深圳报业集团的老朋友，更是专家顾问。范以锦教授对本书的编辑思路、主题和内容作了多次的指导与沟通，不仅推荐了众多业界和学界的专家，同时对本书的焦点和方向都进行了梳理。辜晓进教授不仅撰写了2015年到2016年的中国新闻传媒发展回眸，同时组织深圳大学传播学院的硕士生李婷菊、张鑫瑶、徐蔓梳理了近年来的传媒事件和案例，对台前幕后的成因进行了分析，准确把握了传媒的热点。

我们在成书过程中，还邀请了众多专家和学者参与我们的讨论，中山大学的张志安教授在百忙之中与他的学生对于传媒业的生态作了认真细致的回答；复旦大学的朱春阳教授对上海的传媒业态作了全面细致的梳理；国家行政学院的郭全中老师不仅对浙报传媒做了深入的调研，同时在与《中国新闻周刊》的记者吴子茹的对谈中，对传统媒体转型的一些争议问题给出了自己的观点。限于时间，还有不少专家的观点无法全面呈现，业界方面的观点也还相对较少。此外，正如范以锦教授所说，本书呈现的观点，属于一家所言，并无定论。

“凡是过去，皆为序章。”“新故相推，日生不滞。”我们希望此书中不同声音和不同角度能够引发人们对传媒现状的思考，同时也能为记录中国传媒发展尽一点绵薄之力。

编者

2017.2